AfricAvenir International e.V.

I0023531

Widerstand, Revolutionen, Renaissance

Stimmen zum sozialen Aufbruch in Afrika

Allen Afrikanerinnen und Afrikanern gewidmet, die auf der Suche nach
menschenwürdigen Lebensbedingungen als weitere Opfer
einer gnadenlosen Weltordnung ihr Leben
verloren haben, wie zuletzt am
3. und 11. Oktober 2013
vor Lampedusa.

1. Auflage November 2013
Herausgeber: AfricAvenir International e.V.

V.i.S.d.P: Eric Van Grasdorff.
Redaktion: Eric Van Grasdorff & Dorothea Kulla
Redaktionelle Mitarbeit: Judith Strohm, Nicolai Röschert & Usha Ziegelmayer
Lektorat: Dorothea Kulla & Bettina Engels
Umschlaggestaltung und Satz: Dorothea Kulla

Die Deutsche Bibliothek – CIP-Einheitsaufnahme
AfricAvenir International e.V.
Widerstand, Revolutionen, Renaissance – Stimmen zum sozialen Aufbruch in Afrika
Editions AfricAvenir/Exchange & Dialogue, 2013
Erste Auflage, 2013
ISBN 978-3-9812733-4-2

Die Drucklegung wurde finanziell unterstützt durch die Rosa-Luxemburg-Stiftung.

ROSA LUXEMBURG STIFTUNG

Das zugrunde liegende Projekt „Soziale Bewegungen und Afrikanische Renaissance“ wurde gefördert von der Landesstelle für Entwicklungszusammenarbeit des Landes Berlin, dem Evangelischen Entwicklungsdienst, der Rosa-Luxemburg-Stiftung und der GIZ aus Mitteln des Bundesministeriums für wirtschaftliche Zusammenarbeit und Entwicklung.

AfricAvenir International e.V.

Widerstand, Revolutionen, Renaissance

Stimmen zum sozialen Aufbruch in Afrika

Vorwort

„Die Revolution hat begonnen. Ich bin ein Teil von ihr." schreibt Emmanuel Iduma im Januar 2012 in einem viel beachteten Blog, als ein Generalstreik gegen die Erhöhung der Benzinpreise Nigeria lahm legt.

Arame Tall, eine junge Bloggerin aus dem Senegal, jubiliert im Juni 2011, als die Massenproteste im Senegal den damals noch amtierenden Präsidenten Wade zwingen, einen umstrittenen Gesetzesentwurf zurückzunehmen: *„Ab heute ist der Senegal ein anderes Land. Gacce Ngalama allen StraßenkämpferInnen von gestern! Ihr verdient meinen tiefsten Respekt, und ich bin heute sehr stolz darauf, eine Bürgerin des Senegal zu sein, wieder einmal."*

Fast zeitgleich richtet Prof. Kum'a Ndumbe III. einen dringenden Appell an europäische und nordamerikanische Intellektuelle, dem Schwindel einer „humanitären Intervention" in Libyen nicht aufzusitzen und sich nicht mitschuldig zu machen an einer de facto-Rekolonisierung afrikanischer Staaten, wie sie schon kurz vorher in der Elfenbeinküste und kürzlich nun auch in Mali stattfand: *„Wir afrikanischen Intellektuellen läuten die Alarmglocke, wir fordern die europäische und nordamerikanische Intelligenzia auf, die Blindheit einiger ihrer politischen FührerInnen zu erhellen, die sich an den Hebeln der Macht zu Kriegsherren entwickelt haben und deren einzige Sprache gegenüber Afrika brutale Gewalt bleibt."*

Die malische Aktivistin Aminata Traoré fordert im Mai 2013 unmissverständlich: *„Gebt Malis Schlüssel dem malischen Volk zurück!"*,

und der burkinische Student Daouda Ouédraogo stellt dem Präsidenten seines Heimatlandes im August 2013 die Frage: *„In welchem Zustand möchten Sie dieses Land zurücklassen?"*

Kein Zweifel: Seit 2011 haben auf dem afrikanischen Kontinent grundlegende soziale, politische und ökonomische Umwälzungen stattgefunden, die gleichermaßen Hoffnung wie Verzweiflung wecken.

Hoffnungsvoll stimmen die unzähligen Zeichen des *„Afrikanischen Erwachens“*: Proteste, Streiks und Aufstände in Algerien, Benin, Botswana, Burkina Faso, Djibuti, Elfenbeinküste, Gabun, Kamerun, Kenia, Madagaskar, Malawi, Marokko, Mauretanien, Mosambik, Namibia, Senegal, Simbabwe, Sudan, Südafrika, Swaziland, Uganda und Westsahara.

Ebenso gibt es aber auch Anlass zu Verzweiflung: Westliche Militärinterventionen zur Verteidigung kaum verhohlener geostrategischer Interessen, wie zuletzt in Libyen und Mali, Ausbau der westlichen Militärpräsenz auf dem afrikanischen Kontinent, Entmündigung der Bevölkerungen und Unterdrückung der Zivilgesellschaft, um nur einige zu nennen.

Die in dieser Publikation versammelten Artikel, Vorträge, Interviews, Blogs und literarisch-musikalischen Texte geben diesen Moment in der Geschichte des afrikanischen Kontinents wieder. Ein Teil der hier versammelten Texte sind verschriftlichte Vorträge, die im Rahmen der von AfricAvenir bzw. der Rosa-Luxemburg-Stiftung organisierten Dialogforen und Konferenzen zwischen 2011 und 2013 gehalten wurden – so etwa die Texte von Firoze Manji, Louisa Dris-Aït Hamadouche, Yash Tandon, Kum'a Ndumbe III. oder Aminata Traoré. Ebenso sind die meisten Interviews im Kontext dieser Veranstaltungen entstanden. Unsere langjährige Zusammenarbeit mit dem Internetportal Pambazuka News und insbesondere mit seinem Gründer und ehemaligen Chefredakteur Firoze Manji ermöglichte es außerdem, dort veröffentlichte Texte weiterer namhafter AutorInnen, wie Samir Amin oder Mahmood Mamdani, einzubinden. Ergänzt wird die Textsammlung durch verschiedene Formate, wie etwa Beiträge aus Blogs, eine hervorragende Analyse von Nigel C. Gibson, der sich in der Abahlali baseMjondolo (AbM)-Bewegung in Südafrika, einer organisierten Rebellion von ShackbewohnerInnen in Durban, engagiert, oder den poetisch-slamartigen Aufschrei von Papy Mbwiti anlässlich der tunesischen Revolution.

Das zentrale Anliegen von AfricAvenir ist es, unseren LeserInnen mit den unterschiedlichen Textgattungen und der Vielfalt der Perspektiven und Bezugspunkte in dieser Publikation einen Einblick in die aktuellen Widerstandsbewegungen, Revolutionen und sozialen Kämpfe für eine Afrikanische Renaissance auf dem afrikanischen Kontinent in deutscher Sprache zu geben, ohne dabei einen Anspruch auf Vollständigkeit zu erheben.

Bei der Schreibweise der Begriffe *Schwarz* und *Weiß* haben wir uns entschieden, diese – wenn es sich nicht um die Farbe, sondern um politische und soziale Konstrukte handelt – durchgängig mit großem Anfangsbuchstaben[1] und kursiv zu schreiben.

Ebenso haben wir versucht, alle Texte dieser Publikation beim Übersetzen durchgängig zu gendern. Dies gestaltete sich teilweise bei Zitaten schwierig und wurde bei Bezeichnungen wie „Kolonisatoren", die gerade zu jener Zeit kaum auf Frauen zutreffen konnten, außer Acht gelassen.

Unser Dank gilt zuallererst den AutorInnen dieser Publikation, die uns ihr Vertrauen geschenkt haben, sowie den zahlreichen ehrenamtlichen ÜbersetzerInnen.

Ferner danken wir der Rosa-Luxemburg-Stiftung, nicht nur für die finanzielle Förderung der Publikation, sondern auch für die fruchtbare Kooperation im Jahr 2011 im Rahmen mehrerer Veranstaltungen und einer erfolgreichen Konferenz.

In diesem Sinne wünschen wir unseren LeserInnen nicht nur eine gute, sondern vor allem eine bereichernde Lektüre.

1 *Schwarz & Weiß* bezeichnen politische und soziale Konstruktionen und werden nicht als biologische Eigenschaften verstanden. Sie beschreiben also nicht Hautfarben von Menschen, sondern ihre Position als diskriminierte oder privilegierte Menschen in einer durch Rassismus geprägten Gesellschaft. Während es sich bei *Schwarz* oftmals um eine emanzipatorische Selbstbezeichnung *Schwarzer* Menschen handelt, wird *Weiß* explizit benannt, um die dominante Position zu kennzeichnen, die sonst meist unausgesprochen bleibt. Damit der Konstruktionscharakter deutlich wird, werden *Schwarz* und *Weiß* groß geschrieben, da sie von Adjektiven abgegrenzt werden sollen. Aus: „Mit kolonialen Grüßen …", glokal e.V., Berlin 2012.

Seht, die Nigerianische Revolution hat begonnen

Blogeintrag von Emmanuel Iduma, 9. Januar 2012

Emmanuel Iduma ist ein preisgekrönter Blogger und Schriftsteller. Sein Werk umfasst Romane, Sachartikel und Poesie. Er ist Mitbegründer des Verlags *Iroko Publishing*, der seit Februar 2009 das Online-Magazin Saraba herausgibt. Seine Artikel in *Saraba* haben ihm weltweit Anerkennung eingebracht.

Zurzeit ist er Redakteur der Online-„Anthologie afrikanischer Modernität" *3bute.com*. Sein erster Kurzroman „Farad" wurde von Parresia Books in Nigeria veröffentlicht. Aktuell schreibt er an seinem zweiten Roman.

Du sagst mir, wenn ich spreche, werde ich nicht gehört. Nein. Ich werde sprechen und ich werde gehört werden. Ich bin nicht nur Schriftsteller aufgrund meines Talents. Ich bin Schriftsteller, weil ich ein Zeitzeuge sein will, ein echter Zeitzeuge.

Erinnerst du dich an Edward Said, „Etwas stimmte nicht mit der Art und Weise, wie ich erfunden wurde". Ja, du erinnerst dich. Deswegen verstehst du, dass ich mich viel zu lange fehl am Platz gefühlt habe. Doch nun nutze ich die Möglichkeiten, zurückzufinden. Als ich erfunden wurde, wurde mir gesagt, ich sei weniger wert, weil ich Nigerianer bin, und dass mir bestimmte Möglichkeiten verwehrt seien. Ich werde nicht auf eine gute Schule gehen. Ich werde mit dem Umstand der Dunkelheit leben, ohne Elektrizität. Et cetera et cetera. Jetzt erfinde ich meinen eigenen Dialog neu, ich nehme meine durch Abwesenheit und Lücken gestaltete Existenz auseinander. Ich fülle die leeren Flecken. Ich schreibe meine Geschichte, mein Wesen, mein Selbst.

Ich bin ein junger Nigerianer. „Aus Afrika kommt immer etwas Neues", soll ein römischer Historiker gesagt haben. Weil ich jung bin, lastet das Neue auf mir. Ich kenne die Ungerechtigkeiten der Vergangenheit, die enttäuschten Hoffnungen. Ich weiß, wie es ist, gebrandmarkt zu werden, als geldgierig beschimpft zu werden, weil ich Igbo bin; als Betrüger, weil ich Nigerianer bin; und ohne jegliche Zukunftsperspektive, weil ich Afrikaner bin. Dennoch bin ich bereit, dem Neuen entgegenzusehen, ich bin bereit zum konstruktiven Vergessen, ich bin bereit, die Vergangenheit zu durchlaufen und die Vergangenheit in der Vergangenheit zu lassen. Ich bin gewillt, darzulegen, warum ich selbst dieses Neue verkörpere, von dem ich spreche. Denn Nigerianer zu sein, bedeutet neu zu sein.

> Denkt nicht an mich als Facebook-Demonstranten. Das bin ich nicht. Ich bin schon einen Schritt weiter, als nur meinen Status zu aktualisieren, zu kommentieren, Notizen zu posten, einzig und allein für den kurzlebigen Grund, zu einer Gruppe dazuzugehören. Ich schäme mich, dass ihr denkt, ich sei ein junger Mann auf der Suche nach Ruhm. Ich hüte mich vor diesem Wort. Ich hüte mich davor, von einer Unzahl von Menschen "geliked" zu werden, die nichts von meiner Motivation, meinen Schmerzen, meinen inneren Gedankengängen wissen. Stattdessen ist mir bewusst, dass jede Aktivität auf Facebook oder jeder Post auf einem Blog zu den historischen Aussagen beiträgt, die ich mache. Ich strebe nicht nach billigem Ruhm. Ich möchte zu wirklichem Wandel beitragen.

Deswegen werde ich schreiben und schreiben, bis meine Hand wund und voller Blasen ist. Ich werde über das Nigeria schreiben, das ich sehe. Vom Abbau der Klischees. Von Möglichkeiten, von Gleichheit, von einer neuen Jugend. Ich werde die verschwenderischen Väter anprangern, deren Versagen es war, dass sie zu leicht, zu schnell vergessen, dass keine Ungerechtigkeit die menschliche Widerstandsfähigkeit oder den kollektiven Willen überlisten wird.

> Und ich bin nicht alleine. Schaut dort, direkt hinter euch, neben euch, überall, die Hashtags sind allgegenwärtig. Sie werden euren Kopf füllen, als wiederholten Millionen von Stimmen ständig die gleichen Worte. Doch ich möchte nicht, dass ihr an diesen Worten erstickt – ihr werdet mit euren eigenen Augen das Neue sehen, von dem ich spreche.

Ihr sollt wissen, dass ich leicht vergebe. Um ohne Umstand zu sprechen, ich bin nicht jemand, der sich euren Tod wünscht. Ich werde euch nicht auf Facebook „unfrienden", oder eure Ermordung fordern, oder euch beleidigen. Denn wie anders als ihr wäre ich dann? Ich bin nicht wie ihr, das bin ich nicht. Und ich meine es, wenn ich sage, dass ich den Frieden liebe. Ich meine es, wenn ich sage, ich habe keine Bombe gesehen.

Die Revolution hat begonnen. Ich bin ein Teil von ihr. Lasst euch nicht täuschen, dass sie mit Plakaten, Streiks, Twitter-Hashtags beginnt. Ich bin mit Sicherheit klüger. Ja, ich werde weiterhin hashtaggen, plakatieren und streiken, bis ich davon überzeugt bin, dass ich ent-stereotypisiert bin. Bis ich davon überzeugt bin, dass ich kein bedeutungsloser Klecks in der Geschichte meines Landes bin.

Aus dem Englischen übersetzt von Tanja Siebert

Erstmals erschienen unter dem Titel „See, The Nigerian Revolution Has Begun" in Blacklooks, 09.01.2012

Online unter http://www.blacklooks.org/2012/01/see-the-nigerian-revolution-has-begun

Afrikanische Aufbrüche

Der Mut, die Zukunft neu zu erfinden[1]

Artikel von Firoze Manji

Firoze Manji stammt aus Kenia und ist seit März 2013 Leiter des Dokumentations- und Informationszentrums in Dakar beim *Council for the Development of Social Science Research in Africa* (CODESRIA), Senegal. Manji ist Gründer und ehemaliger Herausgeber des panafrikanischen Journals *Pambazuka News*, ein open-access Online-Magazin, das ein vitales Forum für soziale Gerechtigkeit und Politik für ein breites Publikum auf dem gesamten Kontinent bietet. Er arbeitete mehrere Jahre als regionaler Vertreter für Gesundheitswissenschaften im östlichen und südlichen Afrika für das *Kanadische Forschungszentrum für internationale Entwicklung* (IDRC) in Nairobi, als Geschäftsführer der *Aga Khan Foundation (UK)* und er war Programmdirektor für Afrika im internationalen Büro von *Amnesty International*.

Wir leben heute in einer inspirierenden Zeit, wahrscheinlich der inspirierendsten Zeit unserer jüngeren Geschichte. Sie erinnert an die Phase antikolonialer Revolutionen, die dem Zweiten Weltkrieg folgte. Unser Kontinent ist voller Hoffnung, trägt aber auch den Zwilling der Hoffnung in sich: die Verzweiflung. Diese Dualität, die unserem postkolonialen Erbe charakteristisch geblieben ist, zeigte sich wohl am deutlichsten während der Ereignisse im Jahr 1994: Innerhalb weniger Monate wurden wir einerseits Zeugen des Aufstiegs der populären Bewegung, die das Apartheid-Regime in Südafrika zu Fall brachte; andererseits sahen wir das Massaker an fast einer Million Menschen in Ruanda. Hoffnung und Verzweiflung existieren in all

1 Dieser Beitrag findet sich in kürzerer Fassung als Einleitungskapitel des Bandes African Awakenings: The Emerging Revolutions (hrsg. von Firoze Manji und Sokari Ekine 2011). Die vorliegende Übersetzung ist erstmals erschienen in: PERIPHERIE Nr. 129, 33. Jg. 2013, S. 78-97.

unseren Ländern nebeneinander. Doch aufgrund des Ausmaßes der aktuellen Krise des Kapitalismus wird sich diese Dualität in der kommenden Zeit immer stärker polarisieren.

Afrikanisches Erwachen

Wir sind alle ZeugInnen der außergewöhnlichen Ereignisse in Tunesien und Ägypten gewesen, die zum Sturz von Ben Ali und Mubarak führten und denen Volksaufstände im Jemen, in Syrien, Bahrain und anderen Ländern des Nahen Ostens folgten. Medienkonzerne haben diese Ereignisse „Arabischen Frühling" genannt. Diese Beschreibung ist jedoch nicht adäquat, ignoriert sie doch die sehr viel weiteren Ausdrücke von Unzufriedenheit auf dem gesamten Kontinent. Im Jahr 2011 haben wir bedeutende Aufstände in zahlreichen afrikanischen Ländern erlebt – und wir sollten nicht vergessen, dass auch Tunesien und Ägypten afrikanische Länder sind. Wo beginnt Afrika eigentlich, und wo endet es? Hat der Bau des Suezkanals die verwobene Geschichte Afrikas mit den Völkern im Osten abgeschnitten? Ist Afrika nur ein geographisches Konzept? Oder sollte es richtigerweise als ein historisches Konstrukt betrachtet werden, ein Raum mit einer gemeinsamen Geschichte, die Jahrtausende vor der kolonialen Eroberung begann?

Die Volksaufstände des Jahres 2011 beschränkten sich nicht auf die arabische Welt. Es gab ebenso Proteste, Streiks und andere Aktionen in Westsahara, Simbabwe, Senegal, Gabun, Sudan, Mauretanien, Marokko, Madagaskar, Mosambik, Algerien, Benin, Kamerun, Djibuti, Elfenbeinküste, Burkina Faso, Botswana, Namibia, Uganda, Kenia, Swaziland, Südafrika und Malawi. Viele dieser Aufstände wurden brutal niedergeschlagen. Es ist unmöglich, hier alle Beweise des Afrikanischen Erwachens aufzulisten. Für eine detaillierte Diskussion der Ereignisse in Afrika während des letzten Jahres verweise ich auf den Band „Afrikanisches Erwachen: die aufkommenden Revolutionen" (Manji & Ekine 2011). Einige Beispiele werden aber vielleicht einen Eindruck davon vermitteln, was zusammen genommen Hoffnung für die Zukunft macht und wie diese Zukunft heute gestaltet wird.

In *Südafrika*, das so oft als friedliche Regenbogennation porträtiert wird, hat die Polizei (seit 2005) im Jahresdurchschnitt mehr als 8.000 „Versammlungsvorfälle" einer aufgebrachten städtischen Bevölkerung registriert – nicht berücksichtigt sind hier die Demonstrationen und Besetzungen von ShackbewohnerInnen, wie *Abahlali baseMjondolo*, die Bewegung der Landlosen, die Anti-Zwangsvertreibungskampagne *(Anti Eviction Campaign)* etc. In den urbanen Zentren des *Senegal* gab es während des Jahres 2011 eine Reihe von Demonstrationen gegen den Versuch der Regierung, das Wahlsystem so zu ändern, dass der amtierende Präsident Wade mit nur 25 Prozent der Stimmen gewinnen und seinen Sohn als Nachfolger einsetzen könnte. Die Mobilisierung des Volkes führte nicht nur zur Rücknahme des Gesetzes durch die Regierung, sondern schließlich auch zur Abwahl des Präsidenten. *Gabun* erlebte einen Volksaufstand gegen das Regime des seit 2009 regierenden Ali Bongo

Ondimba, Sohn des langjährigen Diktators Omar Bongo. Tausende von OppositionsanhängerInnen gingen am 29. Januar 2011 in der Hauptstadt Libreville auf die Straße und sahen sich mit den gewaltsam handelnden Truppen Ali Bongos konfrontiert. Die Proteste breiteten sich auch auf andere Städte aus und wurden zunehmend brutal niedergeschlagen. Proteste am 5. und 8. Februar wurden mit Tränengas unterdrückt.

Im Februar 2011 gerieten protestierende HafenarbeiterInnen in der *mauretanischen* Hauptstadt Nouakchott mit der Polizei aneinander. Viele ArbeiterInnen wurden verwundet, etliche getötet. *Madagaskar* erlebt seit 2009 massive Aufstände gegen die Regierung, und die Proteste setzen sich bis heute fort. 2011 organisierten StudentInnen Streiks und Demonstrationen mit massenhafter Beteiligung an zahlreichen Universitäten, und Graswurzel-Organisationen protestierten gegen Landraub. Als die tunesische Revolution Anfang Januar in ihre dritte Woche ging, revoltierte die Jugend in den Straßen *algerischer Städte* gegen Exklusion und forderte soziale Gerechtigkeit. Die gewalttätigen Unruhen in über 20 Provinzen führten zu fünf Toten, mehreren hundert Verletzten und über eintausend Festnahmen. Im Februar fanden in *Benin* Massenproteste statt, durch die ein Aufschub der für den 27. Februar [2011] geplanten Wahlen erwirkt werden sollte, weil 1,4 Millionen WählerInnen nicht auf der Wählerliste standen. Das Verfassungsgericht entschied im Sinne der Opposition – gestärkt durch die Masse an Protestierenden – und verschob die Präsidentschaftswahlen um eine Woche auf den 13. März, um die Wählerregistrierung zu ermöglichen. In *Dschibuti* wurden im Februar Massenproteste, die sich gegen Präsident Ismail Omar Guelleh richteten, brutal niedergeschlagen.

In *Burkina Faso* wurden am 21. Februar 2011, einen Tag nachdem der junge Justin Zongo an den Folgen polizeilicher Folter starb, zwei Menschen bei Demonstrationen in Koudougou getötet. Die Regierung versuchte, den Mord zu vertuschen, indem sie Meningitis als Todesursache Zongos angab. Daraufhin verstärkten sich die Demonstrationen, wurden aber brutal niedergeschlagen und kosteten zwei weitere Jugendliche, die Gerechtigkeit gefordert hatten, das Leben. Seitdem ist das burkinische Volk zu mehreren Anlässen auf die Straße gegangen. Das Regime schloss einen Monat lang alle Schulen und verhaftete OppositionsführerInnen der Union für Widerstand/Sankaristische Partei (UNITE/PS) in Kaya am 11. März 2011. In *Botswana* wurden als Reaktion auf Streiks der öffentlichen Verwaltung für Lohnerhöhungen und die Wiedereinstellung entlassener MitarbeiterInnen die Schulen im Mai 2011 geschlossen. Der südafrikanische gewerkschaftliche Dachverband (COSATU) erklärte seine Solidarität. In *Uganda* wurde die Kampagne „Walk to Work" im August unterdrückt, führte aber dennoch zur Freilassung des inhaftierten Oppositionsführers Kizza Besigye. Seiner erneuten Verhaftung folgte abermals ein Protest der „Walk to Work"-Kampagne im Oktober.

In *Kenia* organisierten soziale Bewegungen der Entrechteten im Juni 2011 Proteste gegen steigende Lebensmittelpreise unter dem Banner der „Unga Revolution". In

Swaziland protestierten Tausende mittels einer Reihe von Massendemonstrationen im September 2011 und der Androhung eines Generalstreiks – Aktionen, die auch die Unterstützung der COSATU fanden –, gegen die Monarchie. *Malawi*, das von Hilfsorganisationen als Erfolgsmodell gepriesen wird, wurde im Juni 2011 Schauplatz einer ganzen Reihe von Demonstrationen, die durch Gewalt und Unterdrückung der Meinungsfreiheit in den Medien beantwortet wurden. 2011 war auch *Sambia* Schauplatz einer Serie öffentlicher Streiks. Das ganze Jahr über protestierten ArbeiterInnen und andere VertreterInnen der Gesellschaft gegen sinkende Lebensstandards. Bereits 2010 führten Massenproteste gegen steigende Lebensmittelpreise in *Mosambik* zu Zugeständnissen der Regierung und kurzfristigen Subventionen des öffentlichen Sektors. Weitere Proteste im April 2011 wurden mit Gewalt niedergeschlagen. Weitere Kürzungen von Lebensmittelsubventionen und anderen Diensten lassen erneute Proteste erwarten.

Einige dieser Aufstände haben vielleicht (noch) nicht das gleiche Ausmaß wie jene in Nordafrika, und jeder einzelne hat seine eigenen Ursachen. Doch trotz der Besonderheiten jedes einzelnen Protests können sie zusammen genommen mit Recht als eine kumulative Antwort auf eine gemeinsame Erfahrung der letzten 30 Jahre interpretiert werden. Tatsächlich haben sie viele Gemeinsamkeiten mit den Ereignissen von 2011 in Wisconsin (USA), Spanien, Griechenland und Italien (in Italien bescherten 95 Prozent der Bevölkerung der Regierung eine deutliche Niederlage in einem Referendum, welches Wasser privatisieren, die Straffreiheit von PolitikerInnen ausweiten und die Nutzung von Atomkraft ausbauen sollte). Diese Massenmobilisierungen entwickelten sich mit der Besetzung der Wall Street durch junge Menschen weiter, die den kritischen Slogan prägten, dass 99 Prozent der Menschheit leiden müssten, während ein Prozent sich bereichert und auf Kosten der Mehrheit lebt. Bis zur Endredaktion dieses Artikels fanden in mehr als 900 Städten in 87 Ländern ähnliche Mobilisierungen statt.

Die Veränderungen im politischen und sozialen Klima in Afrika sind nicht nur auf die großen, offenkundigen Protestbewegungen begrenzt. Über die letzten zehn Jahre ist eine beträchtliche Zunahme bzw. Rückkehr sozialer Bewegungen in zahlreichen Ländern zu verzeichnen, die einen Rahmen bieten, in dem die Entrechteten begonnen haben, ihre Würde zurück zu erobern und ihre Entschlossenheit – wenn auch oft implizit – zu zeigen, ihr Schicksal in die eigene Hand zu nehmen und ihr Recht auf Selbstbestimmung einzufordern. Das Aufkommen und die Aktivitäten von Bewegungen wie *Bunge La Mwananchi*, *Bunge Sisters* und der *Unga Revolution* in Kenia, *Abahlali baseMjondolo*, der Kampagne gegen Umsiedlungen, der Bewegung landloser Menschen in Südafrika, der Bewegung gegen Wasserprivatisierung, die zunehmende Militanz der LBGTI-Bewegung[2], die wachsenden Frauenbewegungen, die Bildung von Allianzen unter Bauernorganisationen, die zunehmenden Forderungen der Gewerkschaften – all dies sind Ausdrücke einer unterschwelligen Stimmung

2 **LBGTI – Lesbian, Gay, Bi-Sexual, Transgender, Intersex Community.**

der Unzufriedenheit und der Ernüchterung bezüglich der politischen und sozialen Ordnung. Heute bestimmt die wachsende Dynamik dieser Bewegungen, die für Veränderung eintreten, die soziale und politische Szene des Kontinents. Demnach sind wir nicht so sehr ZeugInnen eines Arabischen Frühlings als vielmehr eines *Afrikanischen Erwachens*.

Was hat das Erwachen herbeigeführt?

Konventionelle Weisheiten – oder besser gesagt Medienunternehmen – erklären, dass die Aufstände von einer wachsenden Mittelklasse mit zunehmenden Erwartungen und Ansprüchen an individuelle Freiheit, Mobilität, Geld, private Gesundheit und Bildung, Luxuswaren, Autos etc. herrühren würden. Was die Unzufriedenheit mit autokratischen Regimes anfeuere, sei die Sehnsucht der Mittelklasse nach Zugang zu freien Märkten und die Frustration über ihre Regierungen, die sie nicht am Gewinn teilhaben lassen. Diese Behauptungen werden von der Afrikanischen Entwicklungsbank und der Weltbank untermauert, die erklären, Afrika habe eine erstarkende Mittelklasse: Offenbar gehört heute jedeR dritte AfrikanerIn der Mittelklasse an, basierend auf der lachhaften Definition, zu dieser Klasse gehörten all jene mit einem Einkommen von 2 bis 20 US-Dollar pro Tag; eine Gruppe, der eine große Anzahl von Menschen angehört, die von jeder vernünftigen Perspektive aus als arm eingestuft würden, vor allem, wenn man die hohen Preise von Gebrauchsgütern in den meisten afrikanischen Städten in Betracht zieht. Praktischerweise vergessen werden dabei natürlich die 61 Prozent AfrikanerInnen, die unterhalb des Satzes von zwei US-Dollar pro Tag in tiefer Armut leben (Bond 2011).

Die Massenaufstände und Proteste, die überall auf dem Kontinent und im Nahen Osten ebenso wie in Wisconsin, Ohio, Frankreich, Spanien und Italien losbrachen, und die unterschwellige Unzufriedenheit, die sich in den Protesten sozialer Bewegungen manifestiert, haben eine gemeinsame Triebkraft. Was man auch sagen mag über die Defizite afrikanischer Regierungen in der Zeit seit der Unabhängigkeit – der ersten oder zweiten Welle –, was auch immer wir vielleicht von den Mängeln ihrer sozialen und politischen Programme halten mögen, was wir auch über die undemokratische Natur der von ihnen damals etablierten Regimes denken – wir müssen ihre herausragenden Errungenschaften anerkennen, die in einer relativ kurzen Zeit nach der Unabhängigkeit erreicht wurden. Mit der Etablierung des Rechts auf Gesundheitsversorgung, auf Bildung und Sozialhilfe, der Entwicklung und Expansion von Transport und Kommunikation sowie der Einrichtung von Getreideabsatzmärkten und Kooperativen kam es innerhalb von weniger als zwei Jahrzehnten zu einer drastischen Erhöhung der Lebenserwartung, zu einem enormen Rückgang der Kinder- und Müttersterblichkeit und zur Verbesserung vieler anderer Parameter sozialen Fortschritts. Alle diese Errungenschaften waren das Resultat harter Unabhängigkeitskämpfe, in denen viele ihr Leben ließen und viel Blut vergossen wurde. Die Unabhängigkeitsregierungen hatten in der Tat so etwas wie einen sozialen Vertrag mit den Massenbewegungen geschlossen, die ihnen zur Macht verholfen hatten. Und in gewissem Maße versuchten sie auch, im Rahmen von Modernisierungsprojekten ihren Versprechen gerecht zu werden, wenn auch auf ungleiche Weise (Manji 1998).

Doch während der letzten 30 Jahre haben die Länder des globalen Südens, insbesondere in Afrika, die systematische Umkehr der Errungenschaften der Unabhängigkeit erleben müssen. Diese Umkehr erfolgte im Kontext einer ganzen Reihe von Weltereignissen: die dramatische, weltweite Rezession der 1970er Jahre; die Niederlage der USA in Vietnam; die Abkoppelung des US-Dollars vom Goldstandard und damit einhergehende Schwankungen von Währungen; die Gründung der OPEC, die es den ölproduzierenden Staaten erlaubte, die Ölpreise zu kontrollieren und die daraus resultierende Flut von Kapital, das neue Wege des Profits suchte; die Schuldenkrise von Ländern des globalen Südens, deren Währungen entwertet wurden; und schließlich die Etablierung der Hegemonie der Neuen Rechten und ihrer neoliberalen Politik unter der Führung von Margaret Thatcher in Großbritannien und Ronald Reagan in den USA in den 1980er Jahren.

Fast ausnahmslos wurden unter dem Druck internationaler Finanzinstitutionen die gleichen sozialen und ökonomischen Programme auf dem gesamten afrikanischen Kontinent implementiert – die sogenannten Strukturanpassungsprogramme, später umbenannt in Strategieprogramme der Armutsminderung –, die alle dazu dienten, sicher zu stellen, dass afrikanische Länder weiterhin ihre stetig wachsenden Schulden abzahlen. Die Gläubiger nutzten jedoch auch die Schuldenkrise, um die afrikanischen Märkte zu erschließen und durch deren exzessive und ungezügelte Privatisierung und Liberalisierung neue Wege der Kapitalexpansion zu ermöglichen. Der Staat wurde für ineffizient erklärt – trotz seiner bemerkenswerten Errungenschaften in der kurzen Zeit seit der Unabhängigkeit – und Institutionen des öffentlichen Dienstes wurden zunächst heruntergewirtschaftet, um dann für einen Spottpreis an Oligopole verkauft zu werden. Dem Staat wurde verboten, die lokale landwirtschaftliche Produktion zu subventionieren und in soziale Infrastruktur zu investieren. Es gab Verbote der Kapitalinvestition in den Bereichen Gesundheit, Bildung, Transport und Telekommunikation, bis schließlich alle öffentlichen Güter vom privaten Sektor (sprich von den Oligopolen) übernommen waren. Zollbarrieren für Güter der fortgeschrittenen kapitalistischen Länder wurden aufgehoben, der Zugang zu natürlichen Ressourcen für die groß angelegte Plünderung geöffnet, das Steuersystem gelockert, und „Sonderwirtschaftszonen" eingerichtet, um die direkte Ausbeutung von Arbeit ohne staatliche oder gewerkschaftliche Regulierung zu ermöglichen. Mit der Zeit wurde die Privatisierung auch auf die Landwirtschaft, die Lebensmittelproduktion und -verteilung sowie die Land- und Bodennutzung ausgedehnt (Manji 1998; Manji u.a. 2011).

Land- und Arbeitslosigkeit, Zunahme der Kinder- und Müttersterblichkeit, Niedergang der Lebenserwartung und Verarmung in einem nie dagewesenen Ausmaß wurden zum Los der Mehrheit der BürgerInnen, während eine Minderheit sich durch ihre Kontrolle des Staates und ihre Allianzen mit internationalen Unternehmen unverhältnismäßig bereicherte (Manji 1998). Länder, deren Bevölkerung noch vor kaum zwei Jahrzehnten zu 80 Prozent auf dem Land gelebt hatte, wurden grundlegend umgestaltet. UN-Habitat schätzt heute, dass etwa 50 Prozent dieser Bevölkerungen ohne das Recht auf einen Wohnsitz, einen Pachtvertrag oder irgendeine andere Form der Absicherung in Slums am Stadtrand leben. Die Deregulierung aller Beschränkungen auf das Kapital war das damalige Mantra, gerechtfertigt als Voraussetzung für die Akquise ausländischer Investitionen, was angeblich zu „Entwicklung" führen sollte (Habitat 2010). Unmittelbar führte dies dazu, dass die Rolle des Staates stark eingeschränkt wurde. Er konnte nur noch einen verschwindend geringen Einfluss im wirtschaftlichen Bereich ausüben und verlor nahezu jegliche Autorität oder Ressourcen zur Entwicklung einer sozialen Infrastruktur. Damit bestand die Hauptaufgabe des Staates in der Sicherung eines „förderlichen Umfelds" für internationales Kapital und der Überwachung des endlosen Schuldendienstes an internationale Finanzinstitutionen (Amin 2010a). Aber die schwerwiegendste Folge dieser Politik war nicht die Umkehr der vielen Errungenschaften der Unabhängigkeit, sondern die Erosion der Möglichkeiten für die BürgerInnen, ihr eigenes Schicksal zu bestimmen. Die Selbstbestimmung, die so ein mächtiger Motor der Mobilisierung in den antikolonialen Bewegungen war, wurde Stück für Stück erstickt. Die Wirtschaftspolitik wurde nicht länger von den BürgerInnen und ihren RepräsentantInnen in der Regierung bestimmt, sondern von TechnokratInnen der internationalen Finanzinstitutionen wie der Weltbank mit tatkräftiger Unterstützung der internationalen Hilfsorganisationen. Als der Staat gezwungen war, sein Angebot an sozialen Diensten aufzugeben, wurde dieser Raum sehr schnell von entwicklungspolitischen Nichtregierungsorganisationen (NGOs) eingenommen. Was BürgerInnen einst dank der Errungenschaften der Unabhängigkeit vom Staat erwarten und einfordern konnten, wurde durch Wohltätigkeit von Agenturen ersetzt, die wiederum von internationalen Hilfsorganisationen abhängig waren, deren Richtlinien zunehmend an den Vorgaben internationaler Finanzinstitutionen ausgerichtet wurden (Manji & O'Coill 2002).

Dies war auch eine Zeit weit reichender Unterdrückung. Eine politische Opposition wurde in den meisten Ländern abgeschreckt oder unterdrückt. RegierungsgegnerInnen wurden eingesperrt oder verschwanden. Wo es fortschrittliche Entwicklungen gab – wie in Burkina Faso unter Thomas Sankara – wurden Morde, die Unterstützung von Militärputschen und die ökonomische Isolation als Instrumente eingesetzt, um die BürgerInnen davon abzuhalten, Alternativen zu den strengen Vorgaben des Neoliberalismus zu entwickeln. Mit dem Fall der Berliner Mauer und des stalinistischen „Sozialismus" in der Sowjetunion und in Osteuropa Ende der 1980er Jahre brach schließlich auch die Glaubwürdigkeit von Alternativen zur kapitalistischen Ideologie weg. Thatchers berühmte TINA-Erklärung („There Is

No Alternative" – „Es gibt keine Alternative") wurde Wirklichkeit.

Als Konsequenz der neoliberalen Politik wurden die BürgerInnen mit der Zeit in KonsumentInnen verwandelt. Wer über die nötigen Ressourcen verfügte, konnte sich aussuchen, welche Dienste, Bildung und Gesundheitsversorgung er oder sie in Anspruch nahm. Aber diejenigen, die nicht die Mittel hatten, an der Konsumgesellschaft teilzuhaben – die Bettelarmen, die Landlosen, die Erwerbslosen, die dauerhaft Arbeitslosen – die nicht konsumieren konnten, wurden zu Entrechteten, und jene, die Arbeit fanden, waren gezwungen, schlechte Arbeitsbedingungen und niedrige Löhne zu akzeptieren. Versuche, Proteste zu organisieren, wurden durch das Wissen um das Heer von Arbeitsuchenden vor der Tür entmutigt, die sich hungrig auf jeden Job stürzten, den ein anderer oder eine andere aufgab.

Das Ausmaß der Plünderung, das durch die neoliberale Politik möglich wurde, ist gut dokumentiert. Jedes Jahr fließen Zahlungen in Höhe von 340 Milliarden US-Dollar aus den so genannten Drittweltländern in den Norden, um einen Schuldenberg von 2,2 Billiarden US-Dollar zu tilgen. Das entspricht der fünffachen Höhe des Entwicklungshilfe-Budgets der G8 (Dembele 2005). Besonders von diesem Abfluss ihres Nationalvermögens nach Übersee betroffen sind die BürgerInnen der Demokratischen Republik Kongo, Nigerias, der Elfenbeinküste, Angolas und Sambias, die seit Anfang der 1970er Jahre mehr als 10 Milliarden US-Dollar pro Jahr abführen. Der in Brüssel lebende Schulden-Aktivist Eric Toussaint fasst das so zusammen: „Seit 1980 wurden 4,6 Billionen US-Dollar – das sind über 50 Marshall-Pläne – von den Menschen der Peripherie ins Zentrum überwiesen." (Bond 2005).

Nachforschungen des *Tax Justice Network (TJN)* haben ergeben, dass ein erschütternder Betrag von 11,5 Billionen US-Dollar von reichen Einzelpersonen auf die Seite geschafft und in Steuerparadiesen angelegt wurde, geschützt vor dem Zugriff der Regierungen. „Circa 30 Prozent des subsaharischen Bruttosozialproduktes werden ins Ausland überwiesen", schreibt John Christensen (2006) vom TJN. „Mehrere Studien zeigen, dass diese Höhe der Kapitalflucht bedeutet, dass Afrika – ein Kontinent, von dem immer wieder gesagt wird, er sei hoffnungslos verschuldet – eigentlich der indirekte Kreditgeber für den Rest der Welt ist." (Christensen 2006). Das Finanzkapital und die Unternehmen tun alles, um ihren Reichtum in fremden Steuerparadiesen zu verstecken. Ein UNDP-Bericht über illegale Vermögen schätzt, dass illegale Kapitalflüsse von den am wenigsten entwickelten Ländern zwischen 1990 und 2008 von 7,9 Milliarden auf 20,2 Milliarden US-Dollar gestiegen sind. Die zehn größten Exporteure von illegalem Vermögen verantworten 63 Prozent des gesamten Geldabflusses aus den am wenigsten entwickelten Ländern, die 20 größten fast 83 Prozent (UNDP 2011).

Aber es ist nicht nur der illegale Transfer von Vermögen, der den Süden um seinen Reichtum bringt, es sind auch die Mechanismen der sogenannten Entwicklungshilfe selbst. In einer Analyse über den Fluss von Hilfsgeldern zeigte Charles Abugre (2010), dass die angebliche Zunahme der Entwicklungshilfegelder zwischen

2002 und 2007 zu großen Teilen auf den Erlass der Schulden des besetzten Irak und des Öl produzierenden Nigeria zurückzuführen war. Wenn Schulden Teil der Berechnung von Hilfsleistungen sind, argumentierte Abugre, dann müssen Netto-Hilfsleistungen auch abzüglich der Schuldentilgungsraten der Empfängerländer berechnet werden. Aufgrund von Daten des Internationalen Währungsfonds zeigte Abugre, dass innerhalb derselben fünf Jahre der Nettofluss von Hilfsleistungen vom Norden in den Süden eigentlich negativ war. Das heißt, tatsächlich flossen Netto-Hilfsleistungen in Höhe von 2,775 Milliarden US-Dollar vom Süden in den Norden, eine Summe, die 28 Marshall-Plänen innerhalb von fünf Jahren entspricht.

Die Literatur über die Gründe der Verarmung Afrikas ist voll von Behauptungen, welche die weit verbreitete Korruption als Ursache für die Armut anprangern. Doch Korruption ist nicht die Ursache, sondern vielmehr die Konsequenz einer neoliberalen Ideologie, die finanzielle Anreize als notwendig ansieht, um Menschen für ihre Ziele zu motivieren. Solche Anreize stellen sicher, dass dem Finanzkapital und den Oligopolen die nötige Infrastruktur garantiert wird, und helfen gleichzeitig, eine lokale Klasse zu nähren, die permanent zur Kollaboration motiviert werden will. Korruption ist daher in Zeiten der Globalisierung ein fundamentales Strukturelement des Kapitalismus im globalen Süden.

Viele kritisieren die Strukturanpassungsprogramme und ihre Nachfolger als Produkt schlechter Politik – neoliberaler Politik, die als dogmatisch und Ausdruck von Marktfundamentalismus bezeichnet wird. Wie aber Prabhat Patnaik kürzlich argumentierte, sind die Strategien, auf denen internationale Finanzinstitutionen weiterhin bestehen, das Resultat des Strukturbedarfs des Finanzkapitalismus in unserer Zeit; ein Prozess, der bereits in den 1970ern begann und heute alle Bereiche der globalen Ökonomie dominiert (Patnaik 2011). Samir Amin (2010b) zu Folge gibt es heute etwa 500-700 Oligopole, die beinahe jeden Aspekt unseres Lebens kontrollieren, sei es die Kleidung, die wir tragen, den Transport, die Kommunikation, die Landwirtschaft, die Industrie, den Abbau von Ressourcen oder anderes. Es lohnt sich, Patnaik hier ausführlich zu zitieren, denn er fasst prägnant die strukturelle Natur der Bedürfnisse des Finanzkapitals zusammen, die ganz besondere wirtschaftliche Bedingungen verlangen. In unserem Zeitalter, argumentiert er:

> „... [ist das] Finanzkapital international geworden, während der Staat ein Nationalstaat bleibt. Der Nationalstaat muss sich daher den Wünschen der Finanzwelt beugen, denn sonst werden die Finanzen [...] dieses bestimmte Land verlassen und sich anderswo hinbewegen, wodurch der jeweilige Staat zahlungsunfähig und seine Wirtschaft zerstört würde.
>
> Der Prozess der Globalisierung des Finanzwesens unterminiert damit die Autonomie des Nationalstaates. Der Staat kann nicht tun, was er will oder wofür seine Regierung gewählt wurde, denn er muss tun, was die Finanzen von ihm fordern. Es ist die Natur des Finanzkapitals, sich jeder staatlichen Intervention

zu widersetzen, wenn diese nicht seinen eigenen Interessen dient. Es will keinen aktiven Staat, wenn es um die Förderung von Arbeitsplätzen, die Bereitstellung von Sozialhilfe oder den Schutz kleiner ProduzentInnen geht; stattdessen möchte es, dass der Staat ausschließlich in seinem Interesse handelt. Das Finanzkapital hat daher die Natur des Staates verändert, von einer klassenübergreifenden Einheit, die über der Gesellschaft steht, im Sinne des Gemeinwohls handelt und in die Wirtschaft eingreift, zu einer Einheit, die sich fast ausschließlich für die Interessen des Finanzkapitals einsetzt. Um diese Veränderung, die im Zeitalter der Globalisierung und unter dem Druck des Finanzkapitals vonstatten geht, zu rechtfertigen, werden die Interessen des Finanzmarktes zunehmend gleichgesetzt mit den Interessen der Gesellschaft. Wenn es der Börse gut geht, geht es der Wirtschaft vermeintlich auch gut, ungeachtet von Hunger, Unterernährung und Armut. Wenn ein Land von den Kredit-Rating-Agenturen eine gute Note bekommt, dann ist das ein Grund für Nationalstolz, ganz egal, wie schlecht es der Bevölkerung geht.

Da der Nationalstaat, wenn er eine Handelsliberalisierung anstrebt, die Steuerpflicht einschränken muss und deshalb auch die Einfuhrzölle senkt (damit ausländische Investoren nicht abgeschreckt werden) und weiterhin im Interesse der „Kapitalakkumulation“ die Umsatzsteuer von Unternehmen niedrig hält [...], führt die Begrenzung des Steuerdefizits wiederum dazu, dass der Staat immer weniger ausgeben kann. Und das schafft das Setting zur Privatisierung, nicht nur von staatlichen Gütern für einen Spottpreis, sondern auch von Sozialdiensten und übergeordneten Dienstleistungen wie Bildung und Gesundheit. All das wird gewöhnlich als „Rückzug des Staates“ bezeichnet. In der Debatte geht es vornehmlich um den Gegensatz zwischen „Staat“ und „Markt“. Nichts könnte irreführender sein. Im Neoliberalismus zieht sich der Staat nicht zurück; er ist ebenso stark oder gar noch stärker wirtschaftspolitisch involviert als zuvor, doch sein Eingreifen ist jetzt ein anderes, nämlich exklusiv im Interesse des Finanzkapitals.“ (Patnaik 2011)

Auf dem gesamten Kontinent ist ein Prozess massiver Enteignung im Gange: Enteignung von Land durch Landraub, Enteignung des Wertes unserer Löhne, Enteignung unserer Kapazitäten, zu bestimmen was wir wollen, im Gegensatz zu dem, was das internationale Finanzkapital will. Am Beispiel des Landraubs, der überall auf dem Kontinent um sich greift, lässt sich das Ausmaß dessen, was zurzeit geschieht, verdeutlichen: kürzlich vorgelegten Berichten des *Oakland Institute* zufolge hat der Landraub in der Größenordnung die Fläche Frankreichs bereits überschritten. Tausende Familien wurden vertrieben, zugunsten von kilometerlangen Bewässerungskanälen, die ohne Rücksicht auf Umweltfolgen gebaut werden und die den Anbau von so genannten *cash crops* (exportgeeignete Agrarprodukte) ermöglichen sollen, was die Nahrungsmittelsicherheit in Afrika unterminiert. Durchgeführt wird dies ohne bzw. in geringer Absprache mit denen, die es direkt betrifft, und ohne Rechenschaftspflicht oder Transparenz (Oakland Institut 2011). Die vielleicht schwerwiegendste Enteignung, mit der wir konfrontiert sind, ist jedoch die politische Enteignung. Unsere Regierungen sind heute stärker rechenschaftspflichtig gegenüber den internationalen Finanzinstitutionen, gegenüber den multinationalen Unternehmen, die ohne Einschränkung unsere Reichtümer ausbeuten, und gegenüber den internationalen Hilfsinstitutionen, die Organe wie den IWF finanzieren, als gegenüber den eigenen BürgerInnen. In diesem Sinne gleichen unsere Länder mehr und mehr besetzten Territorien als Demokratien. Dieser Prozess der Enteignung ist die eigentliche und tiefere Ursache hinter dem Aufbegehren der BürgerInnen in Tunesien und Ägypten. In beiden Fällen war es nicht nur die repressive Natur der Regime von Ben Ali und Mubarak, sondern auch die über Jahrzehnte gesammelten Erfahrungen der Verelendung und Verarmung der großen Mehrheit, während einige wenige sich bereicherten. Als Ben Ali und Mubarak von Bürgeraufständen aus dem Amt gejagt wurden, gab es eine sofortige Resonanz auf dem ganzen Kontinent. Während die Medien versuchten, diese Reaktionen als Zeichen für eine Art ansteckende Krankheit darzustellen, waren es in Wirklichkeit die Enteigneten auf dem ganzen Kontinent und darüber hinaus, die in der Wut und den Forderungen der TunesierInnen und ÄgypterInnen ihre eigene Forderungen nach Würde und ihren eigenen Wunsch, ihren Sehnsüchten nachzugehen, wieder erkannten. Sie erkannten sofort die gemeinsame Erfahrung von Jahrzehnten des Neoliberalismus, der sie arm gemacht hatte. Es war keine Überraschung, dass auch in Spanien, Bahrain, Syrien, Jemen und den Vereinigten Staaten von Amerika der Ruf nach einem eigenen „Tahrir-Platz" auf den Lippen aller AktivistInnen lag.

Die Gewinne zurückfahren

Wie antwortete das „Empire" auf die Aufstände?

Der Sturz von Ben Ali in Tunesien und Hosni Mubarak in Ägypten war für die imperialen Regierungen, die diese Regime finanziell, ökonomisch, politisch, und militärisch unterstützt hatten, eine Überraschung. Große Medienunternehmen stellten die Aufstände als plötzlich, unerwartet und spontan dar, obwohl es in beiden Ländern deutliche Hinweise dafür gab, dass die Demonstrationen letztendlich das Resultat jahrelanger Versuche waren, Proteste zu organisieren, die jedoch immer wieder brutal unterdrückt worden waren. Man versuchte auch, die Mobilisierung Facebook und Twitter zuzuschreiben, um so den Verdienst der Menschen zu verwässern, und verschwieg dabei der Einfachheit halber, dass in Ägypten die größten Mobilisierungen erst nach der Abschaltung von Internet und Mobiltelefonnetzen stattfanden.

Die imperiale Antwort auf die Aufstände ist im Wesentlichen die Etablierung von Ben Ali-ismus ohne Ben Ali in Tunesien und Mubarak-ismus ohne Mubarak in Ägypten. Es ist sehr lehrreich, die tiefgreifende Heuchelei der USA und Europas zu betrachten: In Ägypten hatten sie Mubarak zur Bastion gegen den Islamismus in Form der Muslimbruderschaft erklärt. Wie Samir Amin (2011) erläutert, umfasste der Mubarak-ismus die Familie Mubarak, das Militär, das wichtige Sektoren der Wirtschaft kontrolliert, und die Muslimbruderschaft, die seit den Tagen von Anwar as-Sadat eine wichtige Rolle in Medien und Bildung einnahm. Mit dem Sturz von Mubarak ist es nicht verwunderlich, dass die USA auf eine Regierung drängen, welche die verbleibenden Elemente des Mubarak-ismus beinhaltet: das Militär und die Muslimbruderschaft. Noch lehrreicher aber sind die ökonomischen Strategien, die jetzt vom IWF und der Weltbank verfolgt werden: Privatisierung von Gemeingütern, Öffnung der Wirtschaft gegenüber transnationalen Unternehmen, Einschränkung der Sozialausgaben – kurz, die gleichen abgenutzten Strategien, welche die Krise überhaupt erst hervorgerufen hatten. Obwohl das „Empire" alles versucht, die Massenbewegungen in Tunesien und Ägypten im Zaum zu halten, steht keineswegs fest, dass die erreichten Veränderungen erfolgreich rückgängig gemacht werden können. Zwar hat das Militär ohne Zweifel versucht, AktivistInnen einzuschüchtern, zu verhaften und zu foltern, während die USA versuchen, Druck auszuüben, damit ein folgsames Regime etabliert wird, welches sowohl die Interessen der Oligopole als natürlich auch die Interessen des zionistischen Staates Israel wahrt. Was wir in Tunesien und Ägypten erlebt haben, ist nur der erste Akt, Szene 1 eines langen Kampfes, der möglicherweise viele Jahrzehnte brauchen wird, um zu einem verändernden Abschluss zu kommen. Revolutionen passieren nicht über Nacht. Sie sind das Produkt von langen Kämpfen über Jahrzehnte hinweg, und sie sind charakterisiert von Auf- und Abschwüngen. Niemand kann das Ergebnis solch langer Kämpfe voraussagen, und vieles wird von den politischen Programmen der progressiven Mächte innerhalb der Massenbewegungen abhängen, deren Durchsetzungskraft und ihren Erfolgen bei der Selbstorganisation.

Regimewechsel und Militärinterventionen unter dem Deckmantel des Humanitarismus

Wenn die Ereignisse in Tunesien und Ägypten Hoffnung wecken, dann rufen Libyen, die Elfenbeinküste und Somalia im Gegenteil vor allem Verzweiflung hervor. Was in Libyen vielleicht als Volksprotest begann, inspiriert von den Ereignissen in den Nachbarländern, wurde bald von den Splittergruppen innerhalb des Gaddafi-Regimes instrumentalisiert. Alles deutet darauf hin, dass die Rebellion in Libyen bereits lange, bevor es zu spontanen Demonstrationen kam, genährt, bewaffnet und orchestriert wurde, mit dem lang gehegten Plan des Regimewechsels. Wie Conn Hallinan (2011) erläutert, scheint der libysche Krieg nahezu direkt dem Reißbrett der *Heritage Foundation* entsprungen, nachzulesen in einem Dokument, das bereits 2003 geschrieben wurde. Die New York Times (2011) berichtete, dass die CIA, britische Sondereinsatzkommandos und MI6-Mitarbeiter[3] mindestens seit Mitte Februar in Libyen aktiv waren. Ismael Hossein-Zadeh (2011) stellt die These auf, dass Gaddafi viel gemeinsam hat mit Volksführern wie Hugo Chavez in Venezuela, Fidel Castro in Kuba, Evo Morales in Bolivien, Salvador Allende in Chile und Jean-Bertrand Aristide in Haiti. Gaddafi hat sich des Ungehorsams gegenüber dem sprichwörtlichen Paten der Welt schuldig gemacht: dem US-Imperialismus und seinen Verbündeten. Wie diese [o.g. Führungspersönlichkeiten] hat er die Kardinalssünde begangen, die grenzenlose Regentschaft des globalen Kapitals in Frage zu stellen, nicht den ökonomischen „Richtlinien" der Regenten der globalen Finanzwelt zu folgen – beispielsweise dem Internationalen Währungsfond, der Weltbank und der Welthandelsorganisation – und es abzulehnen, sich US-Militärallianzen in der Region anzuschließen. Wie andere nationalistische Volksführer setzte er sich für Programme der sozialen Sicherheit bzw. des Sozialstaates ein – nicht für große Unternehmen, wie es bei den imperialistischen Ländern der Fall ist, sondern tatsächlich für die Menschen (Hossein-Zadeh 2011).

Die Invasion Libyens wurde als humanitäre Intervention dargestellt[4], mit dem Ziel, die Zivilbevölkerung vor der Bedrohung bewaffneter Attacken von Gaddafis Regime zu schützen. Auf der Grundlage einer großen Anzahl falscher Behauptungen, ähnlich wie der Behauptung der „Massenvernichtungswaffen" als Rechtfertigung für die Invasion des Irak, autorisierte die UN eine US/NATO-Intervention. Doch in einem offensichtlichen Verstoß gegen die Resolution 1973 wurden die Zivilbevölkerung massiv bombardiert und bewaffnete Truppen des Katar-Regimes auf dem Boden eingesetzt (was erst nach dem Krieg zugegeben wurde). Sehr schnell wurde klar, dass das eigentliche Ziel der Intervention ein Regimewechsel war. Der Einsatz galt mit der Ermordung Gaddafis (gegen die Genfer Konventionen) als erfolgreich abgeschlossen. Seitdem sind Beweise zutage getreten, die willkürliche Tötungen und Massenexekutionen großen Umfangs sowohl von Gaddafi-AnhängerInnen als auch von ZivilistInnen belegen.

In ähnlicher, kaum verhohlener Weise hatte die UN-autorisierte Intervention in der Elfenbeinküste den Regimewechsel zum Ziel, durch den die Kontrolle über lukrative wirtschaftliche Ressourcen des Landes gesichert wurde, an denen insbesondere französische und US-amerikanische Firmen verdienen. Was diese Intervention nicht geleistet hat, ist, eine Lösung für die tiefe Spaltung der ivorischen Gesellschaft zu finden. Sie verpasste es auch, die massiven Menschenrechtsverletzungen aufzuklären, die sowohl von Gbagbos als auch von Ouattaras Einheiten begangen wurden. In Somalia wurde jeder Versuch der Wiederherstellung des Friedens systematisch mit Hilfe der Militärinterventionen der Meles-Regierung in Äthiopien, die

---

3 MI6 steht für „Military Intelligence, Section 6" und bezeichnet den britischen Auslandsgeheimdienst Secret Intelligence Service (SIS).

4 Interessanter Weise wurden „humanitäre Gründe" auch als Rechtfertigung für die Kolonialisierung des Kongo durch König Leopold genannt (siehe Hochschild 2011).

als Strohmann des Imperiums fungierte, unterminiert. Vor kurzem sind auch kenianische Truppen auf Geheiß der USA in Somalia einmarschiert, deren Waffen von der französischen Armee bereit gestellt wurden, unterstützt durch unbemannte US-Drohnen. Dies führte zur Tötung vieler ZivilistInnen, unter ihnen auch Kindern.

Diese Ereignisse illustrieren die zunehmende Bereitschaft des Imperiums, militärisch einzugreifen, um sicher zu stellen, dass die Regimes, die ihren Interessen dienen, an der Macht bleiben. Sie repräsentieren genau das Gegenbild der Hoffnung, welche die Revolutionen hervorriefen. Sie stimmen auch mit der zunehmenden Bereitschaft zur Barbarei überein, welche die Welt in Afghanistan und im Irak sowie mehr und mehr in Pakistan erlebt.

Eine Zeit der Kriege und Revolutionen

Samir Amin hat aufgezeigt, dass die gegenwärtige Krise des Kapitalismus – deren Beginn er in den 1970er Jahren mit der Abkopplung des US-Dollars vom Goldstandard sieht – Parallelen zur ersten großen Krise des industriellen Kapitalismus fast 100 Jahre vorher in den 1870er Jahren aufweist. Die Folgen der damaligen Krise waren die Kolonialisierung der Welt und die Aufteilung Afrikas in Kolonialterritorien, der Raub von Land und Ressourcen in großem Umfang, brutale Massentötungen und Völkermorde sowie die wachsende Konzentration und Zentralisierung von Kapital. In der folgenden Periode fanden der inter-imperiale Krieg von 1914-1918 statt, die Wirtschaftskrise, die zum Aufstieg des Faschismus in Europa führte, und der Ausbruch des Zweiten Weltkriegs, der Millionen Menschenleben kostete. In die gleiche Zeit fielen aber auch die erste erfolgreiche antikapitalistische Revolution in Russland, die erfolgreichen Bauernaufstände in China, der Aufstieg der antikolonialen Revolutionen, die Niederlage erst der Franzosen und dann der US-Amerikaner in Vietnam und die Revolution in Kuba. Die derzeitige Krise des Kapitalismus unterscheidet sich aber von der früheren durch das beispiellose Ausmaß der Anhäufung und Zentralisierung von Kapital; sie wird außerdem von einer nie dagewesenen Finanzialisierung des Kapitals begleitet.

Wir sind in ein neues Zeitalter der Kriege und Revolutionen eingetreten, argumentiert Amin, eine Zeit der Barbarei und der sozialen Transformation. In Afrika haben wir die Zerstörung Somalias miterlebt, die Zerstörung der Umwelt an Orten wie dem Niger-Delta, die Militärinterventionen in Libyen und der Elfenbeinküste, um nicht die Bewaffnung der Regimes zu nennen, die in illegaler Weise Westsahara besetzt halten. Gleichzeitig sehen wir die Entstehung von sozialen Bewegungen zur Rückeroberung der Würde unserer Völker durch Proteste und Aufstände auf dem ganzen Kontinent. Der Ausgang all dieser Ereignisse kann nicht vorhergesagt werden. Aber es gibt Anlass zum Optimismus.

Wie geht es weiter?

Während unsere Regierungen vor den Großunternehmen und den internationalen

Finanzinstitutionen niederknien und die Wünsche ihrer BürgerInnen ignorieren, wird uns die Wahlurne vorgehalten und die Beteiligung am Wahlprozess als einzige Lösung angepriesen, wo BürgerInnen lediglich eine Wahl zwischen verschiedenen Versionen derselben Kompradoren-Elite haben. Was dieser Ansatz außer Acht lässt, ist, dass die BürgerInnen nur alle vier bis fünf Jahre die Wahl haben, das Finanzkapital aber jeden Tag (tatsächlich sogar alle paar Sekunden) auf dem Aktienmarkt wählt, mit dramatischen Auswirkungen auf jeden Aspekt der Produktion, der Preise von Lebensmitteln, Benzin, Land usw. Zusammen mit dem Ruf nach demokratischen Wahlen kommt der Ruf nach „guter Regierungsführung". Die Annahme besteht darin, dass die Masse der BürgerInnen kleinen Kindern gleicht (wie das an die Sprache des Kolonialismus erinnert!), die nicht in der Lage sind, sich selbst zu regieren, sondern jemanden brauchen, der sie führt. Das „gut" in der „guten Regierungsführung" bedeutet meist: gut fürs Geschäft, gut für den „Markt" – ein Euphemismus für die Macht der Großunternehmen und des Finanzkapitals. Es ist uns nicht entgangen, dass Ben Ali, der so entschieden von seinem Volk verjagt wurde, nur ein Jahr zuvor von der Weltbank für seinen „beachtlichen Fortschritt" im Bezug auf „gerechtes Wachstum, Armutsbekämpfung und das Erreichen guter sozialer Indikatoren" (The World Bank, Country Overview Tunesia, 2010) in Tunesien gelobt wurde!

Das Afrikanische Erwachen ist eine wütende Antwort auf drei Jahrzehnte eben solcher „Regierungsführung", die zu Verarmung und dem Verlust von Souveränität geführt haben. Die zunehmenden Aufstände in den kapitalistischen Ländern, die mit der „Occupy Wall Street"-Bewegung in Verbindung gebracht werden, sind Reaktionen auf die Aussicht, dieselbe verdorbene Medizin verabreicht zu bekommen, die der Rest von uns bereits seit Jahrzehnten schlucken muss. Was aber die *Occupy*-Bewegung auszeichnet, ist, dass sie nicht einfach gegen schlechte Politik (das heißt neoliberale Politik) protestiert, sondern den Finger in die Wunde legt und direkt auf das Finanzkapital zeigt, den Antreiber und Nutznießer der Verarmung der 99 Prozent. Und weit entfernt von „guter Regierungsführung" hat die Bewegung einen eigenen Weg der Entscheidungsfindung etabliert – basierend auf Partizipation und Konsensbildung, das heißt einer echten Demokratisierung der Gesellschaft.

Um die Kontrolle über unser Schicksal und unsere Würde wieder zu erlangen, sollten wir uns nicht so sehr auf die Wahlurne konzentrieren, sondern eher die Frage nach der Demokratisierung unserer Gesellschaften stellen. Welche Prozesse brauchen wir, um jeden Aspekt unseres Lebens zu demokratisieren? Wer entscheidet zum Beispiel, was produziert wird, wie produziert wird, von wem produziert wird, wie viel produziert wird, für wen produziert wird und was mit dem Produkt gemacht wird? Und wie entscheiden BürgerInnen, was mit dem Überschuss passiert? Das gleiche gilt für alle Sektoren: Gesundheit, Bildung, Sozialhilfe, Telekommunikation, Landwirtschaft und Abbau natürlicher Ressourcen. Selbstverständlich wären solche Entscheidungsfindungsprozesse dem Finanzkapital, den Unternehmen und den willfährigen Regierungen ein Dorn im Auge. Solange die BürgerInnen jedoch keine direkte Kontrolle und Entscheidungskraft in diesen wichtigen Themenbereichen haben, kann man nicht von Demokratie sprechen. Stattdessen sind wir mit Entscheidungsprozessen konfrontiert, die auf den gleichen alten Strukturen basieren wie die koloniale Dominanz und Kontrolle.

Wir müssen kreativ sein. Wir sollten nicht in den Supermärkten der Unternehmen, Banken und Finanzhäuser „shoppen" gehen nach von anderen für uns vorgefertigten Lösungen. Es ist Zeit, dass wir den Mut haben, die Zukunft zu erfinden. Entweder tun wir das, oder andere erfinden unsere Zukunft für uns. Es gibt eine ganze Reihe von wichtigen Elementen in der derzeitigen Situation, die dafür sprechen, dass wir beginnen, die Welt zu schaffen, in der wir leben möchten. Erstens besteht kein Zweifel daran, dass die herrschende Klasse gerade wegen des aktuellen Ausmaßes der Finanzialisierung des Kapitals und seiner Dominanz mit einem Dilemma konfrontiert ist: Das Finanzkapital fordert weiterhin die unerbittliche Umsetzung neoliberaler Politik – aus Perspektive des Kapitals gibt es hier keine Alternative. Dabei sind es genau diese politischen Strategien, welche die derzeitige Krise überhaupt erst ausgelöst haben. Ein berühmtes Zitat von Albert Einstein fasst diese Sackgasse zusammen: „Probleme kann man niemals mit derselben Denkweise lösen, durch die sie entstanden sind." Tatsächlich existiert ein Ideen-Bankrott. Diese Situation eröffnet uns Möglichkeiten. In Lateinamerika versuchen die ALBA-Staaten (Bolivarische Allianz für die Völker unseres Amerikas) eine soziale, politische und ökonomische Integration zwischen den Ländern Lateinamerikas und der Karibik herbeizuführen, basierend auf einer Vision der Sozialfürsorge, des Tauschhandels und der gegenseitigen wirtschaftlichen Unterstützung, statt einer Handelsliberalisierung mittels Freihandelsabkommen. Sie planen sogar die Etablierung eigener Währungen. In Afrika müssen wir eine ähnliche Debatte beginnen.

Zweitens ist eine der bemerkenswertesten Besonderheiten der heutigen Welt die wachsende Erkenntnis des globalen Südens über gemeinsame Erfahrungen der Enteignung. Sogar im Norden werden solche Gemeinsamkeiten langsam erkannt – wie in Wisconsin, Spanien und Griechenland. Zum ersten Mal seit vielen Jahren sehen wir ein Potential zur solidarischen Vernetzung von Menschen, die einen gemeinsamen Kampf austragen, basierend nicht auf Wohltätigkeit oder Mitleid, sondern auf dem Erkennen einer gemeinsamen Ursache der Enteignung.

Drittens, während sich der soziale Widerstand jahrelang auf einzelne Teilbereiche konzentrierte – beispielsweise Wasser, Energie, Umwelt oder Gesundheit – ist heute die materielle Basis für eine Kooperation über Sektoren hinweg größer als jemals zuvor. Initiativen wie das Weltsozialforum, trotz all seiner Mängel, bieten eine außergewöhnliche Möglichkeit, sowohl sektorenübergreifend als auch interregional solidarisch zusammenzuarbeiten.

Viertens unterliegen seit dem Zusammenbruch des Stalinismus und der Sowjetunion jene Dogmen einer Krise der Glaubwürdigkeit, die so lange ein fortschrittches und kreatives Nachdenken über die Welt, in der wir leben wollen, eingeschränkt haben. In einer Zeit, in der neoliberale Ideologien in einer tiefen Krise sind, entstehen sowohl größere Räume für kreative Modelle als auch eine größere Bereitschaft, aus den Fehlern der Linken auf der internationalen Bühne zu lernen. Schließlich sind heute zwar eine Vielzahl an Kämpfen gegen jene zu führen, die Afrika ausbeuten, gleichzeitig bietet unsere Zeit aber auch viel mehr Möglichkeiten, um konkrete Alternativen zu den profitorientierten Motiven von Konzernen zu schaffen. Beispielsweise leisten afrikanische Bauernorganisationen Widerstand gegen so mächtige Akteure wie die Bill-und-Melinda-Gates-Stiftung und die Rockefeller-Stiftung, die mithilfe von Oligopolen wie Monsanto „agrar-chemische Ernteerträge durch multigenetische Patente vorantreiben. Das Ziel dieser Konzerne – oder wenigstens das Endergebnis – ist leicht zu sehen: die Kontrolle über Afrikas Pflanzen-Biomasse, um Superprofite für Mega-Chemie- und Samen-Konzerne zu erreichen." (Tandon 2011) Gleichzeitig haben Bauernorganisationen, besonders von Frauen geführte Initiativen, den Widerstand mit ihrer Kampagne „Wir sind die Lösung: Zelebrierung familiärer Landwirtschaft in Afrika" organisiert, in der endogenes Wissen und nachhaltige Agrarmethoden gefördert werden. Diese Bewegungen haben erkannt, dass jetzt die Zeit gekommen ist, einen neuen Weg hin zu mehr Freiheit und Gerechtigkeit einzuschlagen, damit Emanzipation kein weit entfernter Traum mehr bleibt, sondern vielmehr etwas, das wir heute verwirklichen können. Der Ausgang unserer Kämpfe für Emanzipation liegt nicht in den Händen der Götter, sondern in unseren eigenen Ideen, Widerständen und Solidarität. Wir haben die Fähigkeiten, zu beeinflussen, wenn nicht sogar zu bestimmen, wie die Zukunft aussehen wird. Doch um dies zu schaffen, müssen wir den Mut haben, die Zukunft zu erfinden. Das letzte Wort möchte ich Thomas Sankara überlassen:

> „Man kann fundamentale Veränderungen nicht ohne ein gewisses Maß an Verrücktheit durchführen. In diesem Fall ist es die Nichtkonformität, der Mut, alten Formeln den Rücken zu kehren, der Mut, die Zukunft zu erfinden. Wir haben die Verrückten von gestern gebraucht, um heute mit großer Klarheit zu handeln. Ich möchte einer dieser Verrückten sein." (Sankara 1985: 141f.)

Aus dem Englischen übersetzt von Friederike Claussen

Erstmals in kürzerer Version erschienen als Einführung zu dem Buch „African Awakenings: The Emerging Revolutions" (Manji and Ekine 2011)

Machtausgleich beginnt an den Wurzeln

Interview mit Winfred Nyirahabineza

Winfred Nyirahabineza kommt aus dem ostafrikanischen Uganda, durch das der Äquator verläuft und das 33 Millionen EinwohnerInnen hat. Winfred ist Umweltaktivistin auf den Ssese Inseln (Kalangala) sowie geschäftsführende Direktorin der *Lake Victoria Development Initiative (LVDI)*. Diese gemeinnützige Organisation besteht aus freiwilligen Mitgliedern, die sich für Naturschutz, Ernährungssicherung, Frauen- und Kinderrechte sowie gute Regierungsführung mit dem Ziel der Sicherung nachhaltiger Lebensgrundlagen der Fischergemeinden rund um den Viktoriasee einsetzen.

AfricAvenir (AfA): Was sind die Aufgaben und Ziele Ihrer Organisation?

Winfred Nyirahabineza (WN): Die Lake Victoria Development Initiative ist eine gemeinnützige Organisation, die sich für Ernährungssicherung, Frauen- und Kinderrechte, Naturschutz sowie gute Regierungsführung einsetzt, vor allem, indem wir die lokalen Communities mobilisieren und organisieren und sie damit befähigen, ihre Rechte einzufordern beziehungsweise zu verteidigen. Wir betreiben auch Capacity-Building in den Communities, damit diese ihre Probleme selbst artikulieren können. Wir bieten Räume, initiieren Dialoge und Runde Tische, um sicher zu stellen, dass die Stimmen der benachteiligten, armen Bevölkerung von den PolitikerInnen gehört werden. Zu den Dialogtreffen laden wir unterschiedliche InteressenvertreterInnen ein, PolitikerInnen, BürgerInnen und WirtschaftsvertreterInnen. Fragen der Ernährungssicherung sind untrennbar verbunden mit Landraub und sozialen Rechten. Wir bringen die Investoren an den Tisch, damit sie den Aufschrei der Bevölkerung selbst zu hören bekommen. Wenn wir beginnen, über Land zu sprechen, sehen sie uns an, als würden wir das Projekt verhindern wollen, als würden wir gegen ihre Agenda kämpfen. Daher kommen die Delegationen der Investoren oft eher, um unsere Aktivitäten auszuspionieren, als um sich tatsächlich unsere Forderungen anzuhören.

AfA: Versuchen Sie also, soziale Bewegungen zu initiieren, oder sind Sie selbst Teil davon?

WN: Ich sehe mich selbst als Teil der sozialen Bewegungen, jedoch eher in der Position, den Widerstand der Communities zu organisieren, damit die Menschen ihre Forderungen vorbringen können.

AfA: Welche alternativen Entwicklungswege für Afrika sehen Sie? Was ist notwendig, um eine alternative Entwicklung zu ermöglichen?

WN: Vor der Einführung von Gentechnik und Landraub hatten wir unsere eigenen Technologien zur Ernährungssicherung. Wir hatten unsere eigenen Ressourcen. Statt uns das wegzunehmen, was wir haben, und nicht nachhaltige Methoden der Landwirtschaft einzuführen, sollten wir indigene Strategien fördern. Alternative Wege der Existenzsicherung sollten sich auf unsere natürlichen Ressourcen stützen und lokale Mechanismen nutzen. Auf diese Weise würden wir die Qualität und Quantität unserer Lebensmittelproduktion vervielfältigen.

AfA: Welche Rolle spielen soziale Bewegungen auf dem Weg zu diesem Ziel?

WN: Ich bin stolz auf die bisherigen Errungenschaften der sozialen Bewegungen, auch wenn diese noch klein sein mögen. Mit der Widerstandsfähigkeit aus den Communities haben wir für den Erhalt unserer gemeinschaftlichen Ressourcen protestiert. In afrikanischen Städten sind manche Dinge Gemeingut, beispielsweise Sand. Die Leute kommen einfach, holen sich Sand und bauen damit ihre Häuser. In diesem Fall war eine große Fläche, die für den Sandabbau genutzt wurde, als Teil einer Palmölplantage verkauft worden. Aber mit unserem Protest haben wir den Präsidenten dazu bewegt, die 56 Hektar Land zurückzugeben, damit dort weiter Sand gewonnen werden kann.
Stolz bin ich darüber hinaus auf Folgendes: Als wir anfingen, war es hart, von den Investoren immer als Widersacher angesehen zu werden. Und die Communities selbst sahen uns als TräumerInnen: „Wie könnt ihr es mit jemandem aufnehmen, der Milliarden besitzt, wenn ihr selbst gar kein Geld habt? Ihr macht nur gemeinnützige Arbeit. Wie viele Menschen werdet ihr überzeugen?“ Aber heute haben wir einige unserer Forderungen durchgesetzt, und die Leute sind

bereit, sich für unsere Agenda zu engagieren. Die Menschen haben den Kampf aufgenommen. Das ist eine großartige Errungenschaft.

AfA: Was sind die dringendsten Probleme in Uganda?

WN: Die größte Herausforderung ist die Förderung von Monokulturen in der Landwirtschaft. Der natürliche Wald wird verdrängt, es gibt massive Abholzungen, und die Umwelt wird zerstört. Das treibt den Klimawandel voran, statt Lösungen für unsere Probleme zu bieten. Das zweite Problem ist, dass wir eine Regierung haben, die nicht die Interessen der Bevölkerung vertritt, sondern multinationalen Unternehmen und Ländern des Westens dient.

AfA: Welche Rolle spielt Solidarität im Kampf gegen diese Probleme?

WN: Die Themen Umweltschutz und Landraub gehen uns alle an – egal, woher wir kommen. Solidarität sollte daher weltweit aufgebaut werden. Wir sollten eine gemeinsame Stimme haben und globale Koalitionen bilden, denn die meisten Instrumente, Richtlinien und Programme, welche die Umwelt betreffen, entstehen auf einem übergeordneten, internationalen Level. Deshalb brauchen wir Solidarität auf allen Ebenen: national, regional und international.

AfA: Welche Art der Solidarität wünschen Sie sich vom Westen?

WN: Ich würde mir Unterstützung für den Widerstand der Gemeinschaften wünschen, damit die BürgerInnen auf Augenhöhe entscheiden und verhandeln können. Denn wir können keine Machtbalance herstellen, wenn wir nicht an den Wurzeln beginnen. Verbesserungen werden nur dadurch entstehen, dass BürgerInnen die machthabende Elite unter Druck setzen, wenn es um internationale und bilaterale Beziehungen geht. Ich möchte Unterstützung für den Widerstand der Menschen, damit wir endogene Methoden fördern und Gentechnik bekämpfen können. Denn ich glaube, dass wir mit unseren lokalen Technologien viel mehr produzieren können, wenn wir diese verbessern.

AfA: Welche Rolle spielen Frauen in den sozialen Bewegungen in Uganda?

WN: Es wäre toll, wenn die Frauen zu 100 Prozent in die sozialen Bewegungen involviert wären, doch in Wahrheit werden Frauen in Uganda und ganz Afrika immer noch ausgegrenzt. Wir spielen keine große Rolle, wenn es darum geht, Entscheidungen zu treffen. Selbst wenn wir etwas entscheiden dürfen, werden wir von den Männern beeinflusst, denn wir haben nicht das Recht, Land zu besitzen. Wenn wir dieses Recht erhielten, hätten wir die Macht, Entscheidungen zu treffen. Dann hätten wir auch die Macht, dieses Recht zu verteidigen. Die Rolle der Frau in der politischen Entwicklung ist also noch gering und muss gestärkt werden. Doch wenn Frauen mehr Einfluss hätten, wäre unser Beitrag enorm, denn wir sind diejenigen, die maßgeblich in der Landwirtschaft arbeiten, und wir wissen am besten, welche Technologien beispielsweise für die Arbeit in unserem Land gebraucht werden.

AfA: Auf der Konferenz wurde viel über das „Afrikanische Erwachen" gesprochen. Sehen Sie Anzeichen dafür, dass so etwas passiert?

WN: Es wird kommen, doch es wird noch einige Zeit brauchen. Denn wenn Sie sich den Druck ansehen, den der Westen auf afrikanische Länder ausübt, ist es nicht so leicht. Wo liegt das Problem? Viele Politiker sind Betrüger und geben nur vor, im Interesse der Community zu handeln, dabei vertreten sie in Wirklichkeit die Interessen der westlichen Länder. Auf der einen Seite sind wir also überzeugt von unseren Ideen, aber auf der anderen Seite müssen wir auch der Realität ins Auge sehen. Das „Afrikanische Erwachen" ist heute eine Bewegung. Aber ich denke, eines Tages wird es auch Realität werden.

Das Interview führte Friederike Claussen.

Aus dem Englischen übersetzt von Friederike Claussen

Die Arabischen Revolutionen ein Jahr danach

Am Ursprung des Aufstandes der arabischen Völker

Artikel von Samir Amin

Samir Amin, geboren 1931, ist Professor für Wirtschaftswissenschaften und gehört zu den bedeutendsten und einflussreichsten linken Intellektuellen. Ende der fünfziger Jahre war er Mitarbeiter der Behörde für ökonomische Entwicklung in Ägypten, später Regierungsberater in Mali und Direktor des *Afrikanischen Instituts für ökonomische Entwicklung und Planung* (IDEP). Gegenwärtig leitet er das *Afrika-Büro des Dritte-Welt-Forums* in Dakar (Senegal). Zu den unzähligen Werken Amins gehören Klassiker wie *„La déconnexion"* (1985, engl. *„Delinking: towards a polycentric world"*) oder *„L'eurocentrisme"* (1988, engl. Eurocentrism, Monthly Review Press 1989). Auf deutsch ist zuletzt erschienen: *„Das globalisierte Wertgesetz"*. Laika Verlag, Hamburg 2012.

DieAufstände, die 2011 begonnen haben, haben zwar die herrschenden Regierungen und die westlichen, sie unterstützenden Kanzleien überrascht, nicht jedoch die linksgerichteten AktivistInnen der jeweiligen Länder. Erste Anzeichen wie der Streik in Gafsa, die Streiks der ägyptischen ArbeiterInnen in 2007/08, der wachsende Widerstand der ägyptischen Kleinbauern gegen die zunehmenden Enteignungen sowie die demokratischen Demonstrationen der Mittelklassen („Kefaya" in Ägypten) hatten uns darauf vorbereitet.

In der Zeit des Bandung-Staatenbündnisses und der Bewegung der Blockfreien Staaten (1955/1970-75) standen einige arabische Länder an der Spitze des Kampfes für die nationale Befreiung und den sozialen Fortschritt. Diese Regierungen (Nasser, die FLN, die Baas) waren weder im westlichen Sinne demokratisch (es handelte sich um Ein-Parteien-Systeme) noch in dem Sinne, wie ich diesen Begriff verstehe, nämlich als ein System, in dem die Macht von den Arbeiterklassen selbst ausgeübt wird. Dennoch waren sie vollkommen legitim dank der bedeutenden Leistungen, die sie vorweisen konnten: ein gigantischer Fortschritt in der Bildung, der einen beachtlichen sozialen Aufstieg ermöglichte (die Kinder der Arbeiterklassen traten in die wachsenden Mittelschichten), die Fortschritte in der Gesundheitsversorgung, wichtige Agrarreformen sowie garantierte Beschäftigung zumindest für alle Fachkräfte auf allen Ebenen. Verbunden mit anti-imperialistischen politischen Strategien der Unabhängigkeit trugen die genannten Erfolge zur Stärke der Regierungen bei, und das trotz der anhaltenden Feindseligkeit der imperialistischen Mächte und der militärischen Aggressionen, die meist durch ihren Stellvertreterstaat Israel ausgeführt wurden.

Nachdem sie jedoch erkannt hatten, wozu sie in zwei Jahrzehnten aus eigener Kraft und mit eigenen Mitteln fähig gewesen waren (von oben durchgesetzte Reformen, die es den Arbeiterklassen nie erlaubten, sich selbst zu organisieren), erlahmten diese Regierungen. Die Stunde der imperialistischen Gegenoffensive hatte geschlagen. Um ihre Macht zu bewahren, akzeptierten die herrschenden Klassen damals die so genannten neuen Anforderungen des „Neoliberalismus", nämlich eine unkontrollierte Öffnung des Außenhandels, Privatisierungen, usw. So ist in wenigen Jahren all das Erreichte wieder verloren gegangen: Das bedeutete einen massiven Wiederanstieg der Arbeitslosigkeit und Armut, skandalöse Ungleichheiten, Korruption, die Vernachlässigung der eigenen Würde auf internationaler Ebene und die Unterwerfung unter die Forderungen von Washington, ja sogar von Israel. In Reaktion auf den raschen Niedergang ihrer Legitimität griffen die Regierungen nun mit der Unterstützung Washingtons auf verschärfte Praktiken der polizeilichen Repression zurück.

Alle Bedingungen für einen allgemeinen Volksaufstand waren fortab präsent. In meinem letzten Buch: „Die arabische Welt auf lange Sicht, der „arabische Frühling"?"; Paris: Le Temps des Cerises, 2011 schlug ich eine Analyse der verschiedenen Komponenten der „Bewegung" und ihrer Gegner auf lange Sicht vor. Dieses Kapitel ist mit den tunesischen und ägyptischen Wahlen abgeschlossen.

Die Wahlsiege des politischen Islams in Ägypten und Tunesien

Der Wahlsieg der Muslimbruderschaft und der Salafisten in Ägypten (Januar 2012) ist kaum verwunderlich. Die durch die zeitgenössische kapitalistische Globalisierung herbeigeführte Verschlechterung der Lebensverhältnisse hatte einen bedeutenden Anstieg der so genannten informellen Arbeit zur Folge, die mehr als der Hälfte der Bevölkerung (laut Statistiken 60 Prozent) das Überleben ermöglicht. Die Muslimbruderschaft aber ist in der vorteilhaften Lage, diese Verschlechterung ausnutzen und gleichzeitig deren Fortdauer sichern zu können. Ihre simplistische Ideologie verleiht dieser elendigen Markt- bzw. Bazar-Wirtschaft, die den Anforderungen jeglicher wahrhaftigen „Entwicklung" radikal entgegen steht, eine gewisse Legitimität. Dies können sie durch die unvorstellbaren finanziellen Mittel, die ihnen (durch die Golfstaaten) zur Verfügung stehen, wirksam umsetzen: Der informellen Wirtschaft werden Kredite gewährt, Pflegezentren und andere erhalten Spenden. Auf diese Weise schafft die Bruderschaft sich einen Platz in der wirklichen Gesellschaft und macht diese von sich abhängig. Die Golfstaaten hatten nie vor, die Entwicklung der arabischen Staaten zu unterstützen, zum Beispiel durch Investitionen in die Industrie. Sie unterstützen ein Modell der „Lumpenentwicklung“ – um den einst von André Gunder Frank geprägten Begriff zu verwenden – die die betroffenen Gesellschaften in eine abwärts führende Spirale der Verarmung und der sozialen Ausgrenzung einschließt, die ihrerseits wiederum den Einfluss des reaktionären politischen Islam stärkt. Dieser Erfolg wäre allerdings kaum möglich gewesen, hätte er nicht genau den Zielsetzungen der Golfstaaten sowie Washingtons und Israels entsprochen. Diese drei engen Bündnispartner teilen dasselbe Ziel: sich dem Wiedererstarken Ägyptens zu widersetzen. Denn ein starkes, aufrechtes Ägypten wäre das Ende der dreifachen Hegemonie des Golfes (die Unterwerfung unter den Diskurs einer Islamisierung der Gesellschaft), der USA (das kompradorisierte und verelendende Ägypten bleibt unter ihrer Kontrolle) und Israels (das ohnmächtige Ägypten überlässt Palästina sich selbst).

Die Unterwerfung der Regime unter die neoliberale Ordnung Washingtons war in Ägypten unter Sadat brutal und vollkommen, in Algerien und Syrien ging sie langsameren und gemesseneren Schrittes vor sich. Ich habe in meinem Buch daran erinnert, dass die Muslimbruderschaft – die das Machtsystem verteidigt – nicht einfach als eine „islamische Partei“ betrachtet werden sollte, sondern vor allem als ultrareaktionäre Partei, die zudem islamistisch ist. Reaktionär ist sie nicht nur, was die so genannten „sozialen Probleme“ betrifft (den Schleier, die Scharia, die Diskriminierung der Kopten), sondern genauso in den grundlegenden Bereichen des wirtschaftlichen und sozialen Lebens: Die Bruderschaft ist gegen Streiks, gegen Lohnforderungen, gegen regierungsunabhängige Gewerkschaften und gegen die Widerstandsbewegung gegen die Enteignung der Bauern usw.

Die geplante Erstickung der „ägyptischen Revolution“ würde also die Fortdauer des Systems sichern, das seit Sadat besteht und auf einem Bündnis zwischen dem Armeekommando und dem politischen Islam basiert. Zwar kann die Muslimbruderschaft nach ihrem Wahlsieg nun mehr Entscheidungsmacht fordern als bisher vom Militär gewährt. Ein Überdenken der Aufteilung der Vorteile dieses Bündnisses zu Gunsten der Bruderschaft könnte sich allerdings als schwierig herausstellen.

Die im Oktober 2011 in Tunesien gewählte verfassungsgebende Versammlung ergab eine Mehrheit von rechten Parteien, die die islamistische Partei Ennahda und die vielen reaktionären Führungskräfte umfasst, die vor der Revolution der Ben-Ali-Regierung nahe standen, jetzt aber in den „neuen Parteien“ als „Bourguibisten“ untergekommen sind. All diese stehen für eine bedingungslose „Marktwirtschaft“ wie wir sie kennen, nämlich als ein System des abhängigen und subalternen Kapitalismus. Frankreich und die Vereinigten Staaten wären damit sehr zufrieden: „alles ändern, damit nichts sich verändert."

Zwei Veränderungen stehen nichtsdestotrotz auf der Tagesordnung. Das Positive: eine politische, aber nicht soziale Demokratie (d.h. eine schwache Demokratie), die die Meinungsfreiheit tolerieren, die „Menschenrechte" stärker respektieren und den Polizeigräueln des vorherigen Regimes ein Ende setzen wird. Das Negative: ein zu erwartender Rückgang der Frauenrechte. Mit anderen Worten: eine Rückkehr zu einem nun auf das Mehrparteiensystem ausgerichteten „Bourguibismus" mit islamistischem Einschlag. Der Plan der Westmächte, der auf der Macht des reaktionären Komprador-Blocks beruht, wird auf ein schnelles Ende der ohnehin „kurz" angesetzten Übergangszeit setzen (was die Protestbewegungen hingenommen haben, ohne sich der Folgen bewusst zu sein), um den sozialen Bewegungen keine Zeit zu lassen, sich zu organisieren und versuchen, die Legitimität des neuen Regimes allein durch „korrekte" Wahlen herzustellen. Die tunesische Protestbewegung hatte das Interesse an der „Wirtschaftspolitik" des gestürzten Regimes bereits seit längerem weitgehend verloren und vor allem die „Korruptheit" des Präsidenten und seiner Familie kritisiert. Viele ProtestlerInnen, sogar die linksgerichteten, haben die Leitgedanken der von Bourguiba und Ben Ali umgesetzten Entwicklungspolitik nie grundsätzlich in Frage gestellt. Die Folgen waren daher vorhersehbar.

Der Übergangspräsident Marzouki war in der Tat ein Menschenrechtler und als solcher ein Opfer der Repression. Er scheint jedoch keinen Zusammenhang zwischen dem Elend seines Volkes und der wirtschaftspolitisch liberalen Ausrichtung des Staates zu sehen, die er nicht in Frage stellt. Seltsamerweise beschloss er, im Februar 2012 in Tunis eine internationale „Syrien-Konferenz" zu organisieren, die den westlichen InterventionistInnen das Wort redete!

Fest steht jedenfalls, dass dieselben Ursachen manchmal auch dieselben Folgen haben. Wie werden sich die Arbeiterklassen in Ägypten und Tunesien verhalten, wenn sie merken, dass die Verschlechterung ihrer sozialen Lage und die damit verbundene Arbeitslosigkeit und Verarmung unaufhaltsam fortschreiten, wobei sehr wahrscheinlich sogar noch mit einer Verschärfung dieser Bedingungen aufgrund der allgemeinen Krise des weltweiten Kapitalismus zu rechnen ist? Es ist noch zu früh für klare Aussagen; Doch man kann sich nicht beharrlich weigern, anzuerkennen, dass nur die schnelle Herausbildung einer radikalen Linken, die weit über die Forderung nach korrekten Wahlen hinausgeht, eine Wiederaufnahme der Protestbewegung für einen tatsächlichen Wandel ermöglichen kann. Diese radikale Linke hat die Aufgabe, eine Strategie der Demokratisierung der Gesellschaft zu verfassen, die weit über das einfache Abhalten von korrekten Wahlen hinausgeht, diese Demokratisierung mit einem sozialen Fortschritt zu verbinden, was die Aufgabe des aktuellen Entwicklungsmodells voraussetzt, und diese Initiativen durch eine international unabhängige und deutlich anti-imperialistische Haltung zu stärken. Die imperialistischen Kartelle und deren internationale Diener (die Weltbank, der IWF, die WTO, die Europäische Union) werden den Ländern des Globalen Südens sicherlich nicht aus ihrer misslichen Lage heraushelfen.

Keine dieser grundlegenden Fragen scheint die politischen Hauptakteure zu beschäftigen. Es ist, als sei das Endziel der „Revolution" gewesen, auf schnellstem Wege Wahlen zu ermöglichen. Als ob die einzige Quelle der Legitimität der Macht in der Urne läge. Aber es gibt noch eine andere, übergeordnete Legitimität, die darin besteht, weiterhin für einen wirklichen gesellschaftlichen Fortschritt und die Demokratisierung der Gesellschaft zu kämpfen! Diese zwei Legimitäten werden zweifellos bedeutende Auseinandersetzungen hervorrufen. Das zeichnet sich in Ägypten schon deutlich ab.

Es ist also noch viel zu früh, um darüber zu urteilen, ob die arabischen „Revolutionen" in der Lage sein werden, die Ziele zu erreichen, die sie sich selbst gesetzt hatten, oder ob sie als Misserfolg einzustufen sind.

Ist der politische Islam mit der Demokratie kompatibel?

Die Entpolitisierung war für den Aufstieg des politischen Islam entscheidend. Diese Entpolitisierung ist sicherlich nicht spezifisch für das Ägypten der Nasser- und Post-Nasser-Ära. Sie war dominante Praxis in allen nationalistisch gesinnten Regimen im Zuge des ersten „Erwachens der Völker des Südens", ja sogar in allen historischen Sozialismus-Experimenten, die der ersten Phase des revolutionären Aufbrausens folgten. Der gemeinsame Nenner ist die Auflösung der demokratischen Praxis (die ich nicht auf die Durchführung von Wahlen mit mehreren Parteien reduziere), also das Verschwinden des Respekts von Pluralität und Meinungsfreiheit sowie ihrer eventuellen Organisation als potentielle Opposition.

Die Politisierung verlangt nach Demokratie. Und die Demokratie existiert nur dann, wenn den „Gegnern" dieselbe Freiheit gewährt wird. Jedenfalls ist das Verschwinden dieser Freiheit, das die Entpolitisierung einleitet, für die künftige Katastrophe verantwortlich. Sei es, dass diese als Rückkehr zu „passiven Haltungen" (religiöse oder andere) zum Ausdruck kommt, oder als Übertreten zum „Konsumismus" und zum falschen Individualismus, den die westlichen Medien anpreisen, so wie es auch bei den Völkern Osteuropas und der ehemaligen UDSSR und im Übrigen auch anderswo der Fall ist, und auch nicht nur im Mittelstand (dem die Entwicklung eventuell zugute kommt), sondern auch innerhalb der Arbeiterklassen, die mangels Alternativen davon profitieren möchten, sei es auch nur im kleinsten Ausmaß (was natürlich vollkommen verständlich und legitim ist).

Im Falle der muslimischen Gesellschaften kommt diese Entpolitisierung hauptsächlich als (scheinbare) „Rückkehr" des Islam zum Ausdruck. Die Verbindung zwischen der Macht des politischen und reaktionären Islam, der kompradorischen Unterwerfung und der durch die Informalisierung der Bazar-Ökonomie (die Lumpenentwicklung) verursachte Verarmung ist nicht spezifisch für Ägypten allein. Sie kennzeichnet heutzutage schon die meisten arabischen und muslimischen Gesellschaften, bis Pakistan und darüber hinaus. Dieselbe Verbindung kennzeichnet heute auch den Iran; der Triumph dieser Bazar-Ökonomie wurde von Anfang an als Hauptfolge von Khomeinis islamischer Revolution festgestellt. Dieselbe Verbindung zwischen islamischer Macht und Bazar-Marktwirtschaft hat verheerende Folgen in Somalia gehabt, das nunmehr von der Landkarte existierender Nationen gelöscht wurde.

Was ist also zu erwarten, wenn dieser politische Islam in Ägypten und anderswo an die Macht käme?

Wir werden überhäuft von beruhigenden, unglaublich naiven Diskursen zu diesem Thema, seien sie nun aufrichtig oder heuchlerisch. „Diese Entwicklung sei unvermeidlich gewesen, denn unsere Gesellschaften sind vom Islam durchdrungen; man wollte dies ignorieren, aber er hat sich durchgesetzt" sagen die Einen. Als hinge dieser Erfolg des politischen Islam nicht mit der Entpolitisierung und der sozialen Degradierung zusammen, die man dabei nur allzu gerne übersieht. „So gefährlich ist das Ganze nicht; dieser Erfolg ist nur vorübergehend und der Niedergang der Macht des politischen Islam wird zur Folge haben, dass die WählerInnen sich von ihm lösen." Als ob die Bruderschaft vorhätte, die demokratischen Grundsätze zu respektieren! Doch Washington, die von den dominierenden Medien fabrizierten „Meinungen" und die Kohorte der arabischen „Intellektuellen" geben aus Opportunismus oder aus einem Mangel an Hellsichtigkeit vor, daran zu glauben.

Nein. Die Ausübung der Macht durch den reaktionären politischen Islam würde wohl andauern... 50 Jahre vielleicht? Und während es dazu beitragen würde, die einen Gesellschaften immer tiefer in die internationale Bedeutungslosigkeit zu stürzen, würden die „anderen" weiter voran schreiten. Nach dieser traurigen „Übergangsphase" würden die betroffenen Länder sich auf der Weltskala ganz unten befinden.

In der arabischen Welt sowie auch anderswo ist die Frage der demokratischen Politisierung die zentrale Herausforderung. Unsere Zeit ist nicht geprägt von demokratischen Fortschritten, sondern von Rückschlägen in diesem Bereich. Die extreme Zentralisierung des Kapitals der allgegenwärtigen Monopole ermöglicht und erfordert totale und bedingungslose Unterwerfung der politischen Macht unter seine Befehle. Die Stärkung der Befugnisse des „Präsidenten", die nur dem Anschein nach individuelle und personenabhängige Befugnisse sind, in Wahrheit jedoch ganz und gar im Dienste der finanziellen Plutokratie stehen, entspricht einem Ausarten dieser Entwicklung, die die Macht der erblassten bürgerlichen Demokratie (die eine Zeit lang durch die Vorstöße der ArbeiterInnenbewegungen gestärkt wurde) auslöscht und durch eine Scheindemokratie ersetzt. Die in den Peripherien vorkommenden embryonalen demokratischen Versuchsmodelle verlieren ihre Glaubwürdigkeit, weil sie mit noch brutaleren sozialen Abwertungen einhergehen als in den Zentren des Systems. Der Rückgang der Demokratie ist gleich bedeutend mit

Entpolitisierung.

Denn Demokratie setzt das Hervortreten von mündigen BürgerInnen voraus, die in der Lage sind, alternative Visionen der Gesellschaft zu entwickeln und nicht nur in bedeutungslosen Wahlen den „Regierungswechsel" ohne wirklichen Wandel mit zu verfolgen. Ist der kreative Bürger einmal verschwunden, so folgt auf ihn das entpolitisierte Individuum, ein passiver Zuschauer des politischen Schauspiels, ein durch das System geprägter Verbraucher, der sich (fälschlicherweise) für ein freies Individuum hält. Die Demokratisierung der Gesellschaften ist von der Repolitisierung der Völker untrennbar. Wo aber sollte man anfangen? Der Wandel kann von dem einen oder dem anderen der beiden Pole ausgehen. Hier sind konkrete Analysen der Situationen in Algerien, Ägypten sowie in Griechenland, China, im Kongo, in Bolivien, Frankreich oder Deutschland gefragt. Sollten sichtbare Fortschritte in dieser Hinsicht ausbleiben, wird die Welt in einen Zustand des Chaos und des Systemzusammenbruchs gleiten – so wie man dies jetzt bereits in Teilen beobachten kann. Das Schlimmste wäre also zu befürchten.

Über den Salafismus

Der Salafismus ist das Produkt des Scheiterns der Nahda-Bewegung (arabische Renaissance) im 19. Jahrhundert (ich verweise den/die LeserIn hier auf mein bereits zitiertes Buch), das durch die rückschrittlichen Ausführungen des zum Wahabismus – der archaischsten Form des Islams – konvertierten Rachid Reda besiegelt wurde und dessen Aussagen seit ihrer Entstehung (1927) zur Grunddoktrin der Muslimbrüder gehören. Die Salafisten lehnen die Konzepte von Freiheit und Demokratie ab, da diese ihrer Ansicht nach die „Natur" außer Acht lassen, die dem Menschen vorschreiben, Gott zu gehorchen („wie ein Sklave seinem Herren gehorchen muss" – diese Ausdrucksweise ist ihre eigene). Selbstverständlich sind es einzig und allein die Ulema[1], die berechtigt sind zu sagen, was Gott befielt. Der Weg zur Theokratie (wilayah al faqih) ist damit geebnet.

Wie Edmund Burke und Joseph de Maistre sind die Salafisten Feinde der „Moderne", wenn man darunter versteht, dass der Mensch individuell und gemeinschaftlich – in der Gesellschaft – in der Lage ist, die eigene Geschichte zu schreiben. Die Medien behaupten trotzdem, die Salafisten seien „modern", da sie Computer und das „Business Management " nicht verböten, das sie sogar mit Hilfe von Lehrbüchern der USAID (Entwicklungshilfebehörde der USA) unterrichteten, mit denen man sie versorge. Natürlich braucht die Leitung des Systems kompetente MitarbeiterInnen, vorausgesetzt, dass es ihnen an kritischem Bewusstsein mangelt.

Die [Muslim-] Brüder und die Salafisten teilen sich die Aufgaben der „Islamisierung der Gesellschaft und des Staates". Die Salafisten sagen offen, was die Brüder noch immer denken, jedoch nicht mehr äußern, um das Zertifikat der Demokratie zu erhalten, mit dem sie Obama auszeichnete.

1 **Religionsgelehrte**

Sind von innen kontrollierte Reformen in Algerien möglich?

In der arabischen Welt waren Algerien und Ägypten die beiden avantgardistischsten Länder des so genannten ersten „Erwachens des Südens", zur Zeit der Bandung-Konferenz, der Bewegung der Blockfreien Staaten und der siegreichen postkolonialen Entfaltung der nationalen Selbstbehauptung. Diese Zeit ist eng verknüpft mit grundlegenden und fortschrittlichen ökonomischen und sozialen Errungenschaften, die auf vielversprechenden Möglichkeiten in der Zukunft hindeuteten. Später sind die beiden Länder jedoch stecken geblieben, um letztendlich die „Rückkehr in den Schoß" der vom Imperialismus dominierten Staaten und Gesellschaften zu akzeptieren.

Das algerische Modell hat sich als das deutlich stärkere und konsistentere herausgestellt, was erklärt, dass es seiner nachträglichen Degradierung besser standgehalten hat. Deswegen ist die herrschende Klasse in Algerien heute zusammengewürfelt und geteilt, gespalten zwischen nationalen Unabhängigkeitsbestrebungen, die bei den einen weiterhin präsent sind, und dem Anschluss und die Unterwerfung unter das Regime des transnationalen Kapitals (manchmal sind diese beiden konfliktreichen Komponenten auch in einer Person gleichzeitig zu finden!). In Ägypten allerdings ist diese dominante Klasse mit Sadat und Moubarak gänzlich zu einer Kompradoren-Bourgeoisie geworden, die keinerlei nationalistische Zielsetzungen mehr verfolgt. Zwei wichtige Gründe sind verantwortlich für diesen Unterschied.

Der antikoloniale Befreiungskrieg hat in Algerien verständlicher Weise eine soziale wie auch ideologische Radikalisierung hervorgerufen. In Ägypten dagegen kam der Nasserismus zum Ende des Aufschwungs der Bewegung auf, welche durch die Revolution von 1919 initiiert wurde und sich 1946 radikalisierte. Der zwielichtige Putsch von 1952 ist also die Antwort auf die Sackgasse, in der die Bewegung steckte. Außerdem hatte die Kolonialherrschaft der algerischen Gesellschaft schweren Schaden zugefügt. Die neue algerische Gesellschaft, die aus dem siegreichen Unabhängigkeitskrieg hervorgegangen war, hatte nichts mehr gemein mit jener der vorkolonialen Zeit. Sie war eine plebejische Gesellschaft geworden, gekennzeichnet durch ein starkes Bestreben hin zur Gleichheit. Ein solch starkes Bestreben nach Gleichheit findet sich nirgendwo anders in der arabischen Welt, weder im Maghreb noch im Maschrek[2]. Der Aufbau des modernen Ägyptens hingegen wurde von Anfang an (ab Mohamed Ali) durch seine Aristokratie geprägt, die schrittweise eine „aristokratische Bourgeoisie" (oder eine „kapitalistische Aristokratie") geworden ist. Aus diesen Unterschieden entstand ein weiterer, der von offenkundiger Wichtigkeit in Bezug auf den politischen Islam ist. Wie Hocine Belalloufi es aufgezeigt hat (La démocratie

2 Geographisch bezeichnet der Maschrek seit der arabisch-islamischen Expansion im 7. Jahrhundert ein Gebiet im Nahen Osten. Politisch ist der Maschrek nicht genau definiert, doch im Allgemeinen werden damit die Länder mit arabischsprachiger Mehrheit östlich von Libyen und nördlich von Saudi-Arabien bezeichnet, im Einzelnen die Staaten Ägypten, Palästina/Israel, Jordanien, Libanon, Syrien und Irak

en Algérie: réforme ou révolution? 2012), ist der algerische politische Islam (FIS[3]), der seine hässliche Fratze gezeigt hatte, wirklich besiegt worden. Das bedeutet sicherlich nicht, dass dieses Problem endgültig gelöst ist. Der Unterschied zur Situation in Ägypten ist jedoch groß, da diese durch solide Allianz zwischen der Macht der Kompradoren-Bourgeoisie und dem politischen Islam der Muslimbrüder charakterisiert ist.

Aufgrund dieser vielen Unterschiede zwischen den beiden Ländern lassen sich auch unterschiedliche Antworten auf die aktuellen Herausforderungen ableiten. Algerien scheint mir in einer besseren (oder weniger schlechten) Position, um zumindest kurzfristig auf diese Herausforderungen zu antworten. Ökonomische, politische und soziale Reformen von Innen scheinen mir noch eine Chance in Algerien zu haben. In Ägypten hingegen macht es den Anschein, dass sich die Konfrontation zwischen „der Bewegung" und dem reaktionären „anti-revolutionären" Block zwangsläufig weiter zuspitzen muss.

Algerien und Ägypten sind bis heute zwei Paradebeispiele für die Unfähigkeit der betroffenen Gesellschaften, sich den Herausforderungen zu stellen. Algerien und Ägypten sind die zwei Länder in der arabischen Welt, die als mögliche „Schwellenland"-Kandidaten gehandelt werden. In beiden Fällen sind die regierenden Klassen und die herrschenden Machtsysteme verantwortlich für das Scheitern, diesen Status zu erreichen. Doch auch die Verantwortung der Gesellschaften selbst, ihrer Intellektuellen, ihrer AktivistInnen in der militanten Bewegung, muss ernsthaft in Betracht gezogen werden.

Ist die gleiche Hoffnung einer demokratischen, friedlichen Entwicklung in Marokko möglich? Ich bezweifle dies, solange das marokkanische Volk weiterhin dem archaischen Dogma anhängt, das die Monarchie nicht von der Nation trennt (das göttliche Recht: „amir el mouminine "). Dies ist ohne Zweifel der Grund, weshalb die MarokkanerInnen die Problematik in der Westsahara nicht verstehen: die stolzen Nomaden der Sahara haben ein anderes Verständnis des Islams, das ihnen verbietet, sich vor einem anderen als vor Allah niederzuknien, und sei es vor einem König.

Das syrische Drama

Die Vereinigten Staaten wurden von den Ereignissen in Tunesien und Ägypten überrascht, daraus haben sie nun ganz offensichtlich ihre Lehren gezogen. Sie haben sich dazu entschlossen, der Bewegung zuvor zu kommen, indem sie bewaffnete Gruppen einführen, welche die Initiative übernehmen, die Regimes angreifen, sich selbst als „Armee der Befreiung" proklamieren und sich unverzüglich die NATO zur Hilfe zu rufen.

Diese Strategie wurde mit Erfolg in Libyen getestet. Das Resultat ist selbstverständlich nicht die Einführung der „Demokratie", sondern das Auseinanderbrechen

---

3 **Front islamique du Salut, Islamische Heilsfront**

des Landes, das den Kriegsherren ausgeliefert ist, die oftmals „Islamisten" sind, oft sogar Al-Qaida-nahe! Angeregt wurde diese Strategie durch das somalische Modell.

Dies ist genau die gleiche Strategie, welche die westlichen Mächte in Syrien eingesetzt haben: durch die Einführung von bewaffneten Gruppen, die aus Jordanien (auf Befehl von Tel Aviv), Tripolis (Basis des „radikalen" Islam im Libanon) und der Türkei (das Kolumbien des Mittleren Orients, sagte ich meinen Freunden aus Lateinamerika) eingeschleust wurden. Die Beteiligung der Türkei an der Verschwörung ist eine entscheidende Stärkung der NATO-Position: die so genannten „Flüchtlings"-Lager in Hatay sind in Wirklichkeit Trainingslager für rekrutierte Söldner aus dem terroristischen Milieu (Taliban und andere), die durch Katar und Saudi-Arabien finanziert werden. Ich verweise hier auf das Buch von Bahar Kimyongur („Syriana, la conquète continue", Couleur Livre, Charleroi, 2011).

Man muss schon sehr naiv sein, um vom bleiernen Schweigen der westlichen Regierungen überrascht zu sein: Verschwiegen wird die Rekrutierung von „Terroristen", verschwiegen werden auch die Reden dieser selbst ernannten „Befreier" („wir werden die Alewiten, die Drusen, die Christen zerfleischen!"), stillschweigend gedeckt werden die Regimes von Riyadh und Doha, die sogar zum Rang der „Verteidiger der Demokratie" aufgestiegen zu sein scheinen, verschwiegen werden die Massaker an DemonstrantInnen in Bahrain, die von der saudischen Armee verübt wurden, verschwiegen wird schließlich die gezielte Infiltrierung von Al-Qaida im Jemen, die dazu bestimmt ist, eine mögliche Erneuerung der jemenitischen Linken zu verhindern! Der „Terrorismus" hat guten Rückhalt: unverzeihlich, wenn er die Vereinigten Staaten attackiert, und willkommen, wenn er ihnen nützt. Diese Strategie des programmierten Chaos wird im Übrigen mit dem größten Zynismus von der US-Administration in Washington formuliert.

Das Baath-Regime in Syrien genoss aus den gleichen Gründen wie die anderen national-populistischen Regimes dieser Zeit eine breite Legitimität. Anschließend hat es sich – genau wie die anderen – dem neoliberalen Lager angeschlossen. Das daraus resultierende soziale Desaster hat die gleichen Konsequenzen wie auch anderswo: das Erstarken der ohne Zweifel legitimen demokratischen und sozialen Proteste sowie die Antwort des Regimes durch sich verschärfende Unterdrückung.

Es ist fast schon amüsant, an dieser Stelle anzumerken, dass einer der Chefs der „Rebellion" – Khaddam – der Denker und Hauptrepräsentant der „wirtschaftlichen Liberalisierung" gewesen ist. Die Legitimität der Revolte des syrischen Volkes ist also nicht anfechtbar. Dies ändert jedoch nichts an der Tatsache, dass die Zerstörung Syriens das unbestreitbare Ziel der drei Partner, der Vereinigten Staaten, Israels und Saudi-Arabiens, ist und dass diese die Muslimbrüder zur Erreichung dieses Ziels benutzen. Ihr möglicher Sieg – durch eine militärische Intervention oder ohne sie – würde das Auseinanderbrechen des Landes, Massaker an Aleviten, Drusen und Christen bewirken. Das Ziel Washingtons und seiner Verbündeten ist es nicht, Syrien von seinem Diktator zu befreien, sondern das Land zu zerstören – genauso wie es nicht darum ging, den Irak von Saddam Hussein zu befreien, sondern das Land zu zerstören.

Das Veto Russlands und Chinas hat es glücklicher Weise schwieriger gemacht, eine „humanitäre Bombardierung" „auf libysche Art" durchzusetzen. Das Regime hat es außerdem geschafft, so scheint es, die maßgeblichen Interventionsherde, die von außen genährt wurden, einzudämmen. Dies ändert dennoch nichts an der Tatsache, dass der Auftritt der Gruppen, die im Sold von europäischen Mächten stehen, die demokratische und soziale Bewegung in eine schwierige Lage gebracht hat. Die „Bewegung" – diffus und ohne eigene Organisation – hat es abgelehnt, sich dem Lager der „Komitees" der angeblichen Befreiung, anzuschließen, welche offensichtlich durch die imperialistischen Mächte manipuliert werden, ohne im Gegenzug das Regime in seiner Repression zu unterstützen. Auf den Terror der Agenten des Imperialismus mit Staatsterror zu antworten, ist keine effiziente Antwort auf eine Herausforderung. Die Lösung liegt in substantiellen Reformen zu Gunsten der existierenden populären und demokratischen Mächte, die es ablehnen, sich von den Muslimbrüdern anwerben zu lassen. Wenn das Regime sich weiterhin als unfähig erweist, dies zu verstehen, wird nichts den Fortgang des Dramas aufhalten.

Demokratie? Oder Zerstörung der Staaten und Nationen?

Das Ziel der Vereinigten Staaten und ihrer untergeordneten Verbündeten der NATO für den „Großen Mittleren Osten" ist sicherlich nicht die Demokratie, sondern die garantierte Fortdauer der Unterwerfung der betroffenen Länder unter die Anforderungen der Globalisierung – zum exklusiven Vorteil der imperialistischen Monopole. „Alles ändern, damit alles beim Alten bleibt." Die Lumpenentwicklung, gegründet auf der sozialen Ausgrenzung und Verarmung der großen Mehrheit der Bevölkerung, ist das zwangsläufige Ergebnis dieser Strategie. Die Durchsetzung dieses Ziels bedeutet die Zerstörung von Staaten und Gesellschaften, die sich ihm widersetzen. Der Irak ist das Paradebeispiel. Hier haben die USA die Diktatur von Saddam Hussein durch drei noch kriminellere Diktaturen ersetzt, im Namen der „Religion" (Sunna und Shia) oder der „kurdischen Ethnizität". Sie haben außerdem die systematische Ermordung tausender wissenschaftlicher und professioneller Führungskräfte, Dichter eingeschlossen, durchgeführt und alle Arten der Bildung, ausgenommen der „religiösen" und der „nützlichen" („Business Management"!), verboten.

Das unmittelbare Ziel, das sich hinter der Zerstörung Syriens verbirgt, ist der Iran – unter dem trügerischen Vorwand seiner nuklearen Ausrüstung. Wie immer wird auch hier mit zweierlei Maß gemessen: die nukleare und militärische Rüstung Israels ist keinerlei Beobachtung unterworfen.

Doch jenseits dieser unmittelbaren Ziele ist diese Strategie gegen die aufstrebenden Länder, in erster Linie China und Russland, gerichtet. Das „Establishment" der Vereinigten Staaten hat zu diesem Zweck eine zwei-Phasen-Strategie formuliert. Es gilt zunächst, die Anstrengungen dieser Staaten hinsichtlich der Mitgestaltung der Globalisierung weg von der Hegemonie Washingtons und hin zum Polyzentrismus einzudämmen. Diese Phase wird im Englischen „Containment" genannt. Auf lange Sicht geht es jedoch darum, ihre Kapazitäten als autonome Bewegung zu zerstören, sie in gewisser Weise zu „rekolonisieren". Dies wird als „Rolling Back" bezeichnet. Diese Perspektive schließt explizit die Abschaffung des internationalen Rechts und des Respekts der Souveränität der Staaten mit ein, ebenso das Führen von Kriegen. Die „präventiven Kriege" (genauer gesagt die vorbereitenden Kriege) im Mittleren Osten wurden aus dieser Perspektive heraus geführt.

Das Ziel besteht darin, die Herrschaft des „Nordens", das heißt der Monopole der Triade Vereinigte Staaten/Europa/Japan in der Welt – und nicht zuletzt deren exklusiven Zugang zu den natürlichen Ressourcen des gesamten Planeten – zu garantieren, um sie mit den uns bekannten desaströsen ökologischen Auswirkungen nutzbar zu machen. Die angeführten pseudo-kulturellen Themen bezüglich dieser Eingriffe (die Verteidigung der Demokratie, die im Norden selbst immer mehr ausgehöhlt wird und bröckelt, der Kampf der Kulturen, die Erfindung eines „Rechts auf humanitäre Intervention") existieren, um die eigentlichen Ziele zu verschleiern. Diese Strategie sieht für die Völker im Süden eine Lumpenentwicklung und sonst nichts vor. Dieses System ist nicht „haltbar", nicht nur aus bekannten ökologischen Gründen, sondern vor allem auf Grund des politischen und sozialen Desasters, das es kennzeichnet. Die arabischen „Revolutionen" sind nicht die einzigen (gerade erst begonnenen) Antworten auf die Herausforderung. Lateinamerikas gewichtige Antworten sowie das Erstarken der sozialen Bewegungen auf der ganzen Welt, inklusive Europas, zeugen vom globalen Charakter dieser Herausforderung.

Aus dem Französischen (Originaltitel: "Les révolutions arabes un an plus tard – Aux origines de l'insurrection des peuples arabes") übersetzt von Isabelle Scheele, Hanna Prenzel & Eric Van Grasdorff

Erstmals erschienen unter dem Titel „The Arab revolutions: A year after" in Pambazuka, 14.03.2012

Online unter http://pambazuka.org/en/category/features/80745

Ägypten heute: Die Herausforderungen für eine demokratische Volksbewegung

Facebookeintrag von Samir Amin, 24.August 2013

[...] Der Sturz Mursis war das Ergebnis der massiven Revolte des ägyptischen Volkes gegen die Herrschaft der Muslimbrüder. Kurzfristig mag die Alternative unglücklicher Weise wie folgt aussehen: entweder eine Militärdiktatur, oder die der Muslimbrüder. Diese betrübliche Situation ist den Schwächen der Bewegung geschuldet. Trotz der großen Unterstützung innerhalb des Landes (wohl über 80 Prozent der ÄgypterInnen, darunter Millionen von früheren WählerInnen der Muslimbrüder, die dies heute bereuen, haben deren wahres Gesicht erkannt) bleiben die Konflikte bezüglich der Meinungen, Interessen und Führung bis heute ungelöst. Diese Situation ist der in Algerien ähnlich, wo die Armee die FIS bezwang, als auch der heutigen in Syrien. Traurig. Es heißt aber einfach, dass es die Aufgabe höher gebildeter politischer Teile der Bewegung ist, hart an der Entwicklung eines echten gemeinsamen Programmes und einer Strategie zu arbeiten. Falls dies erreicht werden kann, und wenn es erreicht werden sollte, dann wird eine echte Alternative – eine zugkräftige, demokratische und anti-imperialistische Front – auch möglich.

In der Zwischenzeit hat das Oberkommando entschieden, extreme Gewalt anzuwenden, um die Muslimbrüder „auszumerzen" (mit echten Geschossen in ihre Demonstrationen zu feuern). Auf diesem Gebiet genießt das Oberkommando tatsächlich die breite Unterstützung des Volkes. Diese Unterstützung wird von der Strategie der Muslimbrüder noch gefördert, die darauf abzielen, ihre politische Niederlage durch die Hinwendung zur Gewalt zu vertuschen und sich als „Opfer" der Militärdiktatur darzustellen. Die Muslimbrüder haben angekündigt – und sie tun es auch –, dass sie eine Atmosphäre des Bürgerkriegs erzeugen und besonders die Kopten systematisch angreifen werden. In ihren gewalttätigen Aktionen benutzen sie einen menschlichen Schutzschild aus sieben- bis zehnjährigen Mädchen (deren Leben wohl weniger wert sind als die von Jungen!) und so weiter. Sogar entmachtet können die Muslimbrüder viel Schaden anrichten: die Organisation hat 600.000 Mitglieder, von denen vielleicht 100.000 bewaffnet und militärisch ausgebildet sind.

Trotz allem denke ich nicht (und unter den politisch Gebildeten in der Bewegung teilen viele meine Ansichten), dass Unterdrückung der effizienteste Weg ist, politisch zu handeln. Die Entmachtung der Muslimbrüder könnte durch ernsthafte politische Kampagnen zukünftig besser abgesichert werden (und das impliziert Freiheit für die Bewegung auf einer breiteren Skala), die erklären, wer sie sind. Dies ist jedoch gleichbedeutend mit einer Denunzierung der neoliberalen Politik Mursis. Da jedoch die Regierung unter Beblawi im gleichen Rahmen handelt, ist eine echte und vollständige Auseinandersetzung vermutlich nicht von allen erwünscht!

Aus dem Englischen übersetzt von Dorothea Kulla & Eric Van Grasdorff

Erstmals erschienen unter dem Titel „66 EGYPT AUGUST 2013" auf Facebook

Online unter https://www.facebook.com/notes/samir-amin/66-egypt-august-2013/397378537029412

Wohin mit dem Arabischen Frühling?

Artikel von Louisa Dris-Aït Hamadouche

Louisa Dris-Aït Hamadouche ist Professorin an der Universität für Politikwissenschaft und Information von Algier und Gastforscherin am *CREAD*[1]. Für den algerischen Rundfunksender *Chaîne 3* arbeitet sie als Beraterin für internationale Fragen. Schwerpunkt ihrer Forschungsarbeit ist die Politik im Maghreb und im euromaghrebinischen Raum.

Die vierte Demokratisierungswelle erreicht nun auch jenen Teil der Welt, der nahezu zum Stillstand verurteilt zu sein schien, als wäre er in einer Phase seiner Geschichte erstarrt; einen Teil der Welt, dessen Länder im Zeit-Raum ihrer Unabhängigkeit, der regionalen oder/und internationalen Spannungen wie gefangen waren. Die arabische Welt, um die es in diesem Artikel gehen soll, stellte bis 2011 die Ausnahme von der Regel hinsichtlich des demokratischen Wandels dar und widerstand der zweiten Demokratisierungswelle, welche die Diktaturen Lateinamerikas hinwegfegte, ebenso wie der dritten Welle, die das Schicksal des Autoritarismus/Totalitarismus Osteuropas besiegelte.

Nehmen wir an, jede Regel habe ihre Ausnahme – sollte Algerien nun etwa die von der Demokratisierung der arabischen Welt sein? Die Frage mit einem einfachen „Ja" oder „Nein" zu beantworten ist verlockend, umso mehr, als es nicht an Argumenten fehlt; fasst sie deswegen eine komplexe Situation zusammen, deren Schein oft trügt und deren Vergleichsversuch mehr Verwirrung stiftet, als sie Analyseinstrumente zu liefern vermag?

In diesem Artikel soll der Problematik des „Algerischen Frühlings" in Bezug auf die Komplexität des bestehenden Systems nachgegangen sowie die Dualität des sich vermengenden Auf und Ab von Reformen einerseits und Gegenreformen ande-

1 The Inter-American Distance Education Consortium

rerseits beleuchtet werden. Wir haben es hier einerseits mit dem Prinzip des „Attraktors" in der systemischen Theorie zu tun, also mit dem Punkt, in dem sämtliche Kräfte unabhängig von ihrer Herkunft und Dynamik zusammenlaufen, sowie andererseits mit dem Prinzip, dem zu Folge verschiedene Ursachen die gleiche Wirkung zeitigen.[1] Die Physiker vergleichen den Attraktor mit dem schwarzen Loch, in das man gelangt, ohne jemals wieder herauszukommen. Im vorliegenden Falle handelt es sich mehr um eine Blackbox (David Easton), die nicht nur auf Inputs reagiert, sondern diejenigen verschlingt, die ihr zu nahe treten.

Der Frühling wird kommen: Die Gründe für eine potenzielle Revolte

Die ersten Erschütterungen der oben genannten dualen Bewegung werden von der politischen Sackgasse und den in Algerien seit mehr als zehn Jahren angestauten enttäuschten Hoffnungen genährt.

Die herrschenden Parteien in der Krise

Nach einem von 1962 bis 1989 währenden Verbot wurde im Zuge der Aufstände von 1989 das Mehrparteiensystem wieder hergestellt und in der erkämpften neuen Verfassung verankert. Als nun die Revolten auf zahlreiche arabische Länder übergriffen, befanden sich jene drei Parteien, die durch ihre Allianz die politische Szene beherrschten, in einer sowohl kollektiven als auch parteiinternen Krise.

Die zwischen der *FLN* (Nationale Befreiungsfront, die ehemalige Einheitspartei), der *RND* (Nationaldemokratische Sammlungsbewegung) und der *MSP* (Bewegung der Gesellschaft für den Frieden, ex-*HAMAS)* geschlossene Präsidialallianz erklärt zum Teil die politische Sackgasse, weil sie sich in dieser Allianz gegenseitig neutralisieren, sowohl auf arithmetischer als auch auf ideologischer Ebene. Die drei genannten Parteien stellen in der Tat auch in allen gewählten Institutionen die drei stärksten Parteien dar; nichts kann ohne oder gegen sie geschehen, und so war es vor wie auch nach den Parlamentswahlen vom Mai 2010. Andererseits vertreten sie die nationalistischen (FLN und RND) und islamistischen (MSP) Strömungen und verfügen über die stärksten ideologischen Hebel. Hat die Existenz dieser Allianz das politische Spiel blockiert, so haben die Spannungen innerhalb der Allianz die Lage paradoxer Weise keineswegs verbessert. Manchmal als künstlich bezeichnet, stand diese Allianz stets im Spannungsbogen zwischen FLN und RND, die sich auf die gleichen ideologischen Quellen, das gleiche politische Personal, ja sogar das gleiche historische Gedächtnis berufen, da beide als die Partei „der Machthaber" gelten. In diesem Sinne kämpfen sie um die Kontrolle der Exekutive mittels der Präsidentschaftswahl sowie des weniger gewichtigen, doch als symbolträchtig geltenden Amt des Premierministers. Seit 1999 hat Abdel Aziz Bouteflika, der Ehrenvorsitzende der FLN, das Amt des Bundespräsidenten inne, während die Regierung mei-

1 F. Heylighen, „Attractors", 14. Oktober 1998, Principia Cybernetica Web, http://pespmc1.vub.ac.be/ATTRACTO.html

stens vom Chef der RND, Ahmed Ouyahia, geleitet wird. Der Staatschef scheut sich nicht, beide Parteien je nach politischer Sachlage gegeneinander auszuspielen. So entließ er beispielsweise Ahmed Ouyahia, den er zu Recht unter den Verdacht stellte, seine erste Wiederwahl 2004 zu konterkarieren, und zögerte nicht, die FLN 2009 mit der Ankündigung zu demütigen, für ein drittes Mandat als „Unabhängiger" zu kandidieren.

Die MSP ihrerseits, die 1996 ihren Namen ändern musste, sah sich gezwungen, auf ihren eigenen Kandidaten für die Präsidentschaftswahl 1999 zu verzichten. Die Fortsetzung ihrer Beteiligung an der Präsidialallianz führt dazu, dass sie durch den Machtverschleiß zermürbt wird, ohne jemals Hauptakteur gewesen zu sein.[2] Sie versucht, die durch ihre Beteiligung an der Regierung entstandenen Widersprüche zu bewältigen, indem sie eine, gelinde gesagt, originelle politische Haltung einnimmt: weder an der Macht noch in der Opposition sein.[3] Die MSP verfolgte mit der Entscheidung für die Koalition ein vierfaches Ziel: In erster Linie ging es ihr darum, die Sphären der Macht zu durchdringen, um deren Maschinerie zu beherrschen; im Hinblick auf eine mögliche Machtergreifung ging es ihr zweitens darum, Erfahrung im Bereich Regierungsführung zu sammeln; drittens erhoffte sie sich dadurch, die Basis ihrer Ressourcen und Kunden zu erweitern und viertens wollte sie sich damit definitiv vom radikalen kämpferischen Islamismus abgrenzen und das Bild eines pragmatischen, toleranten und offenen Islamismus zeigen.[4] Die Bilanz dieses Experiments ist nicht wenig aufschlussreich: Die MSP ist in Misswirtschafts- und Korruptionsskandale verwickelt, die internen Spannungen haben sich so weit verschärft, dass ein Teil der Führung auf eine Spaltung drängt und eine neue politische Gruppierung anstrebt. Was die Parlamentswahlen vom 10. Mai 2012 angeht, so haben sie die internen Spannungen und die Angriffe auf Bouguerra Soltani nur verschärft. Es besteht kein Zweifel, dass der Attraktor die MSP stark destabilisiert hat.

Die MSP ist nicht die einzige Partei, die die Kosten für die von der Präsidialallianz eingeforderten Kompromisse trägt. Innerhalb der FLN gibt es schwelende Proteste gegen die Tatsache, dass der Premierminister nicht aus den Reihen der stärksten Partei hervorgeht. Schlimmer noch, die Unterstützung bei den abermaligen Wiederwahlen des Präsidenten hat zu tiefen Rissen in der Partei selbst geführt; der schwerste erfolgte 2004, als ein Teil der FLN Ali Benflis gegen die Anhänger des sich zur Wiederwahl stellenden Amtsinhabers unterstützte. 2011 und 2012 war die Partei erneut von internen Querelen geschüttelt, diesmal vor dem Hintergrund der Parteiführung unter Abdelaziz Belkhadem – dem Sonderbeauftragten des Präsi-

---

2 **Die Ministerien für Handel, öffentliches Bauwesen, Fischerei und der mittelständischen Betriebe.**

3 **Diese Position wurde nach der Niederlage bei den Parlamentswahlen bestätigt und findet ihren Niederschlag in der Weigerung, sich an der Regierung zu beteiligen, gleichzeitig aber das Programm des Präsidenten zu unterstützen.**

4 **Louisa Dris-Aït Hamadouche, „Macht und Islamisten in Algerien: Ein asymmetrischer politischer Austausch".**

denten –, den fein säuberlich auf die Parlamentswahlen vom Mai 2012 abgestimmten Listen und dem Wettlauf um die Präsidentschaftsnachfolge, sollte es jemals zu einer Nachfolge kommen.

Die nächste Partei, der eine interne Krise bevorsteht, dürfte die *FFS* [Front Sozialistischer Kräfte] sein. Ihre Teilnahme an den Parlamentswahlen vom 10. Mai 2012 hat nicht nur einen Teil der Öffentlichkeit überrascht, die inzwischen an eine Boykotthaltung der ältesten Oppositionspartei gewohnt war, sondern sie hat auch ihre Kader und aktiven Parteimitglieder selbst gespalten. Die erlangten Sitze der FFS[5], die im Wesentlichen in der Kabylei verankert ist, haben interne Spannungen zutage gefördert, die den eigentlichen, im Exil lebenden Parteichef Hocine Aït Ahmed zwangen, Sanktionen zu erlassen. Ist die Leitung der FFS in die Fänge des Attraktors geraten, wie es ihr ehemaliger Erster Generalsekretär Karim Tabbou äußerte, der sogar so weit ging, seiner Partei zu unterstellen, Sitze angenommen zu haben, die sie in Wirklichkeit nicht einmal gewonnen habe?[6]

Fehlfunktionen und Verzerrung des politischen Spiels

Die Fehlfunktionen, die das politische Leben vergiften, lassen sich zumindest auf zwei Ebenen analysieren: an der Basis und der Staatsspitze. Die politischen Parteien als Teil der ersten Ebene tragen ihren Teil der Verantwortung an der Politikverdrossenheit der Bevölkerung. Einer ihrer großen Schwachpunkte besteht darin, dass sie anders handeln als reden: Sie fordern Transparenz, Machtwechsel und partizipative Demokratie, setzen diese aber nicht oder nur ungenügend in ihren eigenen Reihen um. Bei der FFS, der *PT* [Arbeiterpartei] oder der *PST* [Sozialistische Arbeiterpartei], Akteuren der so genannten demokratischen Strömung, gab es seit ihrer Gründung keinen Wechsel in der Parteispitze. Die MSP hat nur deshalb einen Wechsel vollzogen, weil ihr charismatischer Parteichef verstorben ist, während sich Nahda und die MRN staatsstreichähnlich ihrer Leitfigur entledigten. Der Chef der *RCD* [Sammlungsbewegung für Kultur und Demokratie] beschloss 2012, seinen Platz zu räumen; ein einstimmig begrüßter Beschluss. Besonders besorgniserregend ist die fehlende Hoffnung auf einen politischen Paradigmenwechsel der Parteien. Das neue, Anfang 2012 verabschiedete Parteiengesetz ermöglichte die Bildung von rund 30 neuen Parteien, die sich allesamt in den Wettlauf der Parlamentswahlen stürzten. Die meisten dieser Parteien erzielten nicht nur drittklassige Wahlergebnisse, sondern gerieten während der Wahlkampagne aufgrund ihrer unsinnigen Äußerungen in Verruf.[7]

Die Fehlfunktionen der zweiten Ebene betreffen die Transparenz der Wahlen

---

5 **21 Sitze, vom Verfassungsrat auf 27 Sitze erhöht**

6 **„Die FFS wird auf eine Partei reduziert, die sich mit Klappstühlen zufrieden gibt"; TSA, 29. Mai 2012**

7 **Ein Mindestgehalt von 40.000 DA, garantierte Arbeitslosenhilfen in Höhe des Mindestlohnes, immer mehr finanzielle Hilfen, Steuerbefreiung usw.**

und die Wahlfälschung, die bereits zu Kolonialzeiten gang und gäbe war und kein Tabu mehr darstellt. Der Staatschef, der seine Reformen verteidigt und die AlgerierInnen regelmäßig zu einer hohen Wahlbeteiligung aufruft, sprach 2011 selbst davon. Eigenartigerweise ist der Betrugsverdacht bei den Präsidentschaftswahlen am höchsten, auch wenn die Parlamentswahlen von 1997 ebenso von massiver Wahlfälschung getrübt waren.

Die Verantwortung dafür ist vielschichtig: fehlende Wachsamkeit der Parteien, Übereifer von Funktionären, Manipulierung der nationalen Wahldatei, Kleinkorruption auf unterster Ebene und selbstverständlich reine und massive Manipulierung der Zahlen[8]. So sprechen die Zahlen zur Wahlbeteiligung Bände. Entbehrt es nicht jeglicher Vernunft, dass die AlgerierInnen in größerer Zahl für das Referendum über den Frieden und die Aussöhnung von 2005 als für dasjenige über die Unabhängigkeit des Landes 1962 abgestimmt haben[9]? Die gleiche Frage stellt sich in Bezug auf die exponentielle Erhöhung der Wählerzahl zwischen 2007 und 2012. Und wenn die AlgerierInnen zweifeln, enthalten sie sich der Stimme und schaffen de facto die größte Partei Algeriens, nämlich die der NichtwählerInnen. Im Mai 2012 war die Furcht vor einer Wahlenthaltung dermaßen hoch, dass der Staatschef dreimal eingriff; eine Großtat für einen kaum noch in Erscheinung tretenden Präsidenten, um die Wahlbeteiligung anzukurbeln. Dabei scheute er sich nicht, den 10. Mai, den Tag der Wahl, mit dem 1. November 1954, dem Datum des Ausbruchs des Unabhängigkeitskrieges, zu vergleichen.

Wirtschaftliche Frustration und soziale Wut

Sollte es in Algerien zu einer Revolte kommen, so keineswegs aus wirtschaftlichen Gründen, wie es bei den Aufständen in Tunesien und Ägypten der Fall war. Die wirtschaftliche Lage der AlgerierInnen ist mitnichten vergleichbar mit jener der BahreinerInnen, die den Perlenplatz besetzt haben.[10] Dennoch ist die wirtschaftliche Frustration enorm, was in den zahlreichen sozialen Bewegungen seinen Niederschlag findet (Aufstände[11], Streiks usw.). Zwei mit dem Status und der Rolle der AlgerierIn-

---

8 Die Wahlergebnisse der Parlamentswahlen von Mai 2012 werden von den meisten politischen Parteien in Abrede gestellt. 16 von ihnen haben die Politische Front für die Wahrung der Demokratie [Front politique pour la sauvegarde de la démocratie] (FPSD) gegründet, eine parallele „Volksversammlung" errichtet und handeln politisch gegen die Regierung. Keine der großen Parteien gehört der FPSD an.

9 M'hand Kacemi, „1979-2007, Il était une fois... la fraude", Le Soir d'Algérie, 29. April 2012.

10 Der Index der Humanressourcen ist seit 1980 (0.69) nicht nur höher als der Durchschnitt in der arabischen Welt (0.64), sondern liegt etwas höher als der weltweite Durchschnitt (0.6). Das Bruttosozialprodukt (BSP) pro EinwohnerIn in Algerien beträgt 7.600 US-Dollar, gegenüber 28.000 US-Dollar in Bahrein und 5.200 US-Dollar in Ägypten. UNDP, International Human Development Indicators, http://hdr.undp.org/fr/donnees/profils/

11 Das Phänomen nimmt zu: 30 Wilayas 2002, 48 sind 2011 betroffen. Es handelt sich dabei um in Zeit und Raum einzuordnende sporadische Gewaltakte von wütenden Jugendlichen. Sie enden, wie sie begonnen haben. Breiter gefasste Aufstände von Januar 2011 kosteten fünf Millionen Euro.

nen in Zusammenhang stehende Gründe können das Ausmaß der sozialen Unzufriedenheit erklären: zum einen der Status als Opfer, zum anderen als Schuldige. Tatsache ist, dass die AlgerierInnen das wirtschaftliche Potenzial des Landes kennen, sie wissen, dass Algerien hinsichtlich der Humanressourcen[12], der Finanzressourcen[13] und der Rohstoffressourcen ein reiches Land ist.[14] Auch die makroökonomischen Ergebnisse sind zufriedenstellend.[15] Die AlgerierInnen sind durch die privaten Printmedien und die sozialen Netzwerke über das Ausmaß der großen Korruption, die einen Teil der Reichtümer des Landes verschlingt, gut informiert.[16] Ausgehend von diesen beiden bekannten Fakten ergeben sich zwei Konsequenzen. Die erste ist, dass sich die öffentliche Meinung nicht die Entwicklungsschwächen erklären kann. Warum ist das Land noch immer so abhängig von fossilen Brennstoffen[17]? Warum gelingt der nationalen Produktion nicht der Aufschwung, und warum steigen die Importe jedes Jahr mehr (+10 Milliarden Dollar in 2011)? Warum ist die Arbeitslosigkeit so hoch (20 Prozent bei den Jugendlichen, 21,4 Prozent bei den HochschulabsolventInnen gegenüber 7,3 Prozent bei Jugendlichen ohne Schulabschluss) und warum nimmt das Prekariat zu (die Zahl der unbefristeten Arbeitsverträge sank von 65 auf 49 Prozent, während die der befristeten Verträge von 35 Prozent auf 50 Prozent stieg)[18]?

Die zweite Konsequenz ist, dass die AlgerierInnen einen immer größeren Anteil am Staatsvermögen fordern. Sie wollen Vollbeschäftigung, Grundnahrungsmittel zu Tiefpreisen, subventionierte Wohnungen – am liebsten in ihrem Heimatort –, sowie ein kostenloses Bildungs- und Gesundheitssystem, preisgünstige öffentliche Verkehrsmittel usw.[19] Das Prinzip des Attraktors kommt hier voll und ganz zur Geltung, da das Regime die Erdölrendite beliebig missbraucht, zunächst um die Beziehungen zu seiner immer zahlreicher werdenden Klientel zu nähren, insbesondere

---

12 **Geburtenrate (2.3 Prozent), 66 Prozent der Bevölkerung leben in Städten, Alphabetisierungsrate (89-94 Prozent), Bevölkerung, die unter der Armutsgrenze lebt (1,25 US-Dollar pro Tag: 7 Prozent)**

13 **Offizielle Reserven 171.4 Bio. US-Dollar, 10 Mrd. mehr als 2010, Infrastrukturen, BIP/h (4420, 118./215), US-Dollar Stabilitätsfond.**

14 **10. Platz Erdgasreserven; 4. Gasexporteur; 16. Erdölreserven, 12. Export.**

15 **2011: Wachstum 3.6 Prozent, Inflation 5,3 Prozent, Agrarwachstum +17 Prozent; 2010-2014, Fünfjahresplan (286 Mrd. US-Dollar) für den Ausbau der Infrastruktur und die Schaffung von Arbeitsplätzen. Auslandsverschuldung 1 Prozent des BSP.**

16 **Algerien wird von Transparency International an 112. Stelle eingestuft. 500 Korruptionsfälle kamen offiziell vor die Gerichte. Die Einrichtung des Zentralamts zur Korruptionsbekämpfung kam erst sehr spät zustande. Die Zurückverfolgbarkeit von Finanzen und vor allem die Zahlung per Scheck sind noch immer nicht eingeführt worden.**

17 **Die Abhängigkeit von fossilen Brennstoffen beträgt 60 Prozent der Einnahmen, 30 Prozent des BIP und 95 Prozent des Exportaufkommens.**

18 **Statistisches Amt.**

19 **Unter dem Druck der Aufstände in der arabischen Welt gab es in nahezu allen Wirtschaftszweigen Streiks, um Gehaltserhöhungen zu fordern. Sogar die Arbeitslosen haben für mehr Rechte demonstriert.**

seit 2000, und dann, um die Rendite breiter zu streuen. Diese beiden Kooptationsebenen ermöglichen die Aufrechterhaltung des Gleichgewichts innerhalb des Regimes (Blackbox) und dessen Überleben sowie die Stabilität der sozialen Front (Anziehung und Absorbierung der Kräfte).

Der Frühling liegt hinter Algerien: Die Gründe für den Status quo

Der Status quo lässt sich auf Abschreckungmechanismen zurückführen, die mit den Jahren des Terrors in Verbindung stehen, sowie auf Überzeugungmechanismen, insbesondere die kontrollierten politischen Öffnungen und demokratischen Zugeständnisse und die Umverteilung der wirtschaftlichen Rendite.

Posttraumatisches Syndrom der 1990er Jahre

Von den drei Millionen SoldatInnen, die in den Vietnamkrieg geschickt wurden, litten 700.000 an einer schweren Neurose, die auf eine Posttraumatische Belastungsstörung (PTBS) zurückzuführen ist; dabei handelte es sich um einen außerhalb des amerikanischen Territoriums geführten Krieg.[20] Bei einem internen Konflikt ist die Wirkung der PTBS umso größer, weil hier Gewalt gegen die eigene Bevölkerung angewandt wird, und sich die Feinde nicht nur wie Brüder ähneln, sondern auch solche sind. Die Angst, erneut in ein engmaschiges Netz von Gewalt zu fallen, ist in Algerien umso größer, als nichts dafür getan wurde, die Erinnerung an die härtesten Jahre des unabhängigen Algeriens aufzuarbeiten. Die Charta für den Frieden und die Aussöhnung nimmt ausdrücklich darauf Bezug, dass die mit dem Terrorismus in Zusammenhang stehenden Ereignisse keinerlei Debatte unterworfen werden dürfen. Das Motto lautete „verzeihen und vergessen", die AlgerierInnen sind dazu aufgerufen, selbst mit ihren Traumata fertig zu werden.

Die Auswirkungen dieser Jahre sind gleichwohl spürbar, und die PolitikerInnen haben dies bestens verstanden. Sie bedienen sich massiv – und nicht ohne Erfolg – der Angst, um den Status quo zu rechtfertigen. Abgesehen vom Betrugsverdacht zeigen die Ergebnisse der letzten Parlamentswahlen deutlich eine Neigung zur Wahlenthaltung, insbesondere in den Grenzregionen des tiefen Südens und in den Städten im Innern des Landes. Dies wird in der Tatsache sichtbar, dass die extrem hohe Zahl von Aufständen immer noch auf einem räumlichen Mikroniveau bleibt und bislang nie eine nationale Reichweite erlangt hat. Dabei könnten die oben bereits beschriebene Schwäche der Mittlerorganisationen sowie die Unfähigkeit der Behörden, den Forderungen der Bevölkerung nachzukommen, durchaus zum Übergang vom Aufruhr zum Aufstand führen. Anscheinend legen die Aufrührer eine Art unbewusste Zurückhaltung an den Tag, weil sie einen Rückfall in einen Bürgerkrieg befürchten. Diese Angst hat vielleicht nicht nur einen psychologischen Aspekt. Eine anthropologische Analyse ordnet Gewalt in zwei Paradigmen ein, das eine universell (der Dschihad in der Ouma musulmane, der muslimischen Gemein-

20 Louis Crocq: „Die psychischen Kriegstraumata", Odile Facob, 1999, S. 11.

schaft) und das andere national-historisch (Befreiungskrieg).[21] Beide begründen eine Staatsbürgerschaft, die auf einem kriegerischen Akt beruht. Wenn nun aber die Gewalt ein stiftender Akt ist, so ist sie auch ein zerstörerischer Akt, und möglicherweise ist es dieser zweite Aspekt, den die protestierenden AlgerierInnen in sich tragen.

Das Trauma hat aber auch einen ideologischen und politischen Aspekt, der sich in der folgenden Fragestellung zusammenfassen lässt: Sollte es zu einer radikalen politischen Veränderung von unten kommen, wem käme sie zugute? Zum machtvollen Aufstreben der algerischen radikalen Islamisten zu Beginn der 1990er Jahre kommen jüngst die Wahlsiege der ägyptischen und tunesischen Islamisten und, schlimmer noch, der von einer NATO-Intervention begleitete Bruderkrieg in Libyen. Da sich der offizielle, auf Sicherheit bedachte Diskurs massiv des „islamistischen Schreckgespenstes" bedient, nähren diese drei aneinander gefügten Faktoren die Angst vor der Veränderung und das posttraumatische Syndrom. Jegliche Veränderung wird eher als ein potentielles Risiko gesehen denn als eine zu ergreifende Gelegenheit. Schlimmer noch, die Aufstände (das notwendige Übel) haben es so schwer, in Revolutionen (die erhofften Veränderungen) zu münden, dass der Status quo wie ein guter Kompromiss erscheint – eine Resignation, deren Ursachen möglicherweise aus der Zeit vor dem arabischen Frühling stammen. Allerdings wird gerade jetzt, da Algerien den 50. Jahrestag seiner Unabhängigkeit feiert, der Stolz über die errungene Freiheit von der sozioökonomisch wie auch politisch schwachen Bilanz überschattet.[22] Gewiss folgte der Glorifizierung des Sieges während des Krieges gegen die französische Kolonisierung eine relativ erfolgreiche Periode, in der die Rolle Algeriens auf regionaler Ebene (arabische Welt und Afrika) wie auch auf internationaler Ebene (Kampagne für eine neue Weltwirtschaftsordnung) verheißungsvoll war. Und obwohl der Befreiungskrieg in die Unabhängigkeit des Landes mündete, wurden die mit den revolutionären Zielen verbundenen Hoffnungen (Freiheit, soziale Gerechtigkeit, Modernität) enttäuscht.[23]

Die Jahre der Gewalt wirken abschreckend auf den möglichen Ausbruch eines Aufstandes. Parallel dazu betrachteten die Regierungen die Aufstände als ein Alarmzeichen und erließen eine Reihe von politischen und wirtschaftlichen Präventivmaßnahmen.

Politische Reformen

Zur Analyse des politischen Systems Algeriens können zwei Paradigmen dienen. Das erste umfasst die Beziehungen zwischen den zivilen Staatsorganen und dem

---

21 Abderrahmane Moussaoui, „De la violence en Algérie. Les lois du chaos", Barzakh, 2006.

22 Dominique Lagarde, Akram Belkaid und Benjamin Stora, „Algérie, la désillusion", Express Roularta, 2011.

23 Das Scheitern der Agrar- und Industrierevolution während der Hochzeit des Sozialismus in den 1970er und 1980er Jahren.

Militär, welche die Geburt und die Entwicklung des unabhängigen Algeriens bis heute nachhaltig prägen. Während des Unabhängigkeitskrieges verfügte die *Nationale Befreiungsarmee* (*ALN*, Vorgängerin der *ANP* = Nationale Volksarmee) in jedem Militärbezirk über ein militärisches und politisch-administratives Doppelkommando. Außerdem wurde das 1957 von den ALN-Obersten Krim Belkacem, Abdelhafid Boussouf und Lakhdar Ben Tobbal gegründete *Comité de Coordination et d'Exécution* (Koordinierungs- und Exekutivkomitee) zur Führung des Unabhängigkeitskrieges 1959 zum *Comité Interministériel de Guerre (CIM)* (Interministerielles Kriegskomitee) und besiegelte die dominierende Rolle des Militärs.[24] Infolge dessen wurde Algerien seit 1962 allgemein als ein Regime mit scheinbar zivilem Machtapparat angesehen, dessen reale Macht jedoch vom Militär beschlagnahmt ist. Die beiden Ausnahmen dieser Regel sind die Staatspräsidenten Houari Boumedienne und Liamine Zeroual. Ersterer war zum Zeitpunkt des Staatsstreiches von 1965 Berufsoffizier; letzterer war pensionierter General, als er auf dem Höhepunkt des Antiterrorkrieges an der Spitze des Landes stand.

Das zweite Paradigma ist das Kollegialitätsprinzip unter den Machthabern, ein ursprünglich aus Militärs bestehendes Machtgefüge, das mehr einer Interessenkoalition mit Verästelungen in der Zivilgesellschaft ähnelt, deren Akteure durch Kooptation gewonnen werden. Dieses Kollegium hat das Monopol über die strategischen Entscheidungen, übt dieses jedoch außerhalb der Institutionen des Staates aus[25]. Dieser kollegiale Status ging der Unabhängigkeit voraus, da das Prinzip sogar im August 1956 auf dem Soummam-Kongress auf der Tagesordnung stand, der auch den Vorrang der Politik vor dem Militär definierte. Diese Kollegialität kann zumindest auch teilweise erklären, warum der Versuch der Machtvererbung (von Abdelaziz Bouteflika an seinen jüngeren Bruder Saïd) gescheitert ist. Auch wenn das Fortbestehen des Vorrangs des Militärs vor der Politik heute hinterfragt werden kann, vor allem seit der ersten Wiederwahl von Abdelaziz Bouteflika im Jahre 2004, so scheint dagegen das Kollegialitätsprinzip gefestigt. Die Notwendigkeit, vom militärischen Kampf zum politischen Kampf gegen den Terrorismus überzugehen, das soziale Fundament der Macht zu erweitern, das Ausland von der Stabilität des Staates zu überzeugen, sind Gründe genug, diese Kollegialität aufrecht zu

24 Nourredine Abdi, „Le régime militaire algérien au scanner", [Das Algerische Militärregime im Scanner], Libre Algérie, 9.-22. Oktober und 23. Oktober- 5. November 2000.

25 Seddik Larkèche, „Risque Algérie et stratégies de développement" [Risiko Algerien und Entwicklungsstrategien]: 1830-2030, Paris, L'Harmattan, 2012 ; Ammar Koroghli, „50 ans de régimes politiques algériens" [50 Jahre algerische politische Regimes], Algérie Focus, 27. Februar 2011,
http://www.algerie-focus.com/blog/2011/02/27/regimes-politiques-algeriens-2-l%E2%80%99algerie-de-boumediene/
Youcef Benzatat, „Les dessous de la reddition du FFS d'Aït Ahmed" [Was hinter dem Untergang der FFS von Aït Ahmed steckt], Algérie 360, http://www.algerie360.com/algerie/les-dessous-de-la-reddition-du-ffs-dait-ahmed/; „Pouvoir algérien : autoritarisme et patriarcat, l'impossible réforme", http://www.lematindz.net/news/6715-pouvoir-algerien-autoritarisme-et-patriarcat-limpossible-reforme.html

erhalten, in der die Rollen und die Aufgaben geteilt und letztlich komplementär zu sein scheinen. Diese kollegiale Macht berücksichtigt ein erweitertes soziales Fundament, das, Abderrahman Hadj-Nacer zufolge, fünf verschiedene Akteure umfasst: die Regionen (Westen, Osten), die Streitkräfte (Generalstab, Sicherheitsdienste), die soziopolitischen Akteure (Bruderschaften, Volksgruppen), die sozioökonomischen Akteure (u.a. Unternehmer, Finanzkreise), und die sozioprofessionellen Kategorien (wie etwa die Gewerkschaften).[26] Den Worten des ehemaligen Gouverneurs der Banque d'Algérie zufolge haben diese kooptierten Akteure eine Doppelfunktion: Sie bedienen die Blackbox und kontrollieren die Gesellschaft – eine Kontrolle, die durch Anwendung von Repression und Überzeugung (Verteilung der Rendite, Kooptation) wirksam wird.

In diesem Zusammenhang findet die Logik des Attraktors mittels Reformen, die unmittelbar nach der Rede des Präsidenten von April 2011 eingeleitet wurden eine beispielhafte Anwendung. Diese Reformen brachten kaum ein Jahr später eine Reihe von neuen Gesetzen hervor, die den politischen Parteien, den Medien, der Zivilgesellschaft und den Frauen einen leichteren Zugang zum politischen Aktionsfeld ermöglichen sollten. Die Gesetze wurden von einem Parlament verabschiedet, das am Ende seiner Amtszeit stand, und während seiner gesamten Legislaturperiode tatsächlich nicht einen einzigen Gesetzesentwurf vorgebracht hatte. Die Gesetzgebung war zur Aufgabe der Exekutive geworden. Die Auswirkungen dieser Öffnung werden nicht nur durch die ihr inne wohnenden Grenzen, sondern auch durch ein entsprechendes Sicherheitsaufgebot geschwächt. Seit 1999 hat das Innenministerium kontinuierlich an Gewicht gewonnen. Einer der offensichtlichsten Aspekte seines Einflusses ist die spektakuläre Erhöhung der Zahl an PolizistInnen: Betrug sie 2010 noch 180.000, so waren es 2011 bereits 200.000; wir haben es mit einem Verhältnis von einem Polizisten bzw. einer Polizistin auf 180 EinwohnerInnen zu tun. 80 Prozent des algerischen Territoriums sind somit polizeilich abgedeckt. Auf qualitativer Seite wurden Anstrengungen unternommen, um den Frauenanteil unter der Belegschaft zu erhöhen, das Bildungs- und Kompetenzniveau der PolizistInnen zu heben und ihre Arbeitsbedingungen zu verbessern. Wie bei den anderen BeamtInnen wurden die Gehälter der PolizistInnen erhöht. Offiziell ist die massive Präsenz der Ordnungskräfte mit der Notwendigkeit des Kampfes gegen die verschiedenen Formen von Kriminalität begründet – neben dem weiterhin virulenten Antiterrorismuskampf.

Wie dem auch sei, die wirkliche Tragweite und die wahre Auswirkung dieser Reformen wurden anlässlich der Parlamentswahlen von Mai 2012 plötzlich in aller Klarheit offensichtlich und bestätigten somit, was die Rede des Staatspräsidenten vom 8. Mai angekündigt hatte. Die von der *Cnisel* (Commission nationale indépendante de surveillance des élections législatives) [Unabhängige nationale Überwa-

26 Abderrahman Hadj-Nacer, „La Martingale algérienne, Réflexions sur une crise", Alger, Barzakh, 2011, S. 54

chungskommission der Parlamentswahlen] angeprangerten Unregelmäßigkeiten bei diesen Wahlen haben die politische Entliberalisierung durch die Fokussierung des Diskurses auf die Sicherheitsfragen bestätigt. Die Tragweite dieser Wahl war eine zweifache: das Überleben des Regimes zu einer Zeit zu sichern, in der die Volksaufstände dem arabischen Autoritarismus eine Absage erteilten, und ein Klima der Angst und des Misstrauens aufrechtzuerhalten, so als ob Algerien vor einer drohenden Gefahr stünde.[27] Die durch das Votum zugunsten der *FLN* (Front de Libération Nationale) [Nationale Befreiungsfront] vermittelte Botschaft ist einfach: Wenn sich die AlgerierInnen nicht der Wahl enthielten, entschieden sie sich für ein Zweckwahl, die ihnen in Bezug auf ihre Sicherheit und auf ihre wirtschaftlichen Lage in zweifacher Hinsicht Zuflucht bot.

Die massive Umverteilung der Rendite aus dem Staatsvermögen

Die Abhängigkeit der algerischen Wirtschaft von fossilen Brennstoffen, die Schwankungen der Erdölkurse auf dem Weltmarkt und ihre Folgen auf interner Ebene haben vielleicht auch die Bereitschaft zur Umverteilung bei den algerischen Regierenden erhöht. Da die regionalen Spannungen einen noch nie da gewesenen Druck erzeugt haben, muss festgestellt werden, dass der Attraktor vorausschauend und mit einer gewissen Effizienz funktioniert.

Die Unruhen von Januar 2011 haben als direkte Auswirkung die Beschleunigung der Sozialtransfers und eine breiter gestreute Verteilung der Rendite herbei geführt.[28] Betroffen sind alle Wirtschaftszweige und alle Altersgruppen. Die Stipendien für Studierende und die Altersbezüge für RentnerInnen wurden erhöht. Die Gehälter der BeamtInnen wurden rückwirkend angehoben.[29] Bevölkerungsgruppen, die in Barackensiedlungen lebten, erhielten neue Wohnungen. Jugendliche wurden ermuntert, Unternehmen zu gründen, und konnten dabei zahlreiche steuerliche und finanzielle Vorteile in Anspruch nehmen.[30]

---

27 Louisa Dris-Aït Hamadouche, „Législatives algériennes : La légitimation électorale du discours sécuritaire", Observatoire de Politiques euro-méditerranéennes, http://www.iemed.org/observatori-en/actualitat/opinions

28 Um die Aufstände zu beenden, reagierte die Regierung unverzüglich und konkret: Aufhebung der Steuern (41 Prozent der Preise), 41 Millionen US-Dollar für die Preissubventionierung von Zucker und Öl zwischen Januar und April 2011 und eine parlamentarische Untersuchungskommission. Diese kam zu der Schlussfolgerung, dass den Aufständen eine plötzliche Preissteigerung der Grundnahrungsmittel zugrunde lag, die auf eine Deregulierung des Vertriebssystems und des Machtmissbrauchs der Großhändler zurückzuführen war.

29 Ein äußerst seltener Fall, das algerische Statistikamt (Office national des statistiques, ONS) hat herausgefunden, dass die Gehälter und Prämien im öffentlichen Sektor höher sind als im Privatsektor. Das durchschnittliche Nettomonatsgehalt beträgt 38.500 DA im öffentlichen und 21.500 DA im privaten Sektor. L'APS, 09. Juni 2012.

30 Einige Beispiele für Erleichterungen aus dem Finanzgesetz: Bei den BäckerInnen wurde die Höhe der Einheitlichen Steuerpauschale (taux d'impôt forfaitaire unique, IFU) nunmehr von zwölf auf fünf Prozent gesenkt, und sie sind von der Steuer für umweltverschmutzende oder umweltschädigende Tätigkeiten befreit. Für die FischerInnen und FischzüchterInnen übernimmt das Finanzministerium die mit der Förderung der Fischer verbundenen Ausgaben

Die Parlamentswahlen vom 10. Mai 2012, die in einem bisher noch nie da gewesenen regionalen Kontext erfolgten, bremsten die Flut von Versprechungen nicht im geringsten, um so weniger, als Wahlkampagnen per Definition die Zeiten sind, in denen alles versprochen und auf der anderen Seite auch alles geglaubt wird. Die gesamte Debatte über die Transparenz der Parlamentswahlen ist direkt gebunden an die politische Grundsatzentscheidung der Aufrechterhaltung des Rentierstaats. Nicht nur werden alle Sozialtransfers durch die Einnahmen der fossilen Brennstoffe[31] garantiert, sondern der wesentliche Teil der Steuereinnahmen stammt ebenfalls weiterhin aus den Erlösen der Brennstoffgewinnung.[32] Diese beiden nebeneinander existierenden Realitäten führen zu der folgenden Logik: „keine Besteuerung, keine Repräsentanz".[33] In dieser unerbittlichen Logik versteht es sich von selbst, dass die Frage „was haben Sie aus unseren Steuern gemacht?" [34] nicht die Grundlage sein kann, die Regierenden zur Rechenschaft zu ziehen.

Aber die Dividenden der Rendite werden nicht nur breit gestreut, um den „Straßenfrieden" zu erkaufen. Sie dienen ebenfalls dazu, die Stützen des Regimes zu erweitern (Unternehmenschefs, politische Parteien, Bruderschaften, Gewerkschaften usw.) – Stützen, deren Kosten sich proportional zu den steigenden Preisen für das Barrel Erdöl und zur Verringerung der Legitimität der Machthaber erhöhen. Bereits im Zuge der finanziellen Wohlstandsphase zu Beginn der 1980er Jahre, als aufgrund der iranischen Revolution der Erdölpreis in die Höhe geschnellt war, führte die Suche nach Legitimationsquellen durch die Verteilung der Rendite zu einer deutlichen Vermehrung der Begünstigten. Deshalb wuchs die Zahl von staatlichen Unternehmen auf nationaler Ebene von 50 auf 1.500 und die von regionalen Unternehmen auf 13.000.[35] Drei Jahrzehnte später, unter dem Druck der wirtschaftlichen Liberalisierung, sind die staatlichen Unternehmen nicht mehr die einzigen, die ihren Anteil am Erlös einfordern. Es ist übrigens kein Zufall, dass in dem Augenblick, als die unabhängigen Gewerkschaften der ArbeiterInnen nur äußerst schwer als solche anerkannt wurden, sich die Arbeitgeberverbände problemlos bilden und

---

während der Laichzeit. Für die Industrieunternehmen deckt der Fonds zur Förderung des Industriewettbewerbs die Ausgaben in Bezug auf die Schaffung von Industriezonen ab. Selbst das Strafmaß für Steuerhinterzieher wurde auf die Hälfte reduziert, der Betrag wurde von 200 auf 100 Prozent und der von 100 Prozent auf 50 Prozent reduziert. http://www.mfdgi.gov.dz/lf%202012.pdf

31 **Das Staatsbudget für 2012 verwendet 36 Millionen US-Dollar für die Angestelltengehälter, mehr als 16,7 Millionen Dollar für Sozialtransfers und fast 2,5 Milliarden US-Dollar für Subventionen von Grundnahrungsmitteln: Milchprodukte, Getreide, Zucker und Speiseöl. Für das Verwaltungsbudget werden 56 Millionen US-Dollar aufgewendet, d.h. doppelt so viel wie 2008.**

32 **Das Finanzgesetz 2012 sieht für die Steuereinnahmen einen Betrag von 1.894 Mrd. DA (24,5 Millionen US-Dollar) vor, während die Steuereinnahmen aus dem Ölgeschäft 1.561,6 Milliarden DA (20 Milliarden US-Dollar) betragen.**

33 **Mohammed Hachemaoui, „Die Falle des Rentierstaates" El Watan, 23. September 2006**

34 **Abderrahman Hadj-Nacer, „La Martingale algérienne," op cit, S.107**

35 **Ibid, op cit, S. 58**

durchsetzen konnten.[36] Der Deal scheint die Rendite als Gegenleistung für den Fortbestand der ökonomischen Klasse außerhalb des politischen Wettbewerbs zu sein.[37]

Die Kooptierung der Wirtschaftsakteure ohne Rechenschaftslegung schlägt potentielle Breschen für die Parallelwirtschaft und das schmutzige Geld. Zahllos sind übrigens die Erklärungen von hohen StaatsbeamtInnen, die das Diktat des informellen Sektors und der Mafia anprangern.[38] Ihr Einfluss ist so groß, dass das algerische Bankensystem archaisch bleibt und die Einführung eines Systems verhindert, das die Nachverfolgbarkeit und die Transparenz von Geldströmen möglich macht.[39] Der Devisentransfer gehorcht der gleichen Regel der Nicht-Transparenz, wie uns die von den Medien aufgedeckten „großen" und „kleinen" Affären zeigen.[40] Dabei gibt es eine strikte Gesetzgebung, die den Transfer von Devisen regelt, aber die Mittel zu ihrer Anwendung in all ihrer Konsequenz sind mangelhaft. Dies veranschaulicht die Einstufung Algeriens im Bericht 2009 von *Global Financial Integrity*.[41] Zwischen 2000 und 2009 hat Algerien 23 Milliarden US-Dollar beim rechtswidrigen Devisentransfer verloren, was wenig ist im Vergleich zu Libyen (43 Milliarden) und Ägypten (60 Milliarden), aber weit mehr als Tunesien (9 Milliarden) und Marokko (16 Milliarden).[42]

Schlussfolgerung

Wenn sich ein Regime einer Öffnung verweigert, bieten sich ihm zwei Optionen: die harte Art besteht darin, die Opposition auszuschalten, und die weiche Art setzt eher auf ihre Neutralisierung durch Absorption. Das algerische Regime hat sich für die zweite Option entschieden, aus mindestens zwei Gründen: Zunächst gibt es allzu zahlreiche und nicht ausreichend organisierte Formen des Protests, um Ziel-

36 Fatima Arab, „Pourquoi pas de nouveaux syndicats ?", El Watan, 13. Februars 2012

37 Das Experiment hatte einen gewissen Erfolg, siehe Jean Noel Ferrié, „Les limites d'une démocratisation par la société civile en Afrique du Nord", Mai 2004, P11, http://halshs.archives-ouvertes.fr/docs/00/19/57/16/PDF/Democratisation_et_societe_civile.pdf

38 Die Machtlosigkeit des Premierministers Ahmed Ouyahia gegenüber der Mafia, die er selbst zugibt, ist schon des öfteren zutage getreten. Abdelaziz Belkhadem, ehemaliger Premierminister und Sonderbeauftragter des Staatschefs, hat ebenfalls das finanzielle Gewicht des informellen Sektors in der Politik angeprangert.

39 Das baldige Inkrafttreten der notwendigen Zahlung per Scheck ist eine der möglichen Hypothesen zur Erklärung der „spontanen" Unruhen von Januar 2011.

40 In der Immobilienlandschaft von Alicante leisten sich Algerierinnen, die in Algerien leben und in diese krisengeschüttelte Küstenstadt kommen, Zweitresidenzen zu Preisen zwischen 40.000 und 100.000 Euro. Inmaculada de la Vega, „Argelia veranea en Alicante", El Païs, 07/06/2012, http://economia.elpais.com/economia/2012/06/06/actualidad/1338998678_022986.html

41 Dev Kar and Sarah Freitas, „Illicit Financial Flows from Developing Countries Over the Decade Ending 2009", Global Financial Integrity, December 2011, http://www.gfintegrity.org/storage/gfip/documents/reports/IFFDec2011/illicit_financial_flows_from_developing_countries_over_the_decade_ending_2009.pdf

42 Ibid, S. 56

scheibe einer wirksamen Repression zu sein; auch haben die gewährten demokratischen Öffnungen seit 1989 einen unumkehrbaren Punkt erreicht. Die AlgerierInnen haben sich daran gewöhnt, zu sagen, was sie über die politische Führungsriege denken, kritische Zeitungen zu lesen und zu streiken. Eine Repressionswelle würde nur das Ausmaß der Proteste verstärken, wie es die Ereignisse in der Kabylei 2001 gezeigt haben. Aus diesem Grunde werden die Unruhen auch mit einer gewissen Zurückhaltung geregelt und die meisten sozialen Bewegungen enden mit der Einlösung der gestellten Forderungen.

Im Gegensatz zur repressiven Logik zieht der Attraktor die verschiedenen Kräfte und Protestformen an sich, die das schwarze Loch absorbiert. Dieser Anreiz wird von der großzügig verteilten Erdölrendite sowie von den demokratischen Öffnungsmaßnahmen ausgeübt, die Zugang zu zahlreichen Privilegien gewähren. Die politische Instrumentalisierung des durch den Terrorismus verursachten posttraumatischen Syndroms vollendet den Absorptionsprozess, indem ein Reflex der Flucht geschaffen und die Entscheidung für die Stabilität statt für unbekannte Veränderungen favorisiert wird. Die AlgerierInnen sind Imazighen (Plural von Amazigh), was freie und rebellische Menschen bedeutet. Fürchten sie, dass eine x-te Rebellion sie ihrer – relativen, aber teuer errungenen – Freiheit beraubt?

Aus dem Französischen übersetzt von Christine & Radouane Belakhdar

Billy les Kids

Lasst die Redefreiheit zu, lasst der Freiheit freien Lauf, the Kids, meine Brüder

Text von Papy Maurice Mbwiti

Papy Maurice Mbwiti, 1978 in Kinshasa (DR Kongo) geboren, studierte zunächst Internationale Beziehungen. Heute ist er Schauspieler, Regisseur, Dramaturg, Koordinator der Theaterprojekte *Les Béjarts* in Kinshasa und *Utafika* sowie künstlerischer Leiter von *Mbila Création Théâtre*. In Afrika und Europa tätig, inszenierte er Werke von Slimane Benaissa, Dominique Mpundu und Faustin Linyekula, war u.a. Darsteller in *Cadavre mon bel amant* von Ousmane Aledji und hat zusammen mit Didace Kawang das Stück *Aide semblable* (Théâtre Les Béjarts, 2008) verfasst.

Fast wie poetisches Protestgeschrei oder provokativer Slam ist dieser nicht klassifizierbare Text eine Möglichkeit für seinen Autor, Papy Maurice Mbwiti, zu zeigen, dass „die Ereignisse, die in Afrika geschehen, uns nicht gleichgültig lassen". AfricAvenir präsentiert diese „Textbombe" ungekürzt und wortgetreu. Der Originaltext ist auf Französisch bei Africultures erschienen.

Wie Hasch, das in den Knast geschmuggelt wird, so ist die Nachricht durch Finger und Münder des Volkes geschlüpft: „Hau ab!"

Endlich hat er aufgegeben, aufgegeben wie schon sein Bruder, ja, nach achtzehn Tagen sozialer Unruhen ist er endlich gegangen, er hatte ja gesagt, er würde in seinem Geburtsland sterben, na dann, Friede seiner Seele!

Noch ein bisschen länger,und er wäre Pharao geworden, weil er angeblich einen ehrenvollen Abgang suchte, einen würdevollen Abgang, so ein Quatsch, hatte er denn noch einen Funken Würde?

Verrückte Hirten verdienen verrückte Kühe, wie wir,

Verrückt geworden sind wir in all den langen Jahren, in denen uns der Käfig zum Wahnsinn trieb!

Ihnen sei ewiger Ruhm! Götter, Könige und Propheten, Friedensstifter, Mobilisierer, Steuermänner, erleuchtete Führer, Staatschefs, El Hadji, Exzellenzen, Eroberer, Feldmarschalle, Väter der Nation und Meister des Spotts und so weiter und so fort...

Ich frage mich, ob sie sich mit diesen Titeln herausputzen, sich an sie klammern wie Schiffbrüchige, weil sie sich in ihrer Haut nicht wohl fühlen...

Und als litten sie an Amnesie, löffeln ihre Nachkommen denselben Teller aus,

Was soll das alles, man könnte meinen, niemand erinnere sich mehr an den berühmten Satz von 1973 , „Eine Frucht fällt nur, wenn sie reif ist; aber vor dem Sturm und dem Orkan der Geschichte, reif oder unreif, fällt sie gleichwohl."[1]

Gestern wurde in Paris, Brüssel, Moskau und Washington Geschichte geschrieben,

Heute aber wird sie in unseren Straßen, unseren Elendsvierteln, vor euren Blutspalästen, euren Museen der Scham und des Horrors geschrieben, das heißt bei uns und in uns.

Wir waren alle Zeugen, wie all die westlichen Propheten auf die Schnauze fielen, irre geleitete Reden, falsche diplomatische Schritte, fehlerhaftes Auftreten, schlecht gebundene Krawatten und an Unterröcke anmutende Röcke.

Ach, was gibt's da noch zu sagen! Nach 50 Jahren Ehe hofft man auf die goldene Zeit, und alle freuen sich auf die Eiserne Hochzeit nach 65 Jahren,

Und wer will nach mehr als 50 Jahren immer noch die gleiche Unterhose tragen? Niemand!

---

1 Am 4. Oktober 1973 äußerte Generaloberst Mobutu Sese Seko, Präsident von Zaïre, diesen Satz vor der 28. Sitzung der Vereinten Nationen in New York.

Und ohne Scham befinden sie, wir seien undankbar, als ob wir Jagdhunde auf der Suche nach dem Geruch des Herrchens wären,

Es gibt keinen Herren mehr, verdammt nochmal, die Hunde sind tollwütig, mehr als fünfzig Jahre Elend und Schinderei können nur verrückt machen,

Die Graubärte sind aus unseren Abstellkammern verschwunden, und unsere inzwischen ausgewachsenen Leiden haben uns starke Flügel verliehen, unsere Ketten halten uns nicht mehr im Zaum, so abgemagert, wie wir sind,

Wir haben das zu oft gehört, sagt mir mein junger Bruder aus Kamerun gerade, „Reden kocht keinen Reis", wenn tausend Männer sich auf den Weg machen, muss sich einer an ihre Spitze setzen,

Und dieses Mal hat der Unsere sich mit seinem Gemüse vor ihre Polizei gestellt und sich für uns geopfert, danke, mein Bruder, dein Name ist für immer in unser Gedächtnis eingebrannt,

Mit Stolz werden wir diese Geschichte unseren Enkeln erzählen, dir, hochwürdiger Sohn Afrikas und der Menschheit, ja, Würde, das ist das Wort !

Fliegt man über Nordafrika, warum auch immer für *Weiß* erklärt, wähnt man sich schon auf dem alten Kontinent,

Von oben gesehen ist das Licht warm und anziehend, alle haben wir geschrien, es geht doch!

Straßen wie in Europa, Straßenbahnen, U-Bahnen, Infrastruktur einer... eines... würdig; scheiße, wessen würdig!

Verblichene Gräber, ja, seht ihr, heute ist die Scheiße aus diesen weißen Boubous übergelaufen und es hat gestunken – zum Wohle aller,

Den Menschlichen die Menschlichkeit, den Menschen die Würde, den Gleichen die Gleichheit.

Hört auf, euch für Halbgötter zu halten, verdammt nochmal, und obendrein habt ihr die Dreistigkeit, einen ehrenvollen Abgang zu verlangen,

Was! Ihr verlangt Rücktrittsgarantien? Welche Garantien hattet ihr denn bei Amtsantritt?

So läuft das im großen Kino der Autokratie, wenn der Eintritt gratis ist, muss man für den Abgang bezahlen. Alter!

Niemand kann sich davor drücken, niemand, ach ja, schwimmen habt ihr jetzt gelernt, nun müsst ihr lernen, euch treiben zu lassen!

Fünfzig Jahre später sind wir mehr als aus dem Asyl entlassene Verrückte, wir haben den Sinn und Zweck unseres Kampfes nicht vergessen, sondern unsere Orientierung verloren. Was und wo sind eure Grenzen?

Wie eure Waffen? Wie hoch war doch gleich die Zahl unserer Toten seit dieser Zeit auf euren Uhren?

Welche Farbe hat unser Blut? Denn das Rot hat uns zum Wahnsinn getrieben, und dabei sind wir der Torero!

Wir sind Stiere, aufgebracht durch die schier unausstehliche Farbe!

Nur, dass wir High-Tech-Stiere sind, ausgestattet mit Kompass und Bluetooth, eingeloggt auf Facebook, WikiLeaks und Google, auf „hau ab punkt scheiße", auf „wir haben die nase voll punkt fr", auf „wir haben kapiert punkt arschloch"[2], auf „zuviel ist zuviel punkt maulwurf", auf „das wird sich nicht wiederholen slash maul halten", auf „humanität punkt immer", auf „würde punkt mein bruder",

Da unsere Universitäten uns nicht mehr ausbilden, sondern uns verbilden, setzen wir auf unsere eigenen Universen,

Eure sozialen Razzien haben uns zu keltischen Kämpfern gemacht,

Macht euch um uns keine Sorgen, wir lernen auf WrestleMania[3], unsere Helden haben wir inzwischen woanders gefunden, nämlich John Cena[4], unsere Devise „Niemals aufgeben", wir werden nicht aufgeben, wir sind alle Söhne dieses Landes wie du, Papa!

---

2 Im Original macht der Autor hier ein Wortspiel, das auf Deutsch leider nicht funktioniert: „on a compris point con" wobei statt „com" hier absichtlich „con" benutzt wird, was „Arschloch" bedeutet.

3 WrestleMania ist ein jährlich gegen Ende März oder Anfang April stattfindender, von World Wrestling Entertainment organisierter Catch-Wettkampf

4 John Cena ist ein US-amerikanischer Wrestler, Rapmusiker und Schauspieler, angestellt bei World Wrestling Entertainment.

Unser Vorbild heißt Randy Orton, alle sind wir Legends Killers, wir reagieren vipernhaft, ja, ihr Legenden der Schande, Legenden der Blutsopfer, ihr Baby-Diktatoren, Söhne des Dicatorus Dinozorus,

Gegen eure erblichen Diktaturen verschreiben wir die ansteckende Demokratie,

Gegen euren autokratischen Willen verhängen wir revolutionäre Entschlossenheit,

Gegen eure Illusionen von Ewigkeit verschreiben wir die natürliche Realität der Machtwechsel und der Vergänglichkeit,

Schluss, jetzt hört auf!

Wir haben neue Helden, habt ihr nicht unsere letzte Begegnung verfolgt, gegen Inter Mailand der Angst, niemand glaubte daran, aber ja, dieses dämliche Volk war im Finale,

Ja! Mehr als achtzehn Tage lang haben wir auf dem Tahrir-Platz gebetet, diesmal jedoch nicht wie armselige Sklaven um Buße,

Sondern um eure Mauern von Jericho ins Wanken zu bringen.

Würde, so schreit es der Rapper meines Landes hinaus, würdevolle Söhne Afrikas sind wir, wir lassen euch nicht mehr durch!

Wir werden weiterhin zu Gott beten wie Dragon Balls Z, um unsere Super-Kräfte zu aktivieren,

Zu eurer Musik haben wir zu oft getanzt, die Melodie kennen wir auswendig, also reiht euch verdammt nochmal endlich auf dem Dancefloor der Demokratie ein,

Führt die Schritte der Machtwechsel und des Respekts konstitutioneller Melodien vor, ihr miesen Tänzer!

Eure Raps sind öde, eure Slams hohl, eure Verwaltungs-Rumbas anachronistisch, eure Regierungs-Blues beschissen,

Vorbei ist die Epoche einzelner Gelehrter, vorbei ist die Zeit der allwissenden Wissenschaft,

Die Universität ist überall... auf unseren leeren Tellern,

Unsere Hochschulen befinden sich auf unseren Bushaltestellen, wo die Beförderung nicht existiert,

Unsere Akademien sind unsere Märkte, wo die Preise in die Höhe schnellen, unsere Buchhandlungen sind unsere Gefängnisse der willkürlichen Verhaftungen,

Nein, die Sorbonne ist auf der Straße, ja, belehrt euch eines Besseren, Victor Hugo verkauft Erdnüsse an meiner Straßenecke, Einstein ist der Wagenzieher von Camp Luka,

Ihr habt aus uns Supermänner gemacht, wir gehören zur Generation Tom Sawyer, barfuß ist nach unserem Geschmack, eure Schuhe der Schande wollen wir nicht und eure Latschen der Diktatur sind verseucht,

Versteht doch verdammt nochmal, dass an allen Seiten, im Norden wie im Süden, im Osten wie im Westen, die Ringelreihen entflogen sind und dass es kein Geheimnis mehr um Rackham den Roten gibt,

Ihr habt uns mit Tim und Struppi gemästet, also wundert euch nicht über unsere Reaktionsbereitschaft, was glaubt ihr denn?

Ihr Billy the Kids, schämt euch, selbst Joe Dalton macht Avarell keine Angst mehr,

Es ist kaum zu glauben, dass ihr den Batman spielen wollt, indem ihr auf Hochhäuser klettert, wo wir doch alle Fernbedienungen des Gewissens haben, Batterien der Würde aufgeladen bis zum geht nicht mehr, haltet euch fest, wir zappen gleich weiter, hört auf, wie Bulldozer immer wieder durch die konstitutionellen Schranken zu rollen,

Unterlasst eure soziopolitischen Kidnappings, juristischen Dingsda, wir werden den diktatorischen Stecker rausziehen, sogar meine Tochter Chloé hat's verstanden, sie läuft inzwischen, hört verdammt nochmal auf!

Sind wir nicht vor ein paar Monaten alle zum Grab von Patrice, von Sankara, von Jomo, von Martin, von Gandhi gegangen, die uns alles gesagt haben,

Am Platz der Invaliden haben wir eine SMS-Lawine von Jeanne d'Arc und Kimbangu bekommen, sie haben uns alles erzählt,

Erst vorgestern, auf seinem Krankenhausbett in Johannesburg, hat Madiba mit seinem strahlenden Lächeln zu uns gesprochen, während ihr eure Reden auf dem Festival der Lügen geprobt habt. Hört auf!

Ja, der Regenbogen kommt nur, um den Regen zu stoppen, ihr habt eure Rollen vergessen, ihr habt die falsche Richtung eingeschlagen und dabei vergessen, dass wir alle Maps besitzen und dass euer Irrglauben uns mit GPS ausgestattet hat,

Gegen eure erblichen Diktaturen verschreiben wir die ansteckende Demokratie,

Euren autokratischen Regierungen halten wir demokratische Revolutionen entgegen,

Unsere Gesänge werden eure Mauern zerschmettern, unsere Tränen werden eure zerbrechlichen Bunker durchdringen, selbst die Natur wird euch reinigen, lasst die Redefreiheit zu, lasst der Freiheit freien Lauf, the Kids, meine Brüder.

Aus dem Französischen übersetzt von Annika Missal & Usha Ziegelmayer

Erstmals erschienen in Africultures, Februar 2012

Eine Afrikanische Reflexion über den Tahrir-Platz

Vortrag von Mahmood Mamdani

Mahmood Mamdani, geboren 1946 in Bombay (Indien), ist als Sohn indischer Einwanderer in der ugandischen Hauptstadt Kampala aufgewachsen. Der Anthropologe und Politikwissenschaftler schreibt über den religiösen Fundamentalismus und seine politischen Auswirkungen. 1998 gewann er in den USA für das Buch *„Citizen and Subject: Contemporary Africa and the Legacy of Late Colonialism"* den renommierten *„Herskovits Award"* der *African Studies Association*. In seinem 2006 veröffentlichten Buch *„Guter Moslem, böser Moslem"* verwirft er die These von den säkularisierten, westlichen und den vormodernen, fanatischen Muslimen. Zurzeit lehrt er als Inhaber der *Herbert-Lehman-Professur* am Institut für Anthropologie an der *Columbia University* in New York City. Das US-Magazin Foreign *Policy* führte ihn im April 2008 als einen der *„Top 100 Public Intellectuals"* auf der Welt.

Während in Europa die Ereignisse auf dem Tahrir-Platz im Kontext der so genannten „Farbrevolutionen" nach dem Niedergang der Sowjetunion gesehen werden, bringt Mahmood Mamdani sie mit den Ereignissen 1976 in Soweto in Verbindung, die in Südafrika die Entstehung kommunaler Organisationsformen einläuteten. Dieser Artikel ist ein Auszug einer Rede auf der *Annual Research Conference „Social Justice: Theory, Research and Practice"* an der Amerikanischen Universität in Kairo am 5. Mai 2011 und wurde im englischen Original zuerst veröffentlich in Pambazuka News, Nr. 529, http://pambazuka.org/en/category/features/73187.

Die Debatten über Gerechtigkeit auf dieser Konferenz haben sich vor allem auf zwei Formen von Gerechtigkeit konzentriert: Strafjustiz und soziale Gerechtigkeit. Es wurde wenig über das Thema politische Gerechtigkeit gesprochen. Ziel meines

Beitrags wird es sein, die Ereignisse, die mit dem Tahrir-Platz in Verbindung gebracht werden, in Bezug auf politische Gerechtigkeit zu analysieren.

Ich möchte damit beginnen, Ihnen einen Eindruck davon zu vermitteln, wie der Tahrir-Platz von offiziellen Stellen in Afrika aufgenommen wurde. Der neue Ansatz, Politik zu machen, ohne zu den Waffen zu greifen, hat das Beamtentum verwirrt, es jagte so manchem gar einen regelrechten Schauer über den Rücken.

Ich werde Ihnen ein Beispiel aus Uganda geben.

In Uganda haben die Ereignisse auf dem Tahrir-Platz eine neue Form des Protestes inspiriert, die wir *„Walk to Work“* (Laufe zur Arbeit“) nennen. Der unmittelbare Hintergrund hierzu war die Weigerung der Regierung, friedliche Versammlungen, in welcher Form auch immer, zuzulassen, wenn sie gegen ihre Politik gerichtet waren. Die einzige Ausnahme galt der *„Panafrikanischen Bewegung“*, einer Organisation, die vor einigen Jahrzehnten unter der Schirmherrschaft der Präsidenten Museveni und Gaddafi gegründet worden war und die aus Solidarität mit Oberst Gaddafi und dem libyschen Volk gegen die Angriffe der NATO auf die Straße gehen durfte. Der Marsch sollte in einer Kundgebung enden, bei der ein Hauptmann der Armee eine Rede halten sollte. Die Regierung änderte jedoch in letzter Minute ihre Meinung und beschloss, ihre eigene Demonstration mit dem Einsatz von Tränengas aufzulösen. Die meisten führten diese Entscheidung auf die Sorge der Regierenden zurück, dass sich Oppositionelle oder andere mit der Regierung unzufriedene BürgerInnen der Demonstration anschließen könnten.

Kurz darauf kündigte die Opposition eine neue Form des Protests an: Als Antwort auf die steigenden Benzin- und Lebensmittelpreise würde sie dazu aufrufen, zu Fuß zur Arbeit zu gehen. Zur Arbeit zu laufen, so sagte sie, sei keine Versammlung und benötige somit auch keine polizeiliche Genehmigung. Das Ergebnis war ein wahrhaft absurdes Spektakel, denn die Polizei reagierte, indem sie oppositionelle PolitikerInnen auf dem Weg zur Arbeit verhaftete und dann nach Gründen suchte, diese Verhaftungen zu rechtfertigen. Hier ein paar Beispiele aus der Presse: Salaamu Musumba, einhochrangiger Oppositionspolitiker, lief zusammen mit einer anderen Person zur Arbeit und wurde von einem Polizist angehalten. „Haben Sie kein Auto?“, fragte der Polizist. Musumba antwortete: „Doch, habe ich.“ „Warum gehen Sie dann zu Fuß?“[1] Musumba wurde festgenommen. Als der Informationsminister gefragt wurde, was am zu-Fuß-Gehen denn schlimm sei, behauptete dieser, dass die Opposition eine geheime Agenda haben müsse; warum würde sie sonst nicht „Vorschläge entwickeln, wie mit den Herausforderungen umzugehen sei […], anstatt auf die Straße zu gehen.“[2] Der Innenminister sagte, das Problem sei noch bedrohlicher. Das Motiv der „Walk to Work“ Aktion sei in Wahrheit politisch, weswegen die Organisatoren polizeiliche Anweisungen hätten einholen müssen. Aber

1 John Nagenda, „To walk or not to walk“, Saturday Vision, 16. April 2011, S. 8

2 Saturday Vision, 16. April 2011, S. 2

die Organisatoren hätten sich nicht an die offiziellen Richtlinien gehalten: „Die Polizei wurde nicht benachrichtigt, die Organisatoren gaben sich nicht zu erkennen, den Routen war nicht zugestimmt worden“, sagte er. Auf die Frage, warum die Polizei in Schulen und Gesundheitszentren Tränengas eingesetzt habe, antwortete er, dass der Fehler bei denen zu suchen sei, die zu Fuß gingen: „Einige von ihnen beschlossen, als sie von der Polizei angehalten wurden, in Schulen und Gesundheitszentren zu laufen und Kinder und Eltern als menschliche Schutzschilde zu benutzen.“[3]

Der Polizeichef bestand darauf, dass die Organisatoren von Rechts wegen die Polizei hätten benachrichtigen müssen, da klar war, dass die „Walk to Work”-Aktion in einem Protestmarsch enden würde. „Ich habe kein Problem damit, dass Menschen zu Fuß gehen möchten, aber dies muss in Übereinstimmung mit dem Gesetz passieren; die Polizei muss benachrichtigt, die Routen abgesprochen und die allgemeine Ordnung aufrechterhalten werden.“ Als er sich der Absurdität dessen bewusst wurde, von Menschen eine polizeiliche Erlaubnis dafür zu fordern, wohin und wann sie zu Fuß gehen wollten, fügte er hinzu: „Viele Menschen gehen zu Fuß, aber dies ist zu einer politischen Angelegenheit geworden.“[4]

Der Generalinspektor der Polizei, Generalmajor Kale Kaihura, hatte sichtlich Mühe, den Unterschied zwischen gewöhnlichem und politischem zu-Fuß-Gehen zu erklären. Mit Blick auf den führenden Politiker der Opposition Kiiza Besigye sagte er: „Besigye kann zu Fuß gehen. Es gibt hier kein Problem und er muss deswegen nicht die Polizei informieren. Wenn er jedoch das „zu-Fuß-Gehen zu Demonstrationszwecken nutzt, muss er uns informieren.“[5]Auf die Frage, was das Problem mit politischem zu-Fuß-Gehen sei, sagte der Generalinspektor, die wahre Intention der Opposition sei, eine ugandische Version des ägyptischen Tahrir-Platzes zu schaffen.[6]

Als die Aufstände am Tahrir-Platz begannen, verwarfen die KommentatorInnen in den Medien die Möglichkeit, dass etwas Ähnliches auch in Ostafrika passieren könne. In ihren Augen waren die dortigen Gesellschaften „ethnisch“ zu stark gespalten, um gemeinsam aufzubegehren. Doch die Ereignisse haben gezeigt, dass die Einheit in der politischen Praxis keine Vorbedingung ist, sondern durch politische Kämpfe erst hergestellt wird. Dies erklärt, warum die Erinnerungen an den Tahrir-Platz die Hoffnungen der Opposition speisen sowie die Ängste der Regierung schüren. Um es frei nach einem politischen Philosophen des 19. Jahrhunderts auszudrücken: Das Gespenst des Tahrir-Platzes kommt, um Afrikas Herrscher

3 **New Vision, 15. April 2011, S. 3**

4 **Daily Monitor, 14. April 2011, S. 2**

5 **New Vision, 14. April 2011, S. 14. „When the Opposition insisted on continuing to Walk to Work, every Monday and Thursday, the official Communication Commission [UCC] sent verbal instructions directing radio and television stations to stop running live coverage of the events.“ Daily Monitor, 15. April 2011, S. 3**

6 **„MPs Plot Hunger Strike,“ The Observer, 14.-17. April 2011, S. 3**

heimzusuchen.

Europäische BeobachterInnen sahen im Tahrir-Platz die Verbreitung der „Farbrevolutionen", die in Osteuropa mit dem Niedergang der Sowjetunion begonnen hätten. Ich möchte den Tahrir-Platz in einen anderen Kontext setzen. Ich schlage vor, mehr als ein Vierteljahrhundert zurück zu blicken, genauer gesagt dreieinhalb Jahrzehnte, zu einem Ereignis, das sich am südlichsten Zipfel dieses Kontinents abspielte: in Soweto. Soweto 1976 bedeutete eine Wende im südafrikanischen Freiheitskampf und wurde gleichgesetzt mit dem Entstehen kommunaler Organisationsformen. Drei Jahre früher, 1973, hatten spontane Streiks in der Stadt Durban Initiativen ausgelöst, die zur Entstehung unabhängiger Gewerkschaften führten. Soweto und Durban veränderten kommunale Organisationen und unabhängige Gewerkschaften, das Gesicht der Anti-Apartheid-Politik in Südafrika.

Soweto 1976 war ein Aufstand der Jugend. Der Aufstand begründete einen Generationswechsel. Zu einer Zeit, in der ältere politische AktivistInnen sich damit abgefunden hatten, dass bedeutende politische Veränderung nur durch bewaffneten Kampf bewirkt werden könne, bereitete Soweto einer alternativen Vorstellung und einer alternativen Form des Widerstands den Weg. Soweto wandelte das konventionelle Verständnis von Widerstand vom bewaffneten zum breiten Widerstand. DurchschnittsbürgerInnen hörten auf, sich Widerstand als etwas vorzustellen, das professionelle KämpferInnen und bewaffnete Guerilla leisten, während das Volk sie lediglich von der Tribüne aus anfeuert. Stattdessen begannen sie, Widerstand als eine Bewegung des Volkes zu definieren, in der DurchschnittsbürgerInnen die entscheidende Rolle spielten. Das Potenzial eines solchen Widerstandes lag in der bloßen Masse, die von einem neuen Ideal und neuen Methoden des politischen Kampfes inspiriert war. Dieses neue Ideal legte schließlich den Grundstein für eine größere Einheit.

Um die Effizienz dieser neuen Vorstellungskraft nachzuvollziehen, müssen wir zunächst die Regierungsform, die Art der Herrschaft, verstehen, auf die sie eine Antwort war. Die Apartheid-Regierung hatte die südafrikanische Gesellschaft in so viele „Rassen" (*Weiße*, InderInnen, *Coloureds*) und Volksgruppen (Zulu, Xhosa, Pedi, Venda etc.) gespalten und regierte – und sogar jede einzelne Volksgruppe – mit spezifischen Gesetzen, so dass selbst, als diese Volksgruppen sich organisierten, um dieses oder jenes Gesetz aufzuheben oder zu reformieren, sie dies alle getrennt voneinander taten: die *Weißen* als *„Congress of Democrats"*, die *Coloureds* als *„Coloured People's Congress"*, InderInnen als *„South African Indian Congress"* und AfrikanerInnen als *„African National Congress"* (ANC). Jede dieser Kennzeichnungen – *Coloureds*, InderInnen und AfrikanerInnen – spiegelte die Art und Weise wider, wie die Ämter die verschiedenen Bevölkerungsgruppen eingeteilt hatten.

In diesem Zusammenhang trat eine neue, visionäre Führungspersönlichkeit auf: Steve Biko, der Kopf einer neuen Bewegung, dem *Black Consciousness Movement*. Bikos Botschaft unterwanderte die Staatsräson der Apartheid. *Schwarz* ist keine Farbe, *Schwarz* ist eine Erfahrung. Wenn du unterdrückt bist, bist du *Schwarz*. Im südafrikanischen Kontext war dies eine wahrhaft revolutionäre Botschaft. Der ANC hatte bereits im Jahr 1955 in der Freedom Charter von „non-racialism" gesprochen. Aber der „non-racialism" des ANC betraf nur die politische Elite. Während Angehörige der *Weißen*, indischen und *Coloured*-Eliten dem ANC als Einzelpersonen beitraten, blieben gewöhnliche BürgerInnen in der politischen Perspektive gefangen, die weiterhin die alten engen „Rassen"-Grenzen sowie jene der verschiedenen Volksgruppen reflektierte. Der entscheidende Unterschied bei Biko war, dass er eine Vision entwickelte, die das Potenzial hatte, diese Grenzen zu durchbrechen.

Zehn Jahre später, im Jahr 1987, erinnerte ein weiteres Ereignis an Soweto: die palästinensische Intifada. Die erste Intifada hatte ein ähnliches Potenzial wie Soweto. Wie die Kinder von Soweto warf die Jugend Palästinas die Romantik des bewaffneten Kampfes ab. Sie wagten es, Kugeln mit nichts als Steinen entgegen zu treten. Mit sich gegenseitig befehdenden Befreiungsbewegungen konfrontiert, die jeweils behaupteten, die einzig legitimen Repräsentanten des unterdrückten Volkes zu sein, forderten die Jugendlichen der Intifada eine größere Einheit. Ich schlage vor, Soweto und die erste Intifada als politische Vorläufer des Tahrir-Platzes zu sehen.

Die ägyptische Revolution

Auch wenn die Ereignisse des Tahrir-Platzes mehr als drei Jahrzehnte nach Soweto stattfanden, beschwören sie sehr starke Erinnerungen daran herauf. Und das aus vielerlei Gründen: Erstens warf die Generation des Tahrir-Platzes 2011, ähnlich wie in Soweto 1976, die romantischen Vorstellungen von Gewalt früherer Generationen ab. Nassers Generation und die darauf folgenden haben Gewalt als Schlüssel für politischen und sozialen Wandel begriffen. Die Tendenz war von Anfang an säkular. Aber je mehr Nasser dazu überging, die Opposition im Namen des säkularen Nationalismus zu unterdrücken, desto mehr begann diese, eine religiös gefärbte Sprache zu sprechen. Die wichtigste politische Denkschule, die für einen deutlichen Bruch mit der Vergangenheit eintrat, sprach die Sprache des radikalen politischen Islams. Sein Hauptvertreter in Ägypten war Said Qutb. Ich möchte kurz Qutb als typischen Repräsentanten des radikalen politischen Islams analysieren.

Ich begann, mich für den radikalen politischen Islam nach 9/11 zu interessieren. Damals las ich Sayyid Qutbs wichtigstes politisches Buch, „Signposts". Es erinnerte mich an die Grammatik der radikalen Politik an der Universität von Dar es Salaam in den 1970ern, als ich dort ein junger Dozent war. Sayyid Qutb schreibt in seiner Einleitung zu „Signposts", er habe das Buch für die islamische Avantgarde geschrieben. Es kam mir so vor, als würde ich eine Version von Lenins „Was tun?" lesen. Sayyid Qutbs zentrales Argument ist, dass man eine Unterscheidung zwischen Freunden und Feinden treffen müsse, denn Freunde überzeuge man und Feinden begegne man mit Gewalt. Hier dachte ich, Mao Zedongs Rede „Über die richtige Behandlung von Widersprüchen im Volk" zu lesen. Später, an der University of Columbia, dachte ich, dass ich ebenso den deutschen Philosophen Carl Schmitt gelesen haben könnte. All diese Autoren sehen die Hauptaufgabe der Politik darin, den Feind zu identifizieren, zu isolieren und zu vernichten, weshalb Gewalt als Methode auch eine zentrale Stellung im politischen Kampf einnimmt.

Ich habe mich gefragt, wie Sayyid Qutb zu verstehen sei. Im Kontext von 9/11 hat die Frage eine dreifache Bedeutung. Die erste betrifft die Beziehung zwischen Kultur und Politik. Bekannte Intellektuelle in den USA beharrten nach 9/11 darauf, dass die Politik eines Akteurs dessen Kultur reflektiere. Zweitens gab es das Argument, dass sich Kulturen in verschiedenen Containern entwickelten – der eine muslimisch, der andere christlich, ein dritter hinduistisch und so weiter. Demokratie im öffentlichen Raum erfordere, den Islam im privaten zu lassen. Nur säkulare Muslime könnten demnach voll anerkannte BürgerInnen einer demokratischen Republik sein.

Drittens wurden diese Argumente von der Annahme untermauert, dass es in der gegenwärtigen Welt zwei Formen von Kultur gebe: eine moderne und eine vormoderne. Moderne Kultur wandle sich. Sie sei zu Reflexivität und internen Debatten fähig. Sie sei in der Lage, auch ihre Schwächen zu identifizieren und zu überwinden und auf ihre Stärken zu bauen: Moderne Kultur sei historisch progressiv. Im Gegensatz dazu sei vormoderne Kultur traditionell und statisch. Sie sei vererbbar und so etwas wie eine lebenslange Bürde. Die Träger dieser vormodernen Kultur leiden unter nervösen Zuckungen, so dass hier Kultur wie eine unreflektierte Antwort auf äußere Umstände wirke. Mir war diese Lesart von meinem Studium afrikanischer Politik her bekannt. Aber etwas schien mir in der Debatte nach 9/11 neu: AfrikanerInnen wurden als vormodern dargestellt und mussten deshalb belehrt werden. AraberInnen wurden im Gegensatz zu AfrikanerInnen als anti-modern dargestellt, als das wirkliche Andere der Moderne. Man müsse sie in Schach halten statt belehren, über sie die Quarantäne verhängen und sie sorgfältig beobachten. Die Gewalt von 9/11 galt als bestes Beispiel für diese anti-moderne Kultur.
Ich stand dieser Perspektive, dieser Art, die Entwicklung von Diskursen in der Geschichte zu verstehen, kritisch gegenüber. Wird Ideengeschichte am besten innerhalb abgetrennter kultureller Container verstanden? Soll ich Sayyid Qutbs Denken in einer linearen Tradition verorten, politischer Islam genannt? Oder muss ich ihn auch als Teil einer größeren Debatte verstehen, die diskursübergreifend seine Zeit prägte? War Sayyid Qutbs Befürwortung der politischen Gewalt nicht im Einklang mit der zunehmenden Aufnahme an bewaffneten Kämpfen durch nationale Befreiungsbewegungen in den 1950ern und 1960ern, von denen die meisten glaubten, dass der bewaffnete Kampf nicht nur die effektivste Methode, sondern auch die einzig wahrhaftige Form des Kampfes war?

Ich hatte wenig Zweifel, dass Sayyid Qutb aktiv an verschiedensten Debatten teilnahm, nicht nur mit islamischen Intellektuellen, seien es zeitgenössische oder solche der älteren Generation, sondern auch mit konkurrierenden Intellektuellen aus anderen politischen Denktraditionen. Und der zentrale Wettbewerb zu jener Zeit war der Marxismus-Leninismus, eine militante säkulare Ideologie, die sowohl Sayyid Qutbs Sprache als auch sein Verständnis von Organisation und Kampf beeinflusst zu haben scheint.

Ich möchte weiter untersuchen, was es bedeutet, die romantisierte Vorstellung revolutionärer Gewalt aufzugeben. Es bedeutet, von einem konkreten Begriff von Freund und Feind abzurücken, von Gut und Böse, in dem der Feind als das Böse vernichtet werden musste. Die Sprache des Bösen stammt aus einer bestimmten religiösen Tradition, die über die Zeit säkularisiert werden musste: Man kann mit dem Bösen nicht leben, man kann es nicht überzeugen, man muss es eliminieren. Der Kampf gegen das Böse ist notwendigerweise gewalttätig. Ich bin zum ersten Mal auf diese Tradition gestoßen, als ich Tomaz Mastenaks „Geschichte der Kreuzzüge" las. Danach habe ich die Differenz zwischen den Begriffen der vormodernen und anti-modernen Kultur verstanden: Der vormoderne Primitive war wandlungsfähig, doch der anti-moderne war es nicht, deshalb musste er vernichtet werden.

Die zweite Ähnlichkeit zwischen Soweto und dem Tahrir-Platz war die Frage der Einheit. So wie die Anti-Apartheid-Bewegung in Südafrika unkritisch die staatlich praktizierte Segmentierung in „Rassen" und „ethnische" Gruppen reproduzierte, so schien es mir, dass der politische Mainstream in Ägypten religiöse Differenzen politisiert hätte. Aus meiner Sicht erfand der Tahrir-Platz die Politik hier neu. Die Protestbewegung gab die für die Politik zentrale Sprache der Religion auf, ohne jedoch einem militanten Säkularismus zu verfallen, der die Religion aus der Öffentlichkeit verbannen würde. Statt dessen schien der Protest eine breite Toleranz von kulturellen Identitäten im öffentlichen Raum einzufordern, die sowohl säkulare als auch religiöse Einstellungen integrieren würde. Der neue Vertrag schien nicht auf Exklusion, sondern auf Inklusion zu basieren: Wer an der Öffentlichkeit teilnehmen will, muss eine inklusive Politik gegenüber anderen praktizieren. Die Gewalt gegen die koptisch-christliche Minderheit in den Wochen vor den Protesten auf dem Tahrir-Platz legte nahe, dass konfessionell motivierte Gewalt oft von den Regierenden angezettelt wurde. Doch ohne wirksames Gegenmittel tendiert diese Gewalt dazu, das soziale Gefüge zu erschüttern.

Der Tahrir-Platz und Soweto haben noch eine dritte bedeutende Gemeinsamkeit. Soweto zwang viele Menschen in der ganzen Welt dazu, ihre Begriffe von Afrika und AfrikanerInnen zu überdenken. Vor Soweto war die Annahme verbreitet, Gewalt sei die zweite Natur von AfrikanerInnen, die unfähig zur friedlichen Koexistenz seien. Vor den Ereignissen auf dem Tahrir-Platz und besonders nach 9/11 waren der offizielle Diskurs und die Mediendarstellungen, besonders im Westen, von der Annahme geprägt, AraberInnen neigten genetisch bedingt nicht nur zur Gewalt, sondern auch zur Diskriminierung gegenüber allen, die anders waren.

Die Frage des Politischen

Ich stelle mir die gemeinsame politische Geschichte des Mittleren Osten als durch die osmanische Herrschaft definiert vor. Das Millet-System, das die osmanische Regierungsweise definierte, war in vielerlei Hinsicht dem britischen System der indirekten Herrschaft ähnlich, dem das Millet-System vorausging. Während das Millet-System religiöse Identität politisierte, tat dies die britische indirekte Herrschaft mittels der Ethnizität. So wie das Millet-System religiös begründete Formen politischer Autorität hervorbrachte, so schuf die britische indirekte Herrschaft ethnisch begründete Formen politischer Autorität in jenen Gemeinschaften. Die afrikanische Erfahrung legt nahe, dass die Schlüsselfrage, vor der postkoloniale Gesellschaften stehen, eine politische ist: Wo verlaufen die Grenzen der politischen Gemeinschaft? Wer ist SüdafrikanerIn? Wer ist UganderIn? Wer ist ÄgypterIn? Ist die ägyptische Identität islamisch, arabisch oder eher territorial, so dass man, um mit der südafrikanischen *Freedom Charter* von 1955 zu sprechen, vielleicht sagen könnte, dass Ägypten all jenen gehört, die dort leben? Was steht auf dem Spiel?

Auf dem Spiel steht die Staatsbürgerschaft: Wer gehört dazu und wer nicht? Wer hat das Recht auf Rechte und wer nicht? Ich würde das Argument gerne am Beispiel des Sudan illustrieren und mich dabei auf zwei offizielle Versuche konzentrieren, die Grundlage der Nationalität und damit der Staatsbürgerschaft im Sudan zu definieren. Die erste Behauptung ist, die Nation sei muslimisch; die zweite lautet, die Nation sei arabisch. Diese Nationalisierungs- und Staatsbürgerschaftsprojekte wurden beide kritisiert, eine Kritik war extern, die andere intern. Doch beide Positionen beanspruchten, Kritiken vom Standpunkt der jeweils Ausgeschlossenen zu formulieren.

Ich möchte mit Ustad Mahmoud Mohamed Tahas Kritik des islamistischen politischen Projekts beginnen. Interessant ist, dass Ustad Mahmoud die Möglichkeit eines demokratischen, islamischen, politischen Projekts nicht ausschloss; er schlug ein solches Projekt vielmehr als Alternative zum offiziellen islamistischen Projekt vor, das mit Hassan Turabi verbunden wird. Ustad Mahmouds Kritik war eine interne Kritik. Mit der Forderung nach einem anderen Projekt baute er eine alternative Organisation zur Muslim-Bruderschaft auf, die so genannte Republikanische Bruderschaft. Mir ist nicht klar, warum er sie so nannte, denn trotz ihres Namens bestand die Republikanische Bruderschaft sowohl aus Brüdern als auch aus Schwestern. Ustad Mahmouds Alternative basierte auf zwei Behauptungen.

Ustad Mahmoud unterschied zwischen dem Koran als heiligem Text und dessen alltäglicher Lesart als menschlich und irdisch, jeder Gebrauch galt in diesem Sinne als menschliche Interpretation. Tahas eigene Interpretation des Korans veröffentlichte er in seinem Buch „The Second Message of Islam". Das Argument ist ägyptischen Ohren oder Studenten des „Tafsir" (Koranexegese) nicht unbekannt. Demnach enthält der Koran zwei Botschaften, zwei Antworten auf zwei unterschiedliche Kontexte – Mekka und Medina. Der Prophet predigte in Mekka und sprach in Medina

Recht. In Mekka konzentrierte sich die Botschaft auf Moralität und war damit transhistorisch. Die Botschaft in Medina war im Gegensatz dazu an die besonderen Bedürfnisse der Gesellschaft gebunden. Diese Gesetzessammlung, bekannt als Scharia, war stärker zeitlich gebunden als jeder andere Teil des Korans. Die Herausforderung besteht laut Ustad Mahmoud darin, die Gesetzgebung in Medina im Lichte der moralischen Version von Mekka zu überdenken, dass alle vor Gott gleich seien, Mann und Frau, Nationen und „ethnische" Gruppen. Taha identifizierte zwei zentrale Herausforderungen in einem islamischen Staatswesen: Die Rechte von Nicht-Muslimen und die Rechte von Frauen.

Ich möchte die Debatte über Islam und Politik in einen breiteren Kontext stellen. Dieser Kontext ist die allgemeinere Diskussion über Kultur und Politik in der postkolonialen Welt. Wie gestaltet sich die Beziehung von der Kultur zur Politik, ganz egal, ob das Ausschlag gebende Element nun Religion oder Volkszugehörigkeit ist?

Ich habe den Eindruck, dass sich zwei rivalisierende Sichtweisen in Bezug auf die koloniale und postkoloniale Erfahrung heraus kristallisiert haben. Die erste ist die modernistische Ansicht, dass Tradition – und hier sind Religion oder Volkszugehörigkeit ein wesentlicher Bestandteil – in die Privatsphäre verbannt werden müsse, um Platz für eine demokratische Öffentlichkeit zu schaffen. Die zweite Sichtweise könnten wir als „nativistisch" bezeichnen; sie ruft zu einer Rückkehr zu den Wurzeln, zur Zeit vor dem Kolonialismus, zur wahrhaften und authentischen Geschichte und Kultur der Kolonisierten, die als Basis dienen sollen, der modernen Welt entgegen zu treten, auf. Es scheint mir, dass es während der ersten Sichtweise – dem militanten Modernismus – nicht gelingt, der vorkolonialen Geschichte einen Sinn zu entlocken, der militante Nativismus hingegen daran scheitert, die koloniale Erfahrung zu verarbeiten und vor allem das Millet-System und die indirekte Herrschaft, welche Elemente der Kultur der Kolonisierten für ihr koloniales Projekt nutzbar machten. Folglich entstand eine einzige und allein maßgebende Autorität, die auf der Grundlage ihrer angeblich kulturellen Legitimität die offizielle Version von Kultur definieren und durchsetzen darf, ob mit religiösem oder ethnischem Bezug.

Und genau hier liegt die Herausforderung für uns: So wie die Kolonialmächte im Islam und anderen Religionen und Kulturen die Quellen für ein autoritäres kolonialpolitisches Projekt entdeckten, müssen auch wir zurückfinden zur gleichen Kulturgeschichte und in dieser die notwendigen Quellen auftun, die für ein demokratisches politisches Projekt nutzbar zu machen sind. Weder eine Dämonisierung dieser Geschichte als militanter Modernismus noch ihre Romantisierung, wie in der Strömung des militanten Nativismus, ist angebracht. Notwendig ist eine stärker analytische und kritische Aneignung dieser Geschichte.

Ich würde gerne auf John Garangs Kritik des Arabismus als politisches Projekt zu sprechen kommen. Garang ist der Vordenker des südsudanesischen Kampfes sowohl gegen den Islamismus als auch gegen den Arabismus als politische Projekte im Sudan. Garang schrieb in einem Kontext, in dem die vorherrschende Kritik am Arabismus entweder auf geografischen oder rassistischen Argumenten basierte. Erstere bestanden darauf, dass der Sudan geographisch gesehen ein afrikanisches und kein arabisches Land sei. Die zweiten definierten dagegen die Identität des Sudan über die „Rasse". Der Sudan, so die VertreterInnen dieses Arguments, sei ein afrikanisches Land, ein Land für AfrikanerInnen, in dem AraberInnen nur als Gäste gelten könnten. Wenn du AraberIn bist, dann bist du keinE AfrikanerIn, und umgekehrt, wenn du AfrikanerIn bist, dann kannst du keinE AraberIn sein. Schließlich behaupteten sie sogar, das Problem der meisten Nord-SudanesInnen sei, dass sie sich zu akzeptieren weigerten, dass sie arabisierte AfrikanerInnen seien, in Wirklichkeit also AfrikanerInnen und keine AraberInnen. Dieses Versagen, die wahre Natur ihrer selbst zu verstehen – ihre Identität, dieses falsche Bewusstsein – sei in Wirklichkeit ein Zeichen von Selbsthass. Diejenigen, die sich selbst sudanesische AraberInnen nennen, seien in Wirklichkeit sich selbst verleugnende AfrikanerInnen.

Nur vor dem Hintergrund dieser vorherrschenden Denkrichtung können wir den subversiven und befreienden Charakter von Garangs Denken verstehen. Garang erklärte zunächst, wie das Versagen oder Versäumnis, das Problem der politischen Identität zu regeln, den Rückgriff auf Kultur- und „Rassen"-Konzepte begünstigte. Ich zitiere aus seiner historischen Rede vor der Versammlung der oppositionellen Bewegungen des Sudan am Koka-Stausee:

> „Vor dieser historischen Konferenz erkläre ich, dass unser Hauptproblem darin besteht, dass der Sudan auf der Suche nach seiner Seele ist, nach seiner wahren Identität. Und da diese Suche nicht von Erfolg gekrönt ist [...] finden manche Zuflucht im Arabismus, und wenn dies nicht gelingt, greifen sie auf den Islam als einen vereinenden Faktor zurück. Andere sind frustriert, dass sie es nicht schaffen, Araber[Innen] zu werden, da ihr Schöpfer für sie einen anderen Plan hatte. Jene sehen ihr Heil in der Abspaltung."

Als nächstes arbeitet Garang den Unterschied zwischen Kultur und Politik heraus: Das Kulturelle sei nicht territorial gebunden, das Politische dagegen schon. Das Problem des kulturellen Nationalismus sei, dass er Kultur und Hoheitsgebiet verwechsle.

> „Wir sind ein Produkt historischer Entwicklungen. In einem neuen Sudan sollte Arabisch (obwohl ich es nicht gut kann – ich sollte es schnell lernen) die Nationalsprache sein, und deswegen sollten wir es lernen. Arabisch darf nicht als Sprache der Araber gelten. Nein, es ist die Sprache des Sudan. Englisch ist die Sprache Amerikas, und dieses Land heißt Amerika und nicht England. Spanisch

ist die Sprache Argentiniens, Boliviens und Kubas, und diese Länder heißen auch nicht Spanien. Wir meinen es ernst mit der Gründung eines neuen Sudan, einer neuen Zivilisation, die einen Beitrag leisten möchte zur arabischen und afrikanischen Welt und zur menschlichen Zivilisation. Zivilisationen haben sich in der Geschichte immer wechselseitig befruchtet, und wir werden nicht bestimmen, welche Bevölkerung zu welcher Zivilisation gehört. Dies zu bestimmen könnte sich sogar als unmöglich erweisen."

Wir haben es hier also mit einer klaren Alternative zum politischen Projekt des „Kampfes der Kulturen" zu tun.

Was können wir daraus lernen?

Neue Ideen schaffen die Basis für neue Einheiten und Methoden des Kampfes. Moderne Macht strebt danach, die kulturellen Unterschiede in der Gesellschaft zu politisieren, und, einmal erfolgreich, erklärt sie diese Teilungen für unausweichlich, da natürlich. Um erfolgreich zu sein, sollte eine neue Politik ein Gegenmittel bieten, das heißt eine Alternative, welche diejenigen eint, die unter der vorherrschenden Gesetzgebung getrennt sind. Vor und nach Soweto bestand Steve Biko darauf, dass *Schwarz*sein mehr sei als eine bloße biologische Gegebenheit; *Schwarz*sein war eine politische Erfahrung. Diese Ansicht schuf eine ideologische Basis für eine neue anti-rassistische Einheit. Ich kenne kein Pendant zu Steve Biko auf dem Tahrir-Platz – doch vielleicht gab es nicht einen, sondern viele Bikos in Ägypten. Jedenfalls bin ich überzeugt, dass der Tahrir-Platz mittlerweile die Grundlage für eine neue Einheit symbolisiert – eine Einheit, die bewusst danach strebt, die Praxis des religiösen Sektierertums zu untergraben.

Folgende Tatsache verdient unsere Beachtung: Kein wichtiges Ereignis in der jüngeren Geschichte wurde vorausgesagt, weder von WissenschaftlerInnen noch von BeraterInnen, weder von Universitäten noch von Think Tanks. Auch Soweto im Jahr 1976 wurde von niemandem vorausgesehen. Dies trifft ebenfalls für den Fall der Sowjetunion 1989 und für die ägyptische Revolution 2011 zu. Was lässt sich daraus in Bezug auf unseren Wissensstand ableiten? Wir sind in der Lage, Naturkatastrophen vorauszusagen – ein Erdbeben, sogar einen Tsunami –, nicht aber eine ähnlich bedeutende politische Umwälzung. Die Regel könnte hier heißen: Je größer die Veränderung, desto geringer ist die Wahrscheinlichkeit, dass diese prognostiziert wird. Dies hat nur einen Grund: Große Veränderungen im sozialen und politischen Leben setzen Vorstellungskraft voraus – einen Ausbruch aus der Routine, eine Abweichung von Gepflogenheiten. Darum ist es den Sozialwissenschaften, die sich hauptsächlich mit der Erforschung von Routinen, von institutionellem und sich wiederholendem Verhalten beschäftigen, nicht möglich, solche großen Ereignisse vorher zu sagen.

Es hat fast zwei Jahrzehnte gedauert, bis der Aufstand von Soweto in Südafrika demokratische Früchte trug. Die demokratische Revolution in Ägypten hat gerade erst begonnen – ich habe den Eindruck, dass der Tahrir-Platz nicht zu einer Revolution geführt hat, sondern zu einer Reform. Das ist keine schlechte Sache. Die Geschehnisse in Ägypten, anders als die im Nachbarstaat Libyen, sind in dreifacher Hinsicht bedeutsam: An erster Stelle steht die moralische Kraft der Gewaltlosigkeit, die von der Masse und nicht nur von wenigen ausging. Zweitens ermöglicht die Gewaltlosigkeit der Masse eine neue Politik der Inklusion. Und schließlich ermöglicht sie auch ein radikal anderes Selbstwertgefühl. Im Gegensatz zu Gewalt steht Gewaltlosigkeit nicht nur für Widerstand und Ausschluss. Gewaltlosigkeit wirkt auch inklusiv und umfassend und eröffnet dadurch neue Reformmöglichkeiten – Möglichkeiten, die gestern noch undenkbar schienen.

Entscheidend für die Zeit nach Tahrir ist die politische Herausforderung, die in den folgenden Tagen, Monaten und Jahren anstehen wird. Diese Herausforderung besteht darin, den ägyptischen Staat zu reformieren, durch einen politischen Prozess die Antworten auf folgende Fragen zu finden: Wer ist ein Ägypter? Wer hat das Recht auf Staatsbürgerschaft, auf Gleichbehandlung vor dem Gesetz?

Aus dem Englischen übersetzt von Clara Schumann, Stefan Skupien & Verena Ackels

Erstmals erschienen unter dem Titel „An African reflection on Tahrir Square" in Pambazuka, 12.05.2011

Online unter http://www.pambazuka.org/en/category/features/73187

Was ist mit dem versprochenen Land[1] passiert?

Post-Apartheid-Südafrika aus der Perspektive Frantz Fanons

Artikel von Nigel C. Gibson

Nigel Gibson lehrt am Emerson College. Als Wissenschaftler und Aktivist hat er zahlreiche Bücher und Artikel in Philosophie, politischer Theorie und zu aktuellen politischen Themen geschrieben. Sein Fokus ist dabei das Denken Frantz Fanons. Er war in zahlreichen politischen Bewegungen weltweit engagiert, vor allem aber im so genannten Globalen Süden. 2011 erschien sein Buch *„Fanonian Practices in South Africa: From Steve Biko to Abahlali baseMjondolo“* bei der *University of KwaZulu-Natal Press* in Südafrika, bei *Palgrave* in den USA und Großbritannien. Zurzeit schreibt er gemeinsam mit Lewis Gordon an einem Buch unter dem Arbeitstitel *„Forewords and Afterwords“*, das sich damit beschäftigt, wie Fanons Denken in der englischsprachigen Welt (miss-)interpretiert wird.

In den 1970er Jahren, auf dem Höhepunkt der Apartheid, war Frantz Fanon eine der zentralen Quellen für Steve Bikos Konzeptualisierung der *Black Consciousness*-Philosophie. Heute ist Fanon weiterhin ein bedeutender Denker für jene, die eine kritische Analyse Post-Apartheid-Südafrikas entwickeln (siehe Hart 2008; Neocosmos 2010; Pithouse 2003, 2009). Dieser Artikel setzt sich damit auseinander, wie die gegenwärtige Politik Südafrikas noch immer durch nationale Befreiungsdiskurse zersplittert ist und wie Grassroots-Bewegungen die Post-Apartheid-Regierung mit Vorwürfen des Betrugs und gebrochener Versprechen herausfordern, die Fanon einst sozialen Verrat nannte (Fanon 1968: 167, 204).

Mit Weitsicht schloss Fanon seine an das post-unabhängige Afrika gerichtete Kritik in *Die Verdammten dieser Erde* (fortan *Die Verdammten*) mit der Forderung,

1 Der Artikel ist unter dem Titel „What Happened to the „Promised Land“? A Fanonian Perspective on Post-Apartheid South Africa“ erstmals erschienen in: Antipode, 44: 1 2012, S. 51-73.

neue Konzepte für die totale Befreiung des Kontinents zu erarbeiten. Auch wenn Fanon nicht besonders konkret darin war, welche Form diese neuen Konzepte annehmen würden, ist dennoch im Rahmen seiner Dialektik deutlich, dass ihre Urheber diejenigen sein würden, die nicht zählten: jene, die nicht anerkannt wurden und sich außerhalb des Klassensystems befanden (siehe Fanon 1968: 61). Er war sich jedoch sicher, dass das Volk zu einem bestimmten Zeitpunkt realisieren würde, dass sein Freiheitskampf betrogen worden war (Fanon 1967b:122).

In Südafrika gewinnt das Grollen der Unzufriedenheit, das zu Beginn des Jahrtausends begann und sich 2004 in einer populären Rebellion bahnbrach, weiterhin zusehends an Momentum (Alexander 2010). *Abahlali baseMjondolo* (AbM), eine Organisation von Menschen, die in *Shacks* leben, entstand 2005 aus dieser Rebellion. AbM begann mit der Frage, warum das Land, das Durbans ShackbewohnerInnen für den Bau neuer Häuser versprochen wurde, nun für andere, viel elitärere Projekte geräumt wurde. Fünf Jahre später zählt die Bewegung 10.000 zahlende Mitglieder. Obwohl dies nur einen Bruchteil der insgesamt 800.000 Menschen ausmacht, die in Durbans Shackgebieten wohnen, hat es AbM dennoch geschafft, eine neue Politik der Armen zu formulieren, die es „lebende Politik" nennt:

> „Unsere „lebende Politik“ basiert auf einer Ablehnung der vielen Wege, die benutzt werden, um die Armen zu kontrollieren. Einer dieser Wege war, was wir zuerst *„zim zims“* nannten – Leute, die zu den Armen kommen und durch große Reden über Neoliberalismus, Sozialismus und sonstige Ismen und Schismen vorgeben, Experten unseres Kampfes zu sein, ohne jemals mit uns über unser Leben, unsere Kämpfe und darüber zu sprechen, was wir wirklich wollen, was wir erreichen wollen und wie wir es erreichen können. Wir hatten immer den Eindruck, dass diese Art von Politik lediglich ein weiterer Weg einer neuen Elite ist, um uns zu kontrollieren.“ (AbM 2010b)

AbM hat dann damit begonnen, eine neue Kritik zu entwickeln, die, wie Fanon empfahl, von der gelebten Erfahrung der ShackbewohnerInnen in der Post-Apartheid Gesellschaft ausgeht und von dort aus die Post-Apartheid und neoliberale Entwicklungsdiskurse herausfordert.

> „Als wir die von uns erstellte Ideenliste vor uns hatten, sahen wir, dass sie ein kritisches Denken über das Leben der Menschen reflektiert, das damit beginnt, die Widersprüche aufzudecken und zu benennen, die gegenüber dem bestehen, was die Mächtigen uns über unsere Situation erzählen. Wir sehen auch, dass unsere Ideen über Freiheit viel tiefer gehen, als sie dargestellt werden, wenn sie als *„Service Delivery“*-Proteste abgetan werden. Wenn es in unserem Kampf nur um Häuser und um die Bereitstellung von Dienstleistungen ginge, wären wir wie Bettler, die mit offenen Händen darauf warten, dass jemand uns hilft. Nein,

wir kämpfen für eine echte Freiheit, die weit darüber hinaus geht! (Figlan et al 2009:25–26)."

Als eine praxisorientierte Bewegung, die in sich selbst eine Theorie-Form ist (Dunayevskaya 2002: 205), fordert AbM Intellektuelle, die sich für sozialen Wandel einsetzen, dazu heraus, ihr dabei zu helfen, neue Konzepte zu entwickeln. Obwohl die Bewegung nicht mit einer klaren Strategie begann, „wurde sie immer von den täglichen Aktivitäten der Menschen geprägt, von ihrem alltäglichen Denken[...] [und] ihrem Zusammengehörigkeitsgefühl" (Zikode 2009).

Auf diese Art greift AbM Fanons Aufruf am Ende von *Die Verdammten* auf, für die Humanisierung der Welt zu kämpfen. AbM tut dies allerdings von ihrer eigenen Situation aus, einer Situation, die zusehends von Gewalt und politischer Repression geprägt ist, die Fanon als zentral für die postkoloniale Situation diagnostizierte.

Da Shacksiedlungen zentrale Brennpunkte für kommunitaristische Gewalt im gegenwärtigen Südafrika sind – der nationale, regionale und ethnische Chauvinismus, der, nach Fanons Ansicht, ernsthaft das nationale Befreiungsprojekt untergräbt – sollten wir uns AbM als Referenz zuwenden und die Praktiken ihrer Grassroots-Organisation als einen Ausdruck ihrer sozialen Vorstellungen von Staatsbürgerschaft betrachten: im vollen Bewusstsein, dass AbM, als eine Bewegung von Menschen, die in Shacks leben, nicht gleichbedeutend mit den Millionen von Menschen ist, die in Südafrika in Shacks leben.

Dieser Artikel setzt sich im Sinne Fanons mit den Analysen der AktivistInnen-Intellektuellen, die mit AbM involviert sind, auseinander (siehe Bryant 2008; Gibson 2007; Neocosmos 2008, 2009; Patel 2008; Pithouse 2006, 2008a, b; Zikode 2006a, 2007, 2008), sowie mit AbMs „lebender Politik". Fanons Kritik des Sozialverrats an einer jungen und unabhängigen Nation findet im Rahmen dessen statt, was ich als AbMs von Fanon inspiriertes Anliegen auffasse. Nämlich die Bedeutung der Politik des Raumes, die Bedeutung einer populären Kontrolle über Gemeinschaften und Bewegungen, sowie die Bedeutung ihrer Kritik an den Eliten, inner- und außerhalb des Staates, von Rechts wie Links, die es für gewöhnlich nicht für nötig erachten, die Eigeninitiative derer zu berücksichtigen, die in Fanons Worten die Verdammten dieser Erde sind. Die Überschneidung von AbMs Analyse der südafrikanischen Situation mit Fanons Analyse über die Gefahr der Degenerierung von Befreiungsbewegungen lässt nichts Gutes für die Zukunft Südafrikas erahnen. Die nun folgende Analyse beschäftigt sich mit eben dieser Überschneidung.

Analyse der Post-Apartheid-Realität

Eine Analyse der Post-Apartheid-Realität Südafrikas aus der Perspektive Fanons könnte mit der Überprüfung seiner mutigen Marxismus-Ausdehnung beginnen, die er in *Die Verdammten* in folgender Formel ausdrückte: in den Kolonien gilt „man ist reich weil *Weiß*, man ist *Weiß* weil reich" (Fanon 1968: 40) (1961 [1981]: 33). Auf den ersten Blick scheint diese Gegenüberstellung eher die Apartheid als das „Regenbogen-Südafrika" zu beschreiben, in dem eine mächtige neue *Schwarze* Elite entstanden ist. Südafrika produziert drei Mal mehr Dollar-Millionäre als der Weltdurchschnitt und steht damit weltweit an vierter Stelle (SA Goodnews 2008). Sogar im Kontext der globalen Finanzkrise sind Luxusautos weiterhin gefragt, und die *„gated communities"* der neuen *Schwarzen* Elite sowie der alten *Weißen* nationalen und internationalen Bourgeoisie sprießen noch immer wie Pilze aus dem Boden – eine bemerkenswerte Bestätigung Fanons (1967a: 43-44; 1968: 155). Und dennoch, hinter all dem Glitzer und Schein existiert eine andere Realität, eine Realität die sogar in den UN- und Weltbank-Daten sichtbar wird.

Kurzum: Trotz der Versprechen der *Freedom Charter* hat Südafrikas politische Transition weder zu einem radikalen Transfer des Reichtums noch zur Schaffung sozialer und an den menschlichen Bedürfnisse ausgerichteter Programme geführt. Stattdessen wurde, wie Steve Biko es vorausgesagt hat, eine „*Schwarze* kapitalistische Gesellschaft" erschaffen, mit deren Hilfe Südafrika „der Welt ein ziemlich überzeugendes Bild der Integration präsentiert, während 70 Prozent der Bevölkerung weiterhin als BürgerInnen zweiter Klasse leben" (Biko 2008: 41-42). Der Elitenpakt, der von kapitalstarken Unternehmen und Konzernen mit der ANC-Führung Anfang der 1990er Jahre ausgehandelt wurde, bedeutete die „Öffnung" des Landes hin zu freien Wahlen und die Durchsetzung neoliberaler Wirtschaftspolitiken, inklusive aller den Neoliberalismus begleitenden Ideologien.

Wie Neocosmos (2008: 587) bemerkt:

> „Es besteht kein Zweifel daran, dass die Politik des „Raubes" und der Bereicherung durch die Post-Apartheid-Elite sowohl schamlos als auch umfassend betrieben wurde. Die Politik des sogenannten *Black Economic Empowerment (BEE)* hat die Entstehung einer neuen Klasse von „*Black Diamonds*" ermöglicht, deren neu gefundener Reichtum nicht auf nationale Akkumulation und Entwicklung ausgerichtet ist, sondern vor allem auf kurzzeitige und schnelle Profite abzielt [...] in einer hegemonialen Kultur, die die Werte des freien Marktkapitalismus enthusiastisch begrüßt, private Bereicherung mit öffentlichem Gut und schnelle Profite mit Entwicklung gleichsetzt."

Ato Sekyi-Otus Interpretation von Fanons „Erweitertem Marxismus" betont den „absoluten Unterschied und das absolute Fehlen jeglicher Wechselwirkung" (Sekyi-Otu 1996: 72-73) in der Beziehung zwischen Kolonialherren und Kolonisierten, was vor allem in der Politik des Raumes deutlich wird. In *Die Verdammten* argumentiert Fanon, dass Kolonialismus totalitär sei. Außerhalb des Kolonialismus gäbe es keinen Raum, deswegen existiere keine Kolonialisierung des Landes ohne Kolonialisierung der Menschen. Jede alltägliche Bewegung der „Eingeborenen" im kolonisierten Raum sei beschränkt. Die Kolonialisierung, so das Argument Fanons, folgt dem „Eingeborenen" nach Hause und nimmt seinen Raum, seinen Körper und seine Bewegungen ein. In *Schwarze Haut, Weiße Masken* schreibt Fanon (1976a), der *Schwarze* sei umzingelt; in *Die Verdammten* schreibt er, der „Eingeborene" sei eingeengt. Er wird von allen Seiten erdrückt – unterdrückt – und ist nur dazu in der Lage, in Träumen muskulärer Macht seine Bewegungsfreiheit wiederzufinden. Kolonialismus ist demnach eine Erfahrung der räumlichen Beschränkung, des Zurückhaltens und des Verbotes, eine enge Welt der Armut, der Unterdrückung und der Unterwerfung. In *Die Verdammten* beschreibt Fanon die offene und stabil gebaute Stadt des Kolonialherren, ein Ort des Lichtes und des Überflusses, im Gegensatz zu der überfüllten, gewalttätigen und hungrigen „Eingeborenenstadt" (1968: 39) (1961 [1981]: 32). In der kolonialen Situation „spiegeln der Raum und die Politik des Raumes soziale Beziehungen wider und reagieren auf sie" (Lefebvre 2003: 15).

Da die sozioökonomische räumliche Realität der unterteilten, segregierten, kolonialen Welt dennoch die menschlichen Realitäten niemals verstecken kann, wird uns eine Analyse dieser Aufteilung – die Einrichtung und geographische Gestaltung der „kolonialen Welt", argumentiert Fanon – „ermöglichen, *das Gerüst zu bestimmen*, auf dem eine dekolonisierte Gesellschaft aufgebaut und organisiert wird" (1968: 38-40, eigene Hervorhebung) (1961 [1981]: 31, eigene Hervorhebung). Da sich soziale Beziehungen in der Organisation des Raums widerspiegeln, ist eine mögliche Art, die Post-Apartheid-Gesellschaft aus der Perspektive Fanons auf die Probe zu stellen, die Frage, inwieweit Südafrika räumlich neu organisiert wurde. Danach gemessen wird schnell deutlich, dass der Abbau der „Rassenschranken" in städtischen Gebieten im Wesentlichen ein „bürgerliches" Phänomen gewesen ist und dass das Zugangsrecht zu Südafrikas Städten jetzt ausschließlich von Geld abhängt. Folglich bleibt die Post-Apartheid-Politik – mit ihrer Städteplanung, die, unter dem Vorwand der Aufwertung von Shacksiedlungen, in erster Linie darauf abzielt, die Armen aus städtischen Gebieten zu *vertreiben* – ein manichäisches Nullsummenspiel.

Darauf ausgerichtet, „formale" Strukturen entstehen zu lassen, hat die Regierung seit 1994 etwa zwei Millionen Haus-Einheiten errichtet. Doch die neuen Unterkünfte der Armen – diese beängstigend kleinen und schlecht gebauten Gebilde, die Häuser genannt werden – gehen mit der Vertreibung der Armen aus den Stadtzentren weit außerhalb der Augen der Bourgeoisie einher. Die Wohnungspolitik verfestigt demnach die räumliche Segregation. Nach der Ansicht städtischer PlanungsbeamtInnen und Immobilien-SpekulantInnen können Shacksiedlungen und Häuser der Mittelklasse nicht Seite an Seite stehen. Dieses „gewaltsame Vertreiben" einer „überschüssigen Bevölkerung" – um die Sprache der Apartheid zu benutzen – sind sowohl das Resultat ANC-geförderter „Slum-Räumungen" sowie der legalen und illegalen Ausweisungen in städtischen Gebieten, die Millionen von

Menschen drohen, die in städtischen Shacksiedlungen leben und denen eine Abschiebung in *„Transit Camps“* und andere „temporäre“ Unterbringungen, weit weg von urbanen Zentren, bevorsteht. Aus einer von Fanon inspirierten Perspektive geht es also nicht nur darum, die Regierung dafür zu kritisieren, dass sie nicht dazu in der Lage ist, in ausreichendem Maße auf die Wohnungsbedürfnisse der Bevölkerung zu reagieren (von der Notwendigkeit einer tiefgreifenderen Diskussion darüber, was eine angemessene Behausung darstellt, ganz abgesehen), sondern auch und vor allem um die Art und Weise, wie die „Einrichtung und die geographische Gestalt“ Post-Apartheid-Südafrikas die Kartographie der Apartheid reproduziert.

Zudem kann man nicht von „ethnischer“ oder fremdenfeindlicher Gewalt in Südafrika sprechen, ohne über die „geographische Gestaltung“ der Post-Apartheid-Gesellschaft als Ausdruck dessen nachzudenken, was Fanon eine „unvollständige Befreiung“ nennt. Für Fanon ist die Herausforderung der „geographischen Gestaltung“ eng mit den Fallstricken des nationalen Bewusstseins und der damit einhergehenden Vorstellung von Staatsbürgerschaft verknüpft: Im Kampf gegen den Kolonialismus und im Prozess der Dekolonisierung wird versucht, ein politisches Subjekt – eine noch im Entstehen begriffene Subjektivität – zu erschaffen. Für Fanon bedeutet Dekolonialisierung zugleich räumliche Befreiung, Loslösen von den Verboten der Kolonialisierung und der Apartheid sowie eine Solidarität, die auf radikalem Engagement gründet (Hallward 2002: 128).

Deswegen ist der Prozess der Dekolonialisierung unvollständig, wenn er nicht auf allen Ebenen vollzogen wird: politisch, sozioökonomisch, geographisch und psychologisch; kurz gesagt: sowohl auf der objektiven als auch auf der subjektiven Ebene (Fanon 1967a: 13). Ein Symptom dieser Unvollständigkeit – des faktischen Ausschlusses von der vollwertigen Staatsbürgerschaft – ist der Anstieg von „ethnischem“ Chauvinismus und Nativismus, der über den Anspruch, „indigen“ zu sein legitimiert wird, während gleichzeitig eine Politik des politischen, sozialen und räumlichen Ausschlusses reproduziert wird, die ihren Ursprung in den rassistischen Kategorien der Apartheid hat. Diese Unvollständigkeit prägt die Post-Apartheid-Gesellschaft und verdreht das Projekt der Befreiung in ihr Gegenteil, so dass, anstatt eine neue Geschichte zu schaffen, eine Zeit der Neo-Apartheid und der Gewalt ausgebrochen ist.

Südafrikas „unvollständige Befreiung“ wurde in der fremdenfeindlichen Gewalt (oder den „Pogromen“) vom Mai 2008 offensichtlich, die sich rasch über die Shacksiedlungen Südafrikas hinweg ausbreiteten. 62 Menschen starben und Tausende blieben obdach- und mittellos zurück. Die spezifischen Missstände, die zu diesen fremdenfeindlichen Attacken führten, mögen Arbeitslosigkeit, mangelnde Behausung, Elektrizität und fehlende Toiletten sowie die Frustration über das Versagen der Regierungspolitik und das Ausmaß an empfundener Korruption und Bevorzugung gewesen sein. Doch wie John Sharp (2008: 3) argumentiert, waren wahrscheinlich nicht die „AusländerInnen“ oder deren „Andersheit“ das „Problem“ sondern im Freudschen Sinne „der Narzissmus der kleinen Unterschiede“: nicht dazu in der Lage, die Quelle der Unterdrückung anzugreifen – die Regierung und die Arbeitgeber – „wurden AusländerInnen zu Opfern dieses Kampfes, weil sie leicht zu greifen waren“ (Human Sciences Research Council 2008: 45).

Gleichzeitig zeigen Studien, dass eine Vielfalt von Meinungen gegenüber „AusländerInnen“ in den Shacksiedlungen existiert, welche die Aussage, wonach die Beziehungen zwischen SüdafrikanerInnen und AfrikanerInnen grundsätzlich feindselig seien, ad absurdum führt (siehe Sichone 2008). Dennoch, so wenig die Frustration aus dem Nichts entstand, so wenig zufällig entstanden die Diskurse des „ethnischen“ und nationalen Chauvinismus. Vielmehr beschuldigen PolitikerInnen und Medien seit der Geburt des „neuen“ Südafrikas „illegale Fremde“, für die Probleme des Landes verantwortlich zu sein, während die Regierung regelmäßig regelrechte Razzien gegen „illegale EinwandererInnen“ durchführt (siehe Neocosmos 2008, COHRE 2008).

Jedes Jahr berichtet die südafrikanische Menschenrechtskommission über Behörden, die so genannte „illegale Fremde“ belästigen und verhaften; Menschen, denen von der Polizei vorgeworfen wird, „zu dunkel“ zu sein, oder „wie ein *Schwarzer* Ausländer zu laufen“. Menschen werden verhaftet und in Deportationszentren geschickt, etwa nach Lindela am äußeren Stadtrand von Johannesburg, wo Menschen ohne Papiere systematisch die Grundrechte verweigert werden (IRIN 2008). Neocosmos (2008: 588-589) bemerkt, dass die Regierung sowie juristische Entscheidungen jüngst den fremdenfeindlichen Diskurs bekräftigt haben, einen Diskurs über AusländerInnen, die uns „unsere Jobs“, „unsere Häuser“ und „unsere Frauen“ wegnehmen. Gleichzeitig sind afrikanische EinwandererInnen „Freiwild für die Mächtigen, die schnelles Geld machen wollen“. BeamtInnen haben ein derartiges Ausmaß an Macht über „extrem verletzliche Menschen“, fügt Neocosmos hinzu, „dass Bestechung, Erpressung, und Korruption nicht nur möglich wurden, sondern zu allgegenwärtigen Praxis geworden sind“.

Es ließe sich also mit Fanon argumentieren, dass die fremdenfeindliche Gewalt nicht nur ein elementarer Ausdruck der Wut der Massen, sondern eine Politik ist, die von Teilen der lokalen und Regierungseliten und ihren BeamtInnen unterstützt oder zumindest kanalisiert wird. Gleichzeitig wäre es allzu vereinfachend, zu behaupten, die Politik im Post-Apartheid-Südafrika sei nunmehr ausschließlich von der Ökonomie bestimmt. Tatsächlich haben sich die ökonomischen Strukturen Südafrikas seit dem Ende der Apartheid nicht grundsätzlich geändert. Das Leben *Schwarzer* armer Menschen bleibt von Arbeitslosigkeit, Landlosigkeit und räumlicher Ausgrenzung, minderwertiger Bildung und Gewalt geprägt. Sharp (2008: 2) hinterfragt ebenfalls die Annahme, dass die Gewalt von 2008 fremdenfeindlich motiviert gewesen ist. Er argumentiert, dass man in diesem Fall davon ausgehen müsste, dass die Täter einen Unterschied zwischen AusländerInnen und SüdafrikanerInnen hätten machen müssen. Ein Drittel der ermordeten Menschen waren jedoch *„locals"*. Dennoch war die Gewalt eher fremdenfeindlich motiviert und hatte weniger einen Klassencharakter.

Die Wut der Armen war nicht gegen die Reichen gerichtet, nicht gegen Supermarktketten, gegen *Weiße* oder indische HändlerInnen. Die Gewalt fand überwiegend in den Shackgebieten statt, und die Mittelklasse, *Weiß* wie *Schwarz*, wurde nicht zur Zielscheibe der Attacken. Wie Andile Mngxitama (2008) schreibt: „Xenophobie ist Hass gegenüber AusländerInnen, aber in Südafrika gibt es keine *Weißen* AusländerInnen", nur TouristInnen, InvestorInnen und Geschäftsleute, die sich jedoch nicht in den Räumen aufhalten, in denen die Masse der SüdafrikanerInnen lebt und kaum je „illegal" sein können. So wie „die „Armen in Afrika" den Begriff des „dunklen Kontinents" als symbolisch-konzeptionelle Definition für das Hindernis der Zivilisierung abgelöst hat" (Depelchin 2005: 134), wird im „neuen" Südafrika das rassistische Verhalten, das vormals gegen alle *Schwarzen* gerichtet war, nun gegen arme *Schwarze* gerichtet. Dennoch sollte man beim Anwenden von Klassenzugehörigkeit als Kategorie vorsichtig sein, denn das Vermächtnis der Apartheid besteht darin, dass Klasse „räumliche Beziehungen beschreibt und ein Maßstab für die Nähe oder Entfernung von kolonialem Privileg ist" (Sekyi-Otu 1996: 159). Von Fanons Standpunkt aus und angesichts der psycho-räumlichen Trennung zwischen den armen Massen und der kultivierten kolonisierten Elite basiert Südafrikas Neo-Apartheid auf einem rassischen Kapitalismus, der durch den Diskurs des *Black Economic Empowerment* legitimiert wird.

Im Post-Apartheid-Südafrika wird Bikos Kritik gegenüber *Weißen* Liberalen als Haupthindernis *Schwarzer* Befreiung (1978: 19-26) greifbar und konkret. In der Tat argumentiert Grant Farred (2004: 113), dass es einer der größten Fehler des ANC gewesen sei, das *Weiße* Südafrika nicht für seine Verbrechen, für die Ausbeutung, Gewalt und das Leid, das es den während der Apartheid Entrechteten zugefügt hat, zur Rechenschaft zu ziehen. Stattdessen wurde der Wunsch der *Weißen* Liberalen und der *Schwarzen* Bourgeoisie erfüllt: *„Weißes* (Kapital und kulturelles Privileg) wird von *Schwarzem* (Wahl- und Mitspracherecht) beschützt und gefeiert" (Farred 2004: 115).

So wie der Diskurs des Geldes mit seiner Rhetorik eines multikulturellen Paradieses den Rasse-Diskurs der Apartheid überdeckte, so werden der südafrikanische „Sonderweg" und die Apartheid-Angst vor der *„Schwarzen* Gefahr" jetzt gegen die Armen gerichtet. Wie Richard Ballard argumentiert, hat „der Übergang von Segregation zu Assimilation nicht notwendigerweise zu einer Schwächung der *Weißen* sozialen Agenda geführt, sondern in einem cleveren Manöver die Nachhaltigkeit *Weißer* sozialer Kontrolle sichergestellt" (2005: 7-8). Ein offensichtliches Beispiel ist der Post-Apartheid-Immobilienmarkt, der für eine Assimilation auf Klassenbasis von zentraler Bedeutung ist.

Der Immobilienmarkt ist lediglich ein Abbild größerer ökonomischer Prozesse, wo, wie Ballard zeigt (2004: 69-70), rassisch kodierte Ängste über fallende Preise durch die Nähe zu Shacksiedlungen genährt werden, deren Präsenz grundsätzlich als Bedrohung wahrgenommen wird. Gleichzeitig ist der Politikdiskurs, der auf Partei-Patronage basiert, immer nativistischer und umkämpfter geworden. In eben diesem manichäischen Kontext hat dann das Pogrom von 2008 gegen AfrikanerInnen einen „negrophoben" Charakter angenommen (Mngxitama 2008). *Black Economic Empowerment* ist einfach zu einer legtimierenden Hülle geworden, welche die Präsenz von multinationalen Kapitalinvestoren und von Führungskräften multinationaler (sprich *Weißer*) Unternehmen verschleiert. Die „AusländerInnen" sind ausschließlich unter den Armen zu finden, und da es per Definition keine Armen *Weißen* gibt, sind arme AfrikanerInnen Ziel der Gewalt.

Dennoch kann man sich im neuen Südafrika einem doppelten Prozess nicht entziehen, „zum einen dem ökonomischen; zum anderen dem Prozess der Verinnerlichung – oder eher *Epidermisierung* – der Unterlegenheit" (Fanon 1967a: 11), in dem den Armen fortlaufend gesagt wird, dass afrikanische „Fremde" schuld an ihrer Situation seien und dass das Fehlen an Entwicklung eine Bedrohung für ihr Land darstelle. „Fremdenfeindlichkeit" wiederholt in diesem Sinne die psychologische Ökonomie von Gewalt und Armut, um die herum Fanon seine Analyse kolonialer und postkolonialer Repression strukturiert hat. Von den tatsächlichen Ursachen abgelenkt und nach innen kanalisiert, muss die von den Armen er- und gelebte Gewalterfahrung ein Ventil finden. Für Fanon findet sie dieses in den begrenzten städtischen Räumen, in denen es den „Eingeborenen" erlaubt ist, zu leben, in der Form der Gewalt von *„Schwarz gegen Schwarz"*. Die Leichtigkeit, mit der sich die Gewalt im Mai 2008 über die Shacksiedlungen der südafrikanischen Städte ausbreiten konnte, ist ein Indiz dafür, dass, wie stark sie auch verurteilt wurde, diese Art von Gewalt – solange sie kontrollierbar bleibt – für die Eliten akzeptabel ist. In dieser Hinsicht spiegelt sich Fanons Behauptung, dass man, sobald man ein gewisses finanzielles Level überschritten hat, *Weiß* ist, räumlich wider.

Fanons Begriff, dass Ausbeutung eine „*Schwarze* Maske" tragen kann, und die Bedeutung, die er dem Aufstieg der Fremdenfeindlichkeit beimisst, haben sowohl eine ideologische als auch materielle Dimension. In *Schwarze Haut* argumentiert Fanon (1967a), dass die *Weiße* Mittelklasse-Gesellschaft steril und am Ersticken sei, und sein zentraler Punkt in *Die Verdammten* ist, vor der Nachahmung einer bürgerlichen Gesellschaft zu warnen, die durch und durch rassistisch sei. Aber dort, wo diese Gesellschaft in der Lage ist, den Rassismus zu verstecken und damit ihre humanistischen Ansprüche zu bewahren, ist die einzige Devise der nationalistischen Bourgeoisie das „Ablösen der Ausländer[Innen]" (Fanon 1968:158) (1961 [1981]: 135). Weil jegliche befreiende Alternative fehlt, fügt Fanon hinzu, schließen sich „das Proletariat der Städte, die Masse der Arbeitslosen, die kleinen Handwerker [...] ihrerseits dieser nationalistischen Haltung an, doch in aller Objektivität muss man sagen, dass sie lediglich das Verhalten der Bourgeoisie nachahmen (1968: 156) (1961 [1981]: 133)."

Das größere Problem ist demnach die Verkümmerung der Befreiungs-Idee und die Kapitulation der Linken innerhalb der ANC-treuen Eliten und Intelligenzija gegenüber dem, was sie als „objektive Kräfte" betrachten. In der Tat wurde die Kapitulation vor dem *„Washington Consensus"* (und seines autoritären Ökonomismus, der den neoliberalen Kapitalismus als das „Ende der Geschichte" proklamierte) durch einen einheimischen Autoritarismus und Anti-Intellektualismus verstärkt, der einerseits von der Notwendigkeit produziert wurde, eine gemeinsame Front gegen die Apartheid zu bilden, und andererseits eine Allianz gegen die fortdauernde Dominanz im linken Spektrum der stalinistischen *South African Communist Party (SACP)* zu formen. Wie Fanon vorhersagte, wurden während der Transition von der Apartheid kritische Stimmen innerhalb des ANC (ganz zu schweigen von denjenigen außerhalb der Organisation) entweder ausmanövriert, kooptiert und zum Schweigen gebracht oder in die politische Wildnis vertrieben. Dieses Verbot jeglicher Debatte zugunsten der „Einheit" wurde auch angesichts der offensichtlichen Folgen der hausgemachten neoliberalen Strukturanpassungsmaßnahmen fortgesetzt. Auch die kleine intellektuelle Elite außerhalb des ANC und der SACP war schließlich nicht mehr dazu bereit, mit dem herrschenden Paradigma zu brechen (siehe Nash 1999).

In Ermangelung einer bedeutenden ideologischen Opposition wurden die Massenbewegungen im Wesentlichen demobilisiert und, wo es möglich war, in Regierungssysteme integriert. Eine frühere Version dieser vorhersehbaren Transition wurde von Fanon bereits in *Die Verdammten* kritisiert. In den 1980er Jahren wurde die Unterstützung des Diskurses einer Mehrparteien-Demokratie durch die USA allerdings Teil dessen, was Peter Hallward (2006) die „Eindämmungspolitik" (*„Politics of Containment"*) nennt, oftmals unterstützt durch eine sozialdemokratische Neigung oder durch populistische und hierarchische Parteienstrukturen, die von einer charismatischen Person geführt wurden, und vollständig mit den Interessen multinationaler Unternehmen und vor allem mit amerikanischen Interessen verbunden.

Obwohl der ANC und Mandela später diese Rollen angesichts der wachsenden Apartheid-Krise selbst annehmen würden, war ein Programm zur Schaffung einer moderaten *Schwarzen* Führungsriege und zur Marginalisierung radikaler *Schwarzer* Führungspersönlichkeiten bereits in den späten 1980er Jahren ein zentrales Element der US-Politik. William Robinsons Zusammenfassung der Ziele der verschiedenen koordinierten Projekte zur Demokratieförderung liest sich demnach wie ein Fahrplan der Post-Apartheid-„Entwicklung" Südafrikas (obwohl dieser damals stark umstritten war). Er beinhaltete zum einen die Unterstützung einer entstehenden *Schwarzen* Mittelschicht, die Führungspositionen in verschiedenen zivilgesellschaftlichen Organisationen besetzen würde, um mit radikaleren

Führungspersönlichkeiten in Wettbewerb zu treten. Andererseits sah der Plan die Kultivierung einer *Schwarzen* Unternehmerklasse vor, die an einem stabilen südafrikanischen Kapitalismus beteiligt werden würde. Die Wirtschaftsmacht des Landes stärkend, würde sie die *Weiße* transnationale Fraktion des südafrikanischen Kapitals als Verbündete und AnführerInnen sehen (Robinson 1996: 331).

Auf diese Weise ausgehandelt, entsprach die südafrikanische Transition diesem vorgeschriebenen Elite-Übergangsszenario bis ins Detail. Allerdings muss daran erinnert werden, dass die Massenbewegungen nur aus den eigenen Reihen zum Schweigen gebracht werden konnten. Von dem eigenen Anspruch ausgehend, die einzig wahre Vertreterin des nationalen Befreiungskampfes zu sein, integrierte die moderate ANC-Elite alternative Diskurse des Befreiungskampfes effektiv in die eigene ANC- „Tradition". Dadurch befand sich jede Bewegung, die diese Übernahme verweigerte oder nur in Frage stellte, „im Abseits". Hinsichtlich der Wohnungspolitik ignorierten ANC-StrategInnen einen zentralen Moment populärer Demokratisierung in den 1980er Jahren, als sie argumentierten, dass Shacksiedlungen oft durch Vetternwirtschaft regiert würden und tendenziell undemokratisch seien.

Doch anstatt sich zu organisieren, um die Demokratisierung zu unterstützen, entschied die ANC-Führung, dass sich die bürgerschaftlichen Gruppen in den Shacksiedlungen darauf zu konzentrieren hätten, Unterstützung aus den Gemeinden für den neuen Staat bereitzustellen (McCarthy et al. in Huchzermeyer 2004: 152). Die *South African National Civic Organisation (SANCO)* wurde schnell in klientelistische ANC-Strukturen integriert. Der Verrat an Südafrikas Befreiung findet in jenem Moment statt, als „das Volk die unübersehbare Tatsache realisiert, dass Ausbeutung ein *Schwarzes* Angesicht annehmen kann" und dass es tatsächlich „*Schwarze* gibt, die *Weißer* als die *Weißen*" sind (Fanon 1968: 145, 144) (1961 [1981]: 123, 124). Fanon fügt hinzu: „In ihrem mühsamen Vorwärtsschreiten hin zur rationalen Erkenntnis [...] sehen sich die Menschen plötzlich mit dem unsäglichen Verrat ihrer Führer konfrontiert" (1968: 145, 167) (1961 [1981]: 123, 145).

Implizit in Fanons Perspektive ist die Praxis, Ohren und Geist für das Denken aus unerwarteten Räumen offenzuhalten, für neue Bewegungen von unten, für die Rationalität ihrer Praktiken und die Sprache der Ideen von Freiheit und Würde durch die Grassroots-Mobilisierungen der Marginalisierten, der Ausgegrenzten und „Verdammten" dieser Welt; für die Stimmen der gesichtslosen Menschen, die so schnell als engstirnig und verzweifelt abgeurteilt werden. Nicht nur fehlt diese Offenheit oftmals im Diskurs der Linken und sogar noch mehr in ihrer Praxis, vielmehr erfordert die Verlagerung der Geographie des Verstandes weg von der „aufgeklärten" Metropole hin zu der „dunklen Seite" der sich revoltierenden postkolonialen Welt kein unkritisches Zelebrieren der sozialen Kämpfe von entstehenden Armen-Bewegungen, sondern stattdessen eine Revolution des Zuhörens. Das Ziel muss sein, sich ein kritisches Ohr für neue Stimmen von unten zu bewahren. In den späten 1990er Jahren entsprangen sporadisch neue Revolten, und in den

2000er Jahren war eine neue Generation von Bewegungen herangewachsen. Einer solchen Bewegung des urbanen Südafrikas, der ShackbewohnerInnen-Bewegung in Durban, AbM, wende ich mich nun zu.

Ein Neuanfang: Fanon und die ShackbewohnerInnen

> „Der Slum beweist die physische Entschlossenheit des Kolonisierten, die feindliche Festung um jeden Preis und wenn nötig mit den rätselhaftesten Methoden zu erobern". (Fanon 1961, *Die Verdammten dieser Erde*) (1961 [1981]: 111)

Historisch betrachtet sind die südafrikanischen Shantytowns das Ergebnis widersprüchlicher Kräfte des Kapitalismus: der benötigten billigen Arbeitskräfte und der Angst der Kolonisierer vor AfrikanerInnen einerseits und der Wunsch der Menschen nach einem städtischen Leben andererseits. Kriege, Steuern und die Enteignung des Landes, die durch den *South African Native Land Act* von 1913 formalisiert wurde, ließ in den ländlichen Gebieten eine lähmende Armut entstehen und trug dazu bei, eine Klasse von landlosen ArbeiterInnen zu schaffen, die sich ein städtisches Leben wünschte und Möglichkeiten fand, die staatlichen Regeln zu umgehen, um dieses zu erhalten.

Die ersten Shacksiedlungen entstanden in Durban nach der „Zerstörung des Zulu-Königreiches" (siehe COHRE 2008: 20-21) und dem damit verbundenen Verlust des Landes im späten 19. Jahrhundert. Als Durban im 20. Jahrhundert zu einer bedeutenden Hafenstadt wurde, wuchs die afrikanische Bevölkerung und mit ihr *Weiße* Ansteckungsängste und die damit einhergehende Umsetzung städtischer Segregation. Stadtplanung, sowie Praktiken und Diskurse öffentlicher Gesundheit wurden zu Instrumenten, mit denen die afrikanische Bevölkerung kontrolliert wurde. In den frühen 1900er Jahren zeigte sich, dass die langfristige Lösung für die angebliche „medizinische Krise", die von kolonialen GesundheitsbeamtInnen formuliert wurde, die massenhafte Zwangsumsiedlung der *Schwarzen* Bevölkerung aus städtischen Gebieten war. Demnach wurde „im Namen der medizinischen Krise ein radikaler Plan der Rassentrennung unter den Notstandsbestimmungen des *Public Health Act* durchgesetzt" (Comaroff 1993: 322).

In der Tat wurde dem, was Fanon die „physische Entscheidung des Kolonisierten" nennt, in städtische Gebiete zu ziehen, vom Kolonisierer damit begegnet, dass er den Andrang von AfrikanerInnen mit den Rechtsbeschlüssen der „Zuwanderungsregulierung" *(„influx control")* und den „Passgesetzen" *(„pass laws")* aufzuhalten versuchten. In den 1930er Jahren manifestierten sich die *Weißen* Gesundheitsängste in den *„Slum Acts"*, welche die systematische Zerstörung afrikanischer Häuser anordneten. Die Slums wuchsen dennoch weiterhin in der Peripherie der städtischen Gebiete, ein Prozess, der durch die große Nachfrage an Arbeitskräften während des

Zweiten Weltkrieges weiter bestärkt wurde.

Mit Kriegsende fanden die sozioökonomische und politische Bedrohung und die unterdrückte *Weiße* Angst vor einer afrikanischen Übernahme der Städte einen neuen Ausdruck. Dieser bildete die Basis für die Apartheid und läutete eine neue Periode von Zwangsumsiedlungen und Vertreibungen ein. Mit seiner detaillierten Planung wurde der Apartheidsstaat zu einem der größten Häuserbauer der Welt und zwang AfrikanerInnen zur Umsiedlung aus den Städten in peripher liegende „Townships" oder in weit entfernte „Homelands". Im Kontext einer neuen Stufe des Widerstandes in den 1980er Jahren trug die Entscheidung von Millionen von Menschen, neue Shacksiedlungen zu bauen, in städtischen Gegenden zu bleiben oder dorthin zu ziehen, entscheidend zur Krise bei, welche die Apartheidregierung kollabieren ließ. Doch die tief liegenden strukturellen Widersprüche des kapitalistisch-kolonialen Südafrikas, auf dessen Fundament die Post-Apartheid-Gesellschaft errichtet wurde, bedeuteten auch, dass die Raum- und Wohnungsfrage sowie das Problem des Lebensunterhalts die Annullierung der Apartheid-Gesetze überdauerten.

Es ist daher nicht überraschend, dass der Widerstand gegen Attacken von Seiten des Staates und mächtiger Unternehmen gegen den Zugang zu den Dingen des täglichen Bedarfs – etwa die Unterbrechung des Zugangs zu Wasser und Elektrizität sowie die Vertreibung aus Häusern – ein physischer Widerstand in Fanons Sinne bleibt (Fanon 1968: 130). Zudem ist es nicht überraschend, dass die Landfrage und die Kämpfe der Armen, in den Städten bleiben zu dürfen, zu zentralen Streitpunkten Post-Apartheid-Südafrikas geworden sind. Es ist ebenfalls kaum verwunderlich, dass im 21. Jahrhundert eine Bewegung von ShackbewohnerInnen entstand – insbesondere angesichts der Versuche seitens der Regierung, diese Angelegenheiten zu „privatisieren". „Privatisierung" meint hier, die „Menschenrechte" auf Land und Wohnung, die in der Verfassung festgeschrieben sind, dem autoritären Ökonomismus der Kostenreduzierung zu übertragen, gestützt durch das Gewaltmonopol des Staates. Um es auf den Punkt zu bringen: In Südafrika haben arme Menschen üblicherweise keinen Zugang zu ihren Grundrechten und sind regelmäßig rechtswidrigen und illegalen Praktiken von Seiten der lokalen Regierung ausgesetzt. Dazu gehören gewalttätige Zwangsräumungen, Zerstörung ihrer Häuser und die Unterdrückung von Armen-Organisationen.

Die Entstehung von AbM und der Anstieg fremdenfeindlicher Gewalt in den Shacksiedlungen in südafrikanischen Großstädten sind miteinander verbunden. Beides sind Reaktionen auf die ansteigende Verelendung sowie auf räumliche und politische Exklusion. Die Pogrome können als Resultat einer Kanalisierung der Wut gegenüber „fremden" AfrikanerInnen und der wachsenden Bedeutung von Indigenität in der südafrikanischen Politik interpretiert werden. Sie sind jedoch ebenfalls die Konsequenz einer Kriminalisierung und Unterdrückung der Aufstände der ShackbewohnerInnen durch Polizei- und Regierungsautoritäten einerseits sowie der Entpolitisierung der Aufstände von Seiten der NGOs andererseits. Die Gewalt von 2008 ist, in anderen Worten, das Produkt der Verelendung, aber sie ist ebenfalls eine Reaktion darauf, dass der Staat und die NGOs jede Artikulation von Alternativen zum Schweigen gebracht haben – ein Prozess, den Fanon als die Unterdrückung der Politik und der Gegendiskurse auffassen würde, die es den Armen ermöglicht, sich zu organisieren und eigene Ansprüche zu stellen.

AbM entstand 2005 im Zuge einer Straßensperre, die von einer Siedlung auf der Kennedy Road in Durban organisiert wurde. Mit dieser Sperre wurde gegen den Ausverkauf des Landes protestiert, das der Gemeinderat den ShackbewohnerInnen versprochen hatte. Schnell schlossen sich andere Shacksiedlungen den Demonstrationen an und sagten sich vom Gemeinderat los. Im Vorfeld der Kommunalwahlen 2006 starteten sie die *„No Land, No House, No Vote"*-Kampagne. AbM nahm zwei Grundsatz-Positionen an, die sie als neue Bewegung auszeichneten. Jenseits des Wahlboykotts lehnte AbM es erstens grundsätzlich ab, sich irgendeiner politischen Partei anzuschließen. Stattdessen entschied sich die Bewegung für eine „Anti-Partei-Politik" (Zikode 2006b). Von der Erkenntnis ausgehend, dass die ShackbewohnerInnen von dem politischen System betrogen worden waren (das sie lediglich als Wählerreservoir ausnutzte), war AbMs erste Aktion, den Stadtbezirksrat symbolisch zu begraben, da er, wie AbM bekannt gab, die ShackbewohnerInnen nicht in angemessener Form repräsentierte. Zweitens lehnte AbM jede Form der Ethnisierung ab. Die Bewegung war für alle BewohnerInnen der Siedlungen offen, und eine Mitgliedschaft bedurfte keinerlei Nachweis zu Hintergrund, „ethnischer" Zugehörigkeit, Sprache oder Staatsbürgerschaft seitens des Mitgliedes. Die Stärke der Organisation liegt, mit anderen Worten, darin, eine inklusive und klare Politik zu verfolgen, die auf Solidarität beruht und alles ablehnt, was zu einer Spaltung der Shacksiedlung führen könnte. Ursprünglich versuchten ANC-Stadträte AbM als nicht repräsentativ darzustellen – AbM besteht auf demokratische jährliche Wahlen als Bedingung der Mitgliedschaft – und die Stadt lehnte es zunächst ab, mit AbM in Kontakt zu treten. Ende 2007 begann sie jedoch, mit AbM zu verhandeln und 2009 konnte ein *Memorandum* (auch als *Abahlali Settlement Plan* bekannt) unterzeichnet werden.

In dem Übereinkommen wurden die Aufwertung und Modernisierung der Kennedy Road-Siedlung und von zwei weiteren Siedlungen sowie die Bereitstellung von Grunddienstleistungen in insgesamt 14 AbM-nahen Siedlungen erreicht. Obwohl es bislang nur ein Pilotprojekt ist, war das Memorandum ein Meilenstein in zweierlei Hinsicht. Einerseits bedeutete die „Aufwertung" eine deutliche Abkehr von der Politik der Abschiebung von Shacksiedlungen aus den Städten, und andererseits zeigte die Einbeziehung einer politisch unabhängigen Grassroots-Bewegung in offizielle Diskussionen, dass die Armen ein Recht darauf haben, sich außerhalb der üblichen parteipolitischen Strukturen und Seilschaften zu organisieren (siehe Pithouse 2009).

Kurz gesagt artikuliert AbM das Recht der ShackbewohnerInnen, in der Stadt zu leben und sich in einem aktiven demokratischen Gemeinwesen zu organisieren. In diesem Sinne drücken die AbM-ShackbewohnerInnen eine von Grund auf neue Form inklusiver Politik aus – eine Politik, die lokal und kleinteilig erscheint, wie die Bereitstellung von Dienstleistungen in Shacksiedlungen, die aber zugleich radikal und national ist.

AbM betreibt keine explizite „Staatskritik" oder Kritik der politischen Ökonomie. Die Bewegung richtet sich jedoch gegen die Politik des Staates und die räumliche politische Ökonomie eines Postkolonialismus, mit dem sich auch Fanon befasste. Deswegen könnte die auf einer demokratischen und offenen Diskussion beruhende Forderung der ShackbewohnerInnen nach Wohnraum in der Stadt zu einer radikalen Kursänderung in der städtischen politischen Ökonomie führen und das entschlossene Eingreifen AbMs in der räumlichen Ökonomie auch das soziale Bewusstsein im Post-Apartheid-Südafrika grundsätzlich verändern. Entscheidend für einen solchen Wandel und mit Blick auf eine „Rekonzeptualisierung des Urbanen" (Lefebvre 2003: 15) wäre eine Bewegung technokratischer Staatsplanung hin zu dem, was Marcelo Lopes de Souza (2006: 327) *„grassroots urban planning"* nennt. Eine derartig radikale Bewusstseinsänderung, in der „die Letzten die Ersten sein werden" (Fanon 1968: 37) (1961 [1981]: 30), würde eine Verlagerung der Geographie des Verstandes herbeiführen, weg von einer elitären Diskussion um Dienstleistungen – verhandelt von „denen, die im Namen „privater" Interessen entscheiden und denen, die im Namen höherer Institutionen und Mächte entscheiden" (Lefebvre 2003: 157) – hin zu einer Diskussion über die Bedürfnisse der Menschen – verhandelt von genau denjenigen, die noch vor Kurzem als dreckig, ungebildet, arm, gewalttätig, kriminell und nicht ganz menschlich verdinglicht wurden. Diese Doppelbewegung, die Entkommerzialisierung der Stadt und die „neuen Rechte der StadtbewohnerInnen, eng verknüpft mit den Anforderungen des Alltags", wäre ein Schritt weg von dem auf den Norden fokussierten Elitendiskurs der Erschaffung von „Weltklasse"-Zitadellen in Südafrika.

Es besteht kein Zweifel daran, dass AbM daran glaubte, dass das *Memorandum* mit der Stadt neue Möglichkeiten eröffnen würde, dass es ein strategischer Durchbruch von nationaler Bedeutung sein könnte:

> „Es verpflichtet die Stadt dazu, die Siedlungen in der Stadt zu entwickeln, anstatt Menschen auf ländliche Abfallplätze zu schmeißen. [Und] es ist ein bedeutender Durchbruch für das Land, denn sollte in der Folge darauf aufgebaut werden, es das erste Mal wäre, dass eine *BNG- (Breaking New Ground)* Politik tatsächlich implementiert würde" (Kennedy Road Development Committee et al 2009).

Das *Memorandum* war nicht nur ein strategisch wichtiges politisches Übereinkommen, sondern ebenfalls ein Einverständnis darüber, dass die Ärmsten der Armen ein Mitspracherecht in der städtischen Wohnungspolitik haben.

Während der Pogrome im Mai 2008 konnte sich die Gewalt nicht in Siedungen ausbreiten, die mit AbM verbunden waren. Wie Fanon verstand AbM (2008), dass sich die „Wut der Armen in viele Richtungen entladen kann" und es bestand darauf, dass alle, die in den Shacksiedlungen leben, unbeachtet ihrer Herkunft oder Abstammung eine gleichberechtigte Stimme haben sollten. Die Organisation reagierte sofort, als die Pogrome ausbrachen, indem sie eine ausführliche und bedächtige Diskussion mit allen gewählten Verantwortlichen der Siedlungen in Durban abhielt. Diesem Prozess entsprang die Pressemitteilung „Fremdenfeindliche Attacken in Johannesburg", in dem die Bedeutung des Prinzips der Solidarität und Einheit der Unterdrückten betont wurden. Dies war keine bloße Rhetorik. Die Notwendigkeit der Beibehaltung einer soliden und geschlossen auftretenden politischen Organisation unterstreichend und mit „illegalen" MigrantInnen in zentralen Positionen innerhalb der Bewegung, äußerte sich die politische Führung der ShackbewohnerInnen eloquent und direkt:

> „Wir haben seit Jahren davor gewarnt, dass sich die Wut der Armen in viele Richtungen entladen kann. Diese Warnung, genauso wie unsere Warnungen über die Ratten und die Feuer, das Fehlen von Toiletten, über die menschlichen Abladeplätze, die *Relocation Camps* genannt werden, die neuen Konzentrationslager, die *Transit Camps* genannt werden und über die korrupte, gewalttätige und rassistische Polizei, blieben allesamt ungehört „(AbM 2008).

Die politische Selbstbildung unter Beweis stellend, die es in den Diskussionen der Shacksiedlungen erworben hat, besteht AbM darauf, dass es nicht in erster Linie darum gehe, die Armen über Fremdenfeindlichkeit aufzuklären. Stattdessen fordert es die Gesellschaft dazu auf, sich selbst über die Realität in den Siedlungen aufzuklären, „damit wir alle tätig werden können":

> „Immerzu ist die Lösung, die „Armen zu bilden". Wenn wir an Cholera erkranken, müssen wir darüber aufgeklärt werden, unsere Hände zu waschen, wenn es in Wirklichkeit um den Zugang zu sauberem Wasser geht. Wenn wir uns verbrennen, müssen wir über Feuer aufgeklärt werden, wenn es eigentlich um den Zugang zu Elektrizität geht. Das ist nur eine Art, die Armen für ihr eigenes Leid zu beschuldigen. Wir wollen Land und Wohnungen in der Stadt, wir wollen zur Universität gehen, wir wollen Wasser und Elektrizität – wir wollen nicht darüber aufgeklärt werden, wie man in Armut überlebt. Die Lösung ist nicht, die Armen über Fremdenfeindlichkeit aufzuklären. Die Lösung ist, den Armen das zu geben, was sie für ihr Überleben brauchen. Dann ist es einfacher, gastfreundlich und großzügig zu sein. Die Lösung ist, die Fremdenfeindlichkeit auf allen Ebenen

> unserer Gesellschaft zu bekämpfen. Es ist an der Zeit, sich ernsthaft zu fragen, wie es sein kann, dass Geld und reiche Leute ungehindert durch die Welt reisen können, während die Armen sich überall mit Stacheldrahtzäunen, korrupten und gewalttätigen Polizisten, langen Warteschlangen, Abschiebungen und Umsiedlungen konfrontiert sehen [...] Lasst uns uns alle selbst über diese Fragen aufklären und bilden, damit wir alle tätig werden können." (AbM 2008)

Die Philosophie ist einfach. Sie lautet: „Keine Person ist illegal. Eine Person ist eine Person, wo auch immer sie sich befindet". Die Existenz einer Person hängt, in anderen Worten, nicht davon ab, wer deine Vorfahren waren oder wo du herkommst. Dieses Verständnis bezieht sich auf das „Ubuntu"-Konzept, das besagt, dass Teilen nicht nur auf dem Respekt vor Anderen beruht, sondern auf gegenseitiger Abhängigkeit. Es besagt: „Eine Person ist eine Person durch andere Personen" und „Ich bin, weil wir sind". Im Post-Apartheid-Südafrika ist Ubuntu jedoch zu einem mehrdeutigen Begriff geworden. In gleicher Weise, wie er als Quelle humanistischer Kritik eingesetzt werden kann, wird er ebenfalls zur Legitimierung der „Afrikanisierung", dem *Black Economic Empowerment*-Diskurs sowie der Aufrechterhaltung von Alters- und Genderhierarchien herangezogen.

Der neue Ubuntu-Geist von AbM findet in der Idee des Respekts und der Würde jedes Menschen Ausdruck, ist jedoch ebenfalls tief in der gemeinsamen Erfahrung der Armen verankert, die in den Städten leben. Anstatt verdinglicht oder ausgenutzt zu werden, wird Ubuntu in der alltäglichen Lebenswelt der ShackbewohnerInnen neu erfunden und kann daher nicht einer engstirnigen Definition über Sprache, Ethnizität oder Gender anheim fallen. In einer radikalen demokratischen Praxis begründet, hat AbM Ubuntu ebenso radikal umgedeutet, indem es ethnische, nationale oder Altersunterschiede als legitimierende Basis für Führungspositionen ablehnt. Tatsächlich spiegelt die Einbeziehung von jungen Leuten wie Mittzwanzigjährigen, von InderInnen sowie von Pondos und Xhosas in der AbM-Führung die Vision einer Ubuntu-Politik wider, die auf der Diversität kosmopolitaner Realitäten der städtischen Shacksiedlungen beruht.

In permanenter Gefahr: Der Kennedy-Coup

> „Die Nation existiert nicht in dem von der revolutionären Führung ausgearbeiteten Programm [...] [sondern] muß in dem Geist und den Muskeln der Männer und Frauen gegenwärtig sein" (Fanon 1961, *Die Verdammten dieser Erde*) (1961 [1981]: 173).

> „Unser Fehler, der Fehler, den wir Afrikaner begingen, war zu vergessen, dass sich der Feind niemals ehrlich zurückzieht." (Fanon 1967b, Toward the African Revolution).

Im Jahr 2009 war AbM zur größten autonomen Grassrooots-Organisation der Armen in Südafrika mit Mitgliedern und Allianzen mit anderen Bewegungen im ganzen Land avanciert. Doch AbM hatte die Regierung sowie lokale und regionale Eliten verärgert, indem es lokale Patronage-Beziehungen in Frage stellte, die Landesregierung über die Verfassungsmäßigkeit des *Elimination of Slums Bill* vor das Verfassungsgericht brachte und sich immer häufiger in der internationalen Presse äußerte. Gleichzeitig forderten das Wachstum und der Erfolg AbMs gegen Zwangsräumungen einen hohen Preis. Neue Mitglieder der Bewegung waren „größtenteils passiv" (Pithouse 2009: 265). Viele unter ihnen sahen die Organisation als eine Art Gewerkschaft. Shacksiedlungen begannen sich AbM anzuschließen, um Räumungen zu verhindern und nicht, um sich aktiv an der Kultur der basisdemokratischen Partizipation zu beteiligen.

Fanon argumentiert in *Die Verdammten* (1968: 247), dass die unabhängig gewordene Nation in Afrika fragil ist und sich in permanenter Gefahr befindet. Das Gleiche könnte über jede demokratische Bewegung armer Menschen in einer postkolonialen Nation gesagt werden. Während ich diesen Artikel überarbeitete, wurde die Kennedy Road-Shacksiedlung, die mit AbM verbunden ist, von bewaffneten Gangstern angegriffen, die von der lokalen Polizei unterstützt sowie von ANC-Bossen gelenkt wurden (siehe Gibson/Patel 2009).

Am 26. September 2009 attackierte eine Gruppe bewaffneter Männer – unter ihnen einige verärgerte Besitzer informeller Shebeen-Kneipen – ein Camp der AbM-Jugendliga in der Kennedy Road-Siedlung. Sie sangen Parolen des reaktionärsten und vulgärsten Zulu-Chauvinismus und drohten damit, S'bu Zikode (der Zulu ist) und Mashumi Figlan (der Xhosa ist) umzubringen. Die Polizei ignorierte alle Hilferufe, schritt jedoch sofort ein, als sich unbewaffneter spontaner Widerstand gegen die Attacke zu organisieren begann. In der Gegenwart von Polizei und lokalen ANC-PolitikerInnen wurden die Häuser von mehr als 30 AbM-AnführerInnen sowie das Büro der Bewegung und die Bibliothek systematisch zerstört. Tausende mussten aus ihren Häusern fliehen. Einige Tage nach der Attacke wurden 21 AbM-AktivistInnen festgenommen und 13 unter ihnen des Mordes angeklagt.

Als ich an der finalen Version dieses Artikels saß, waren fünf von ihnen immer noch im Gefängnis, ohne dass seit acht Monaten eine Anhörung stattgefunden hätte. Die Attacke wurde von einer kleinen Gruppe bewaffneter Männer durchgeführt, die unter starkem Alkoholeinfluss standen und von ethnischem Draufgängertum angestachelt waren. Die ethnischen Pöbeleien standen allerdings in einem ziemlich anderen Kontext als etwa die Kämpfe zwischen dem ANC und der *Inkatha Freedom Party (IFP)* oder zwischen Township- und HostelbewohnerInnen im Natal der späten 1980er und frühen 1990er Jahre. Diese Kämpfe fanden im Kontext von Revolution und Gegenrevolution statt. Letztere wurden oftmals von den Staatssicherheitskräften gesteuert und waren gegen die Befreiungsbewegung gerichtet. Die Attacken gegen AbM passten in die neue politische Situation, die im Zuge der

ANC-Konferenz im Dezember 2007 in Polokwane entstand. Damals wurde Thabo Mbeki von Jacob Zuma an der Spitze des ANC ersetzt. Während seiner Gerichtsauftritte wegen Anklagen von Korruption und Vergewaltigung benutzte Zuma Zulu-„Kultur" als Teil seiner Verteidigung. Während er die Beweggründe seiner AnklägerInnen als politisch motiviert bezeichnete, instrumentalisierte er kulturellen Chauvinismus und ließ seine AnhängerInnen in Bussen zu den Gerichtsterminen anreisen, die ihn dort unterstützen und herablassende Slogans gegen seine GegnerInnen sangen.

Die Vision eines „nicht-rassistischen", „nicht-sexistischen" (und wie manche optimistisch bemerkten „klassenlosen"!) demokratischen Südafrikas, ist, wie Neocosmos (2009) argumentiert, im Verschwinden begriffen, außer in einem grob formalistischen Sinn. An ihre Stelle ist laut Neocosmos folgendes getreten:

> „Die Betonung des Nativismus [...] und das Verknüpfen eines nationalen Projektes an die Akkumulation einiger weniger Auserwählter anstatt einer Vorstellung, in der alle BürgerInnen zusammengebracht werden könnten, um sich für einen eher gemeinschaftlichen Plan nationalen Charakters einzusetzen, hat nicht nur zu wachsender Armut geführt, sondern einen verkümmernden gemeinschaftlichen Nationalismus hervorgebracht, der sich wiederholt gegen Nicht-SüdafrikanerInnen gerichtet hat und der letztlich in massiver Form im Mai 2008 explodierte" (Neocosmos 2009).

Wie ich bereits bemerkte, verhielt sich AbM während der Pogrome im Mai 2008 proaktiv. Kommunitaristische Gewalt breitete sich nicht in Siedlungen aus, die mit AbM in Verbindung standen. Doch Zumas Wahl in Polokwane griff auf eine Unzufriedenheit zurück und gab der Praktik des Klientelismus als legitimem Weg, Politik auf lokaler Ebene zu betreiben, einen Schub – Stadträte, regionale und manchmal nationale Parlamentsmitglieder waren darin involviert. Sie wurden „von lokalen Mafias gelenkt" (Neocosmos 2009) und von einer zusehends militarisierten Polizei beschützt, die schnell jede politische Bedrohung kriminalisiert. „Ernsthafte Versuche, eine lokale Politik auf der Basis demokratischer Normen zu entwickeln", fügt Neocosmos hinzu, „prallen fortlaufend gegen die repressiven Beziehungen, mit denen sie in Konflikt kommen".

Die steigenden politischen Spannungen und Erwartungen, die mit Zumas Wahl entstanden, waren auch in den Shacksiedlungen zu spüren. Im Glauben, dass „jetzt unsere Zeit gekommen ist", machte Zumas Wahl jene zuversichtlich, die auf reaktionäre kommunitaristische Ideologie setzten. In der Kenndey Road-Siedlung konnten reaktionäre Ideen einer „Zulufizierung" sowie Gewaltausbrüche und Nativismus (oftmals durch große Alkoholmengen angeheizt) regelmäßig und oft bis spät in die Nacht gehört werden. Als Reaktion darauf beschlossen AbM-nahe Siedlungen und das von der Siedlung gewählte Kennedy Road-Sicherheitskommitte (zusammen mit der lokalen Polizei), dass Shebeens um 22 Uhr schließen sollten, um die Situation zu beruhigen. Wütend über den Verlust an Einnahmen reagierten die Shebeen-Besitzer, indem sie das Sicherheitskomitee angriffen. Der Ruf nach ethnischer Säuberung wurde zur Hauptparole, um die Attacken anzuspornen. Aber hinter dem Angriff standen nicht nur die Shebeen-Besitzer. Lokale ANC-Bosse nutzten die Gelegenheit für eine politische Übernahme der Siedlung. Die Entscheidung, die Shebeens schließen zu lassen, gab den lokalen ANC-Chefs eine Gelegenheit, die Shebeen-Besitzer für die Angriffe zu mobilisieren. Das *Kennedy Road Entwicklungskomitee* wurde von einem ANC-Komitee ersetzt, das vom Stadtrat, dem lokalen ANC-Vorsitzenden und dem Landesminister für Sicherheit eingesetzt wird. Auf dem Papier regieren sie die Siedlung. In der Praxis wird dies jedoch den Shebeen-Besitzern überlassen. Während weiterhin all jene systematisch vertrieben werden, die mit AbM assoziiert waren, sind die Shebeens wieder rund um die Uhr geöffnet.

Die Attacken im September 2009 gegen AbM spiegeln dagegen eine Verknüpfung unterschiedlicher ideologischer Positionen wider. Erstens waren provinzielle ANC-Anführer darüber verärgert, dass die Bewegung den *Elimination of Slums Act* scheitern ließ, indem sie die Landesregierung vor das Verfassungsgericht brachte. Sie sahen AbM als direkte Bedrohung ihrer „Entwicklungspläne" und ihrer eigenen ökonomischen und politischen Interessen an. Zweitens stellten die „Brandmarkung" korrupter ANC-Anführer und Geschäftsmänner durch AbM sowie die Entscheidung, nicht zu wählen, eine direkte Bedrohung der ANC-Machtbasis auf lokaler Ebene dar. Diese beruhte darauf, dass nicht gewählte oder besterdings autoritäre Führer einzelne Siedlungen massenweise als garantierte WählerInnen „lieferten". Drittens bedrohte der Erfolg der Verhandlungen zwischen AbM und der Stadt über die Erneuerung der Shacks in der Kennedy Road den Geldzufluss dieser Führer. Die lokale ANC-Branche sah AbM so, wie es sich selbst sah: als eine Patronage-Organisation, und damit als eine ernst zu nehmende politische Bedrohung. Deswegen wurde AbM als oppositionelle politische Organisation und direkter Gegner betrachtet, der eliminiert werden musste.

Angesichts des Ausmaßes an fremdenfeindlicher Gewaltbereitschaft, gegen das AbM anfangs zu kämpfen hatte, wäre es leichtsinnig zu glauben, dass die bloße Existenz von AbM konservativen Ideologien in den Slums ein Ende bereiten würde, diejenigen inbegriffen, die sich für einen „Traditionalismus" als einer Kritik gegen die Korruption und die Vetternwirtschaft durch die lokale Regierung aussprachen. AbM ist, selbstverständlich, kritisch gegenüber Korruption und Vetternwirtschaft, und AbMs demokratische Praxis – alle in die Entscheidungsprozesse und in die Wahl von Führungs- und Entscheidungspositionen zu integrieren – lehnt den Ausschluss aufgrund von Gender, Ethnizität oder legalem Status ab. Während es die Kulturen und Geschichten der Mitglieder respektiert, lehnt es „traditionelle" Ideen des altersabhängigen Respekts und der Patriarchie ab und argumentiert, dass derartige Überzeugungen sowie chauvinistische und andere Positionen, welche die Gemeinschaft spalten könnte, am besten in offenen Treffen ausdiskutiert werden, wo jedeR frei sprechen kann. Diese Themen erreichten 2009 einen Höhepunkt in der Kennedy Road, als Räume für Diskussionen zusehends geschlossen wurden, während die Attacken bis 2010 fortdauerten. In dieser Zeit wurde jedeR, die oder der mit AbM assoziiert war, dazu gezwungen, die Mitgliedschaft zu kündigen oder die Siedlung zu verlassen.

Die Attacken blieben nicht auf die Kennedy Road beschränkt. Der ANC intensivierte seine Kampagne gegen AbM und mobilisierte Busse voller UnterstützerInnen zu den Gerichtsverhören, um AbM und unterstützende Kirchenvertreter einzuschüchtern und zu belästigen. AbM wurde vorgeworfen, eine gegenrevolutionäre Kraft zu sein, eine (anti-Zulu) Front für die Oppositionspartei *Congress of the People (COPE)* oder eine (anti-ANC) Front für die IFP. Gegendemonstrationen außerhalb des Gerichts drängten den Richter dazu, denen, die in der Kenndey Road verhaftet wurden, Freilassung auf Kaution zu verweigern. Kurz, die Gewalt und die Androhung von Gewalt, Einschüchterungen und Kriminalisierung sowie die Fragmentierung ihrer erfahreneren Mitglieder hatten den Effekt, die Bewegung in den Untergrund zu drängen. Die Frage ist: Inwieweit werden diese externen Herausforderungen AbMs „lebende Politik" beeinflussen? Da Abahlalismus auf kollektiven Diskussionen basiert und darauf, geduldig Problemlösungen auszuarbeiten, benötigt AbM nicht nur Offenheit und Raum, sondern ebenfalls aktive und engagierte Mitglieder. AbM hat hart dafür gekämpft, sich diesen Raum zu erarbeiten, doch dieser Raum kann niemals als selbstverständlich erachtet werden. Nach den Attacken existiert AbM weiterhin und fährt damit fort, Versammlungen abzuhalten. Doch ungeschützt, von der Polizei und den Staatssicherheitsdiensten belästigt und ständig von Gerüchten und Provokationen umgeben, wurde die Organisation ernsthaft zerrüttet. Wenn eine Organisation, die auf öffentliche Versammlungen und Gemeinschaftlichkeit für ihr Überleben angewiesen ist, zerschlagen und in eine halb-klandestine Situation gedrängt wird, entsteht eine Vielzahl neuer Probleme und unheilvoller Intrigen. Die Zeit zwischen 2009 und 2010 war ein Wendepunkt für AbM.

Die Stärke von AbM sollte nicht überschätzt werden. Es ist eine Bewegung, die auf der Basis des täglichen Ausnahmezustandes der ShackbewohnerInnen entstand. Aber in Reaktion auf neue Herausforderungen und Krisen, sei es das Verbot von Demonstration und Märschen, die Gefangennahme von Mitgliedern und AnführerInnen oder die fremdenfeindliche Gewalt von 2008, ist AbM als Organisation reifer geworden. AbMs Existenz hängt selbstverständlich vom eigenen Können ab, sich angesichts gewalttätiger Räumungen als demokratische und kritische Grassroots-Bewegung in den Shacksiedlungen zu organisieren, vor allem im Jahr der Weltmeisterschaft.

An Stelle eines Fazits

„Bei unserem Kampf und bei jedem echten Kampf geht es darum, den Menschen in das Zentrum der Gesellschaft zu stellen, mit denen beginnend, denen es am schlechtesten geht." (AbM 2008, Stellungnahme zu den fremdenfeindlichen Attacken in Johannesburg).

AbM hat eine Infrastruktur der Selbstorganisation entwickelt, die auf Dezentralisierung, Autonomie, Basisdemokratie und Verantwortung beruht. AbM mag nicht Fanons „Zukunftshimmel" sein, oder das Scheinbild der Pariser Kommune, wie Kovel (2007: 251) betont. Aber mit ihrer demokratischen, dezentralisierten und inklusiven Form fördert es eine alternative Politik, in der, wie Rancière (in Hallward 2005: 771 zitiert), die Marxsche Kritik des Gotha-Programms wiederholend, es ausdrückt, „Gleichheit nicht ein Ziel ist, das erreicht werden kann, sondern ein Ausgangspunkt, eine Annahme, die unter allen Umständen beibehalten werden muss".

Die Organisation ist dankbar für Akte gelebter Solidarität, lehnt jedoch Geld und politische Macht von Seiten der Regierung und der meisten NGO-Gruppierungen ab. Sie ist ein „lebender Organismus" (1968: 170), wie ihn Fanon verstand. Wie ich bereits erwähnte, nennen ihre AnhängerInnen AbM „lebende Politik", und damit stellt die Bewegung eine Herausforderung für engagierte Intellektuelle und AktivistInnen dar, wie sie Fanon in *Die Verdammten* beschrieb, nämlich dass Intellektuelle sich in die „Schule der einfachen Leute" zu begeben hätten. Nach der Erfahrung mit dem Elitismus einiger Linker, oftmals aus dem globalen Norden stammender Intellektueller, die aktiv abstreiten, dass arme Menschen ihre eigene Politik denken können, fordert AbM, dass Intellektuelle, die wirklich mit ihnen in Dialog treten und mit ihnen arbeiten wollen, zuerst in die Siedlungen kommen und hören, was sie zu sagen haben. Sie können dann Teil dessen sein, was Fanon als die Politik des „in der Geschichte Leben" bezeichnete (1968: 147). Zikode (2008), der gewählte AbM-Vorsitzende, drückte die Problematik der Intellektuellen prägnant aus:

> „Wir dachten immer, die Arbeit der Intellektuellen sei es, nachzudenken und für die Armen zu kämpfen. Es ist uns nun klar, dass (einige) Intellektuelle ihre Arbeit darin sehen, unsere Intelligenz festzustellen, was sie zu tun versuchen, indem sie unsere Intelligenz untergraben. Das ist ihre Politik und das Ergebnis ist klar. Wir werden als Leute dargestellt, die nicht kompetent genug sind, um für sich selbst zu sprechen."

Wissen ist weder Privatbesitz noch Mittel für den Fortschritt eines Einzelnen. Es sollte geteilt und weiterentwickelt werden als ein praktisches Unterfangen, das damit beginnt, die Geographie des Verstandes zu verlagern.

Übersetzung aus dem Englischen: Moses März & Eric van Grasdorff

Erstmals erschienen unter dem Titel „What Happened to the "Promised Land"? A Fanonian Perspective on Post-Apartheid South Africa" in Antipode, 44: 1 2012, S. 51-73.

10 Jahre Chimurenga Magazine

Interview mit Ntone Edjabe

Ntone Edjabe ist in Kamerun geboren und aufgewachsen. Nach seinem Studium in Nigeria siedelte er nach Südafrika über, wo er bis heute als Journalist, Schriftsteller, DJ und Basketballcoach arbeitet. Er ist Mitbegründer des *Pan African Market,* einem kommerziellen und kulturellen Zentrum an der Long Street im Zentrum Kapstadts. In 2002 gründete er *Chimurenga* (Freiheitskampf), eine innovative, panafrikanische Publikation an der Schnittstelle zwischen Kultur, Kunst und Politik. 2004 war er Kurator des *„Time of the Writer"*-Festivals und nahm 2007 als Schriftsteller selbst an dessen 10. Ausgabe teil. Edjabe ist außerdem Mitbegründer des DJ-Kollektivs *Fong Kong Bantu Soundsystem*. 2011 erhielt er den Hauptpreis der *Prince-Claus-Stiftung* für seine Arbeit beim Aufbau der Chimurenga-Plattform.

AfricAvenir (AfA): Die erste Chimurenga-Ausgabe erschien im Jahr 2002. Welche Veränderungen und Kontinuitäten sind für die Publikation nach einem Jahrzehnt bezeichnend?

Ntone Edjabe (NE): Anfänglich gab es hinter dem Projekt keine klare Strategie, und ich denke, das ist einer der Gründe, weswegen es Chimurenga noch immer gibt. Ursprünglich war Chimurenga als ein einzelnes Buch geplant. Ich arbeitete damals als Journalist. Zusammen mit ein paar Freunden produzierte ich eine Menge Material, ohne dass es eine Plattform gab, das zu drucken. Im Printbereich gab es einfach keinen Platz für längere Features, analytisches und reflektiertes Schreiben. Da ich damals und noch heute sehr in die Musikszene involviert war, bat ich ein paar meiner Freunde und einige meiner Lieblingsautoren in der Szene, Texte einzureichen, die Musik und Politik betrafen.

Anfänglich war es eine gänzlich persönliche Initiative. Ich sammelte Texte und stellte sie zusammen. Wir nannten es Chimurenga – Music and Politics. Music is the Weapon. Trotzdem gab es keine eindeutige Strategie dahinter. Jeder nahm es unterschiedlich wahr, und manche dachten, dass es die erste Ausgabe eines Magazins sei. Da ich Chimurenga selbst verteilte, bei Konzerten und in ein paar Buchläden, fingen Leute an, mir ihre eigenen Texte zuzuschicken. Als die erste Ausgabe ausverkauft war, hatten wir bereits genügend Material für ein zweites Heft. Zu diesem Zeitpunkt merkten wir, dass wir nicht immer darauf warten konnten, dass Leute auf unsere Publikation reagieren, damit wir dann antworten konnten. Wir entschieden uns deswegen, vier Ausgaben im Voraus zu planen, und obwohl wir in den ersten zwei oder drei Jahren praktisch wie ein Magazin funktionierten, verstanden wir Chimurenga nicht als Magazin im engeren Sinne. Das Ganze war von Anfang an sehr organisch. Jetzt, nach zehn Jahren, hat sich das zu einer Strategie und einer Philosophie entwickelt. Wir haben trotzdem immer versucht, so reflexiv wie möglich zu bleiben, damit wir absehen können, was funktioniert und was nicht funktioniert, was wichtig und was unwichtig ist.

AfA: Euer aktuelles Projekt, die Chimurenga Chronic, erschien 2011 im Format einer Wochenzeitung, zurück datiert auf eine Woche im Mai 2008. Mit bis zu 300 Seiten ist die Publikation sehr umfangreich und klingt eher nach einem Buch. Habt Ihr das Zeitungsformat gewählt, um es grundsätzlich in Frage zu stellen?

NE: Das Zeitungsformat ist nur ein Aspekt unter vielen. Ein anderer Aspekt ist unsere Beziehung zur Zeit. Ob Zeit linear oder zyklisch wahrgenommen wird, hängt davon ab welcher Philosophie man anhängt. Mein eigener Eindruck ist, dass wir in einer Perspektive gefangen sind, ohne sie genügend in Frage zu stellen. Wir wollten mit der Idee der Zeitreise spielen, und wir wollten dafür ein Instrument benutzen, das eigens dafür geschaffen wurde, Zeit und Raum zu markieren: die Zeitung. Mit diesem Instrument wollten wir dann beides dekonstruieren, sowohl das Instrument selbst als auch unser Zeitverständnis. Obwohl wir eine Zeitung geschaffen haben, die im Jahr 2008 spielt und 2011 veröffentlicht wird, haben wir uns dazu entschieden, keine Retrospektive zu machen. Wir sagen stattdessen: „Es ist 2008, wir sind physisch im Jahr 2008 und heute produzieren wir die Zeitung für 2008, um uns mit dem kolonialen Projekt der Zeitung auseinanderzusetzen." Unser Verständnis für Geschichte, unser Verständnis davon, was wichtig ist und unser Sinn für das, was wertvoll genug ist, um aufgeschrieben zu werden, sind von diesem Medium geprägt. Also ja, unser Projekt ist es, die Zeitung zu dekonstruieren, aber noch mehr als das.
Es geht auch um Sprache. Zeitungen tragen so viel zur Erfindung von Sprache bei. Wie wir über viele Themen sprechen, ist bereits davon vorbestimmt, wie Zei-

tungen daraus ein Thema gemacht haben. Ein weiterer Aspekt, mit dem wir uns auseinandersetzen wollten, war die Krise vom Mai 2008, die den gesamten afrikanischen Kontinent geschockt hat. Für mich war dieses Ereignis im Vergleich dazu, wie damals darüber berichtet wurde, viel bedeutender.

AfA: Die Statistiken der Attacken vom Mai 2008 sind in Südafrika weitgehend bekannt. Mehr als 60 Menschen starben und etwa 100.000 wurden vertrieben. Die Gründe des Gewaltausbruchs sind allerdings noch immer undeutlich. Welche neue Perspektive bietet die Chronic in dieser Hinsicht an?

NE: Wir wollten zurück gehen zu diesem Moment, um neu über ihn zu berichten und ihn zu analysieren – nicht nur die Ereignisse selbst, sondern alles, was rund um die Welt in dieser Zeit passierte und was auf die eine oder andere Art einen Einfluss auf die Geschehnisse in Südafrika hatte. In diesem Sinne wollten wir keine südafrikanische Zeitung sein. Eine südafrikanische Zeitung zu kreieren hätte uns nur wieder in südafrikanischer Engstirnigkeit gefangen gehalten. Wir wollten stattdessen eine Zeitung produzieren, die nicht räumlich gebunden ist, was jedoch die meisten Zeitungen bewusst oder unbewusst sind. Die Cape Times ist die Cape Times, die New York Times ist die New York Times. Diese Zeitungen sehen die Welt aus der Perspektive Kapstadts oder New Yorks. Wir dagegen wollten eine Zeitung kreieren, die alles von einem analytischen, einem ideologischen und einem philosophischen Ort aus betrachtet, nicht von einem physischen Ort. Das ist schon in sich sehr widersprüchlich, da Zeitungen ihrem Wesen nach genau dazu da sind, tagesaktuell zu sein.
Da unsere Zeitung auf beides zielt – sowohl zeitlich als auch räumlich unabhängig zu sein – entschieden wir uns dazu, drei bzw. eigentlich vier unterschiedliche Standorte zu haben. Nicht im Sinne von KorrespondentInnen, sondern in dem Sinne, dass die Chronic in Lagos, Nairobi, Johannesburg und Kapstadt gleichermaßen relevant sein musste. Wie die Zeitung hier und dort gelesen wird, insbesondere was Aspekte wie Slang und Referenzen betrifft, ist letztendlich eine der Herausforderungen des Projekts. Ich denke allerdings, dass wir nach 20 Jahren im Zeitalter des Internets intellektuell besser dafür gerüstet sein sollten, Ideen, die außerhalb der Falle von Zeit und Raum sind, umzusetzen.

AfA: Während einige KommentatorInnen den Gewaltausbruch von 2008 als einen Wendepunkt für Post-Apartheid-Südafrika bezeichneten, betonen andere eher die Alltäglichkeit der Gewalt, welche die südafrikanische Gesellschaft kennzeichnet. Wie schafft es die Chronic, die Balance zwischen der Betonung des Außerordentlichen und dem strukturellen Charakter der Gewalt von 2008 zu halten?

NE: Wenn ich es für mich selbst zusammenfassen müsste, würde ich sagen, dass es beim Chimurenga-Projekt genau darum geht, die Herausforderung der Komplexität anzunehmen, anstatt sich gegen sie zu wehren. Von afrikanischen DenkerInnen wird oft erwartet, dass sie Sachverhalte vereinfachen, weil wir in einer Logik des Notstands gefangen sind. Wenn es immer Hungersnöte, Miseren und Krieg gibt, ist es schließlich unmöglich, daran zu denken, zum Mond zu fliegen. Tatsächlich ist es dann unmöglich, überhaupt zu denken. Im Wesentlichen geht es Chimurenga deswegen darum, uns aus dieser Sackgasse zu befreien. Aber wie, wenn man gleichzeitig in dieser notstandsgesteuerten Welt existiert? Die Krise ist ja schließlich keine Einbildung. Es gibt wirklich Hungersnöte und Kriege. Aber es gibt eben auch Leben. Es gibt eben auch Innovation, Denken, Träume und all die Dinge, die das Leben ausmachen. Es ist komplex, und unser Ziel ist es, diese Komplexität zu artikulieren.

AfA: Dieser Wunsch, die Komplexität der gegenwärtigen Situation zu artikulieren, ist womöglich einer der Gründe, weswegen neue LeserInnen zunächst vom Design und Inhalt der Publikationen irritiert sind.

NE: Wahrscheinlich ist es schwierig, die Komplexität zu artikulieren, ohne dabei verstörend zu wirken. Die Arbeit von Leuten wie Edouard Glissant macht mir jedoch Mut. Glissant spricht von dem „right to opacity", das Recht auf Opazität, auf Undurchdringlichkeit. Für mich ist das ein sehr befreiender Gedanke. Obwohl wir das Magazin schon eine ganze Weile herausbrachten, bevor ich Glissants Arbeiten kennenlernte, hat sein Schreiben zweifellos für das, was wir produzieren, neue Perspektiven eröffnet. Wir haben begonnen, die Opazität anzunehmen, anstatt vor ihr wegzurennen.
Wir versuchen nicht mehr, ständig zu erklären, was wir tun beziehungsweise überhaupt unsere Existenz zu rechtfertigen. Nicht, dass Erklärungen und Rechtfertigungen grundsätzlich schlecht wären, aber für uns gibt es absolut keine Notwendigkeit, zu wissen, warum wir machen, was wir machen. In erster Linie tun wir es, weil wir am Leben sind. Das war eine sehr befreiende Idee für uns, und sie beeinflusste auch das Design des Magazins und unsere Textauswahl. Es hat uns diese Halb-Obskurität besser verstehen lassen, unsere Marktstrategie und unsere Weigerung, sichtbar zu sein, wie auch unsere Weigerung, unsichtbar zu sein. Es geht nämlich nicht darum, unsichtbar zu sein.

AfA: Im Vergleich zu akademischen Journals und Literaturmagazinen gilt das Zeitungsformat als das zugänglichere Medium. Ist die Chronic ebenfalls ein Versuch Chimurengas, mit einem größeren Publikum in Kontakt zu treten?

NE: Die Zeitung ist mal mehr und mal weniger zugänglich, denn sie hat auch kommerzielle Implikationen. Auf der Ebene der Ideen und der Intention ist es aber tatsächlich eine Plattform, die im Wesentlichen öffentlich ist. Da sie auf der Straße verkauft wird und nicht in einer Spezialbuchhandlung, entsteht ein sehr direkter Kontakt zur Öffentlichkeit. Wenn du hier auf dem Bürgersteig läufst, siehst du die Zeitungsposter an den Straßenlaternen. Wir wollten uns mit diesem Aspekt der Zeitung auseinander setzen und haben eine ganze Posterkampagne als Teil unseres Chronic-Projekts geplant. Wir werden Poster produzieren und sie in Johannesburg, Kapstadt, Lagos und Nairobi aufhängen, jeweils einen Monat, bevor die Zeitung erscheint. Die Chronic wird auch auf der Straße erhältlich sein. Sie wird neben dem Star, der Cape Times und The Nation in Nairobi liegen, damit wir wirklich mit diesem öffentlichen Raum in Berührung kommen.

AfA: Wie geht die Chronic mit den sprachlichen Herausforderungen in der Beschreibung der fremdenfeindlichen Gewalt von 2008 um? „Fremdenfeindlichkeit" ist ein sehr umstrittener Begriff im südafrikanischen Kontext. „Rassismus" oder „Afrophobie" wurden nach den Attacken ebenfalls in intellektuellen Debatten als erklärende Begriffe für die Ereignisse benutzt.

NE: Ich glaube, diese Frage betrifft mehrere Aspekte. Zunächst ist Südafrika eine Gesellschaft, in der Rassismus institutionalisiert ist. Hier hast du entweder mehr oder weniger Zugang zu Institutionen. Das ist keine historische oder legale Angelegenheit, sie ist ganz einfach funktional. In diesem Kontext muss man dazu in der Lage sein, die Besonderheit der hiesigen Fremdenfeindlichkeit zu erkennen – und ich denke, diese Besonderheit existiert. Der südafrikanische Staat hat im Laufe der letzten drei Jahre große Anstrengungen unternommen, den Begriff der Fremdenfeindlichkeit aus der Sprache und aus dem öffentlichen und kritischen Diskurs zu streichen. Er hat versucht, den kriminellen Aspekt der Attacken zu betonen und dadurch das Problem entpolitisiert. So ist es zu einer Klassenfrage geworden, und die Rhetorik dahinter ist, dass es „arme Menschen [sind], die sich wie arme Menschen verhalten".
Ich denke aber, dass es in diesem Kontext eine eindeutige Identifikation des Anderen gab, der durch Sprache, Verhalten oder Geschichte identifiziert wurde. Diese Handlung ist natürlich mit Rassismus verbunden, und selbstverständlich auch mit Kolonialismus und damit, wie Menschen von ihm definiert und markiert wurden. Das alles ist keine spezifisch südafrikanische Angelegenheit. Deswegen können wir mit dem Thema nicht als südafrikanische Zeitung umgehen. Was wäre dann mit der Elfenbeinküste? Was wäre dann mit dem Biafra-Krieg in Nigeria? Was wäre mit Kenia? Wir können Fremdenfeindlichkeit als übergreifendes Thema benutzen, aber wir könnten genauso gut Tribalismus oder Rassismus benutzen. Meine Frage ist: „Wie können wir uns von Fragen der Semantik lösen und uns wirklich mit dem gemeinsamen Nenner dieser verschiedenen Situationen auseinander setzen?"

Abschließend möchte ich betonen, dass, obwohl Fremdenfeindlichkeit das Hauptthema dieser ersten Ausgabe ist, das Wort selbst nur sehr selten auftaucht. In den 350.000 Wörtern dieser Chimurenga-Ausgabe wird Fremdenfeindlichkeit vielleicht fünfmal gebraucht, denn darum geht es uns auch nicht. Die Themen, die wir untersuchen, sind Grenzthemen: mentale und physische Grenzen. Wir untersuchen auch Aspekte wie das Geschäft der Migration. Was machen eigentlich die mächtigen multinationalen Unternehmen, egal ob Western Union oder Visumssystem, die Geld damit machen, dass Menschen ihr Zuhause verlassen? Diese Fragen werden gar nicht erst untersucht, statt dessen reden wir lieber über den armen Migranten, der in der Sahara stirbt. Aber wenn wir über die Verzweiflung von Flüchtlingen sprechen, sollten wir auch die Frage stellen, wer unterdessen aus dieser Situation Profit schlägt. Was für eine Industrie steht dahinter? Irgendjemand muss diese Fragen untersuchen, damit wir darüber sprechen und uns endlich aus der Logik des Ausnahmezustandes und des Staates lösen können.

AfA: Letzteres bedeutet auch, dass die Geschichte Südafrikas nicht mehr als „Ausnahmefall", getrennt von der Geschichte des restlichen Kontinents, erzählt werden kann.

NE: Für mich waren die Ereignisse von 2008 der Moment, an dem Südafrika offiziell in die postkoloniale Phase eintrat. Genau das ist es, was die Chronic versucht, herauszustellen. Das Argument eines südafrikanischen Ausnahmestatus hat absolut keine Basis mehr, auch wenn das südafrikanische Parlament sich noch immer als außergewöhnlichen und hyperdemokratischen Ort verstehen mag. Im Grunde ist es das nicht. Wir wollten den Moment festhalten, in dem Südafrika offiziell ein afrikanisches Land wurde. Später können wir uns darüber streiten, doch zunächst müssen wir in der Lage sein, diesen Moment zu markieren, und zwar so deutlich zu markieren, dass wir eine breitere Diskussion provozieren. Nur dann können wir wirklich darüber sprechen, was in anderen afrikanischen Ländern passiert. Im Gegensatz zu oberflächlichen Debatten nach dem Motto: „Was ist nur mit diesen IvorerInnen los, warum können die ihren Präsidenten nicht akzeptieren?" oder „Was ist eigentlich mit den NigerianerInnen los, warum können die keinen ordentlichen Job finden?"

AfA: Es gibt eine fortlaufende Debatte darüber, dass der African National Congress (ANC) die Pressefreiheit mit einem neuen Gesetz, der Secrecy Bill, beschränken möchte. Wie haben Sie diese Debatte wahrgenommen? Und was denken Sie über den aktuellen Stand des Journalismus in Südafrika?

NE: Was die Presse in Südafrika angeht, existiert eine Art Paranoia. Die Zeitungen hier wurden lange Zeit von einigen wenigen Unternehmen kontrolliert, aber auch von einigen wenigen Denkschulen. Die Idee der vierten Staatsmacht schreibt der Zeitung einen Einfluss zu, den sie nie wirklich hatte. Jetzt, da die ANC-PolitikerInnen sich auch wie PolitikerInnen verhalten – nicht wie RevolutionärInnen – entsteht hier plötzlich eine Paranoia, die alle über Meinungsfreiheit sprechen lässt.

Mein Eindruck war immer, dass in diesem Land kein Konzept der Freiheit außer dem der individuellen Freiheit entwickelt wurde. Jedes Mal, wenn es eine Krise gibt, ist die erste Flagge, die die Intellektuellen hissen, die der individuellen Freiheit. Gleichzeitig fehlt ein Konzept gemeinschaftlicher Freiheit. Freiheit wird immerzu auf die Ebene des Individuums reduziert, wo alle angeblich gleich sind und machen können, was immer sie wollen – egal, ob du in einem Township oder in einem der schicken Stadtteile wohnst. Das ist absoluter Blödsinn.

Die Chronic ist eine Form, mit dieser Paranoia umzugehen. Als der ANC damit begann, Zeitungen zu bedrohen, reagierten die Medien hysterisch und sagten: „Oh, jetzt verhaltet ihr euch wie afrikanische Diktatoren! Ihr wollt die Presse kontrollieren!" Gleichzeitig gibt es in Ländern wie Burkina Faso oder Kamerun viel strengere Pressegesetze. Aber an diesen Orten finden die Leute alternative Wege, an der Diskussion teilzunehmen und das System zu untergraben. Ich will diese Fälle nicht romantisieren, sondern eher den Umstand betonen, dass die Leute dort nicht auf die Straße gehen und um Hilfe schreien. Dazu sind sie viel zu sehr damit beschäftigt, mit der Repression umzugehen. In dieser Tradition können wir unter anderem das Entstehen der satirischen Presse von Zentral- bis Westafrika Mitte der 1990er Jahre verfolgen. Das waren die Orte, wo Leute subversive Ideen in Form von Comics und Cartoons veröffentlichten.

Im Gegensatz dazu gab es in Südafrika eine große Entrüstung, als vor fünf Jahren die Boulevardzeitungen erschienen, weil es hier so eine tief verankerte konservative Vorstellung davon gibt, wie eine seriöse Zeitung auszusehen hat. „Ihr könnt diese Leute nicht ernst nehmen", war die Reaktion, „die schreiben über Hexen!". Für mich klang das alles ziemlich zurückgeblieben. Es war jedenfalls nicht ein Versuch, sich mit der Realität auseinander zu setzen. In diesem Kontext wollten wir mit einer Zeitung auftreten, die ernsthaft ist und deswegen nicht als Comic abgetan werden kann, die aber auch genau mit den Ideen arbeitet, mit denen sich Comics und Satirezeitschriften beschäftigen.

AfA: Im Gegensatz zu Johannesburg ist Kapstadt als eine Stadt bekannt, die sich hartnäckig dagegen wehrt, sich von ihrer kolonialen Vergangenheit abzuwenden und die Identität einer afrikanischen Weltstadt anzunehmen. Wie positioniert sich Chimurenga an diesem speziellen Ort?

NE: Wir befinden uns gewissermaßen sowohl inner- als auch außerhalb von Kapstadt. Chimurenga würde ohne dieses Gebäude, den Pan African Market, nicht existieren. Das ist mir sehr bewusst. In erster Linie war es für mich wichtig, hier eine Art Inselmentalität entstehen zu lassen. Wir sind mitten in der Stadt, und gleichzeitig sind wir es nicht. Hier haben wir eine Realität entstehen lassen, in die FreundInnen vom gesamten afrikanischen Kontinent kommen können, um mit diesem Konstrukt zu spielen und ironisch sein zu können.

Zweitens war es mir wichtig, eine Möglichkeit zu finden, einen Lebensunterhalt mit unserer Arbeit zu verdienen – und das mitten in der Stadt. Trotzdem befinden wir uns immer noch an der Peripherie und bestehen darauf, eine andere Sprache zu sprechen. Wir versuchen, dieser Stadt aufzuzwängen, dass sie sich mit uns zu unseren Konditionen auseinander zu setzen hat. Wir wollen nicht Teil der Kulturszene Kapstadts werden, aber gleichzeitig nehmen wir an ihr teil. Hier muss sich noch so viel ändern. Sobald du es dir hier gemütlich machst, bist du verloren.

Das Interview führte Moses März.

Aus dem Englischen übersetzt von Moses März.

Grüner Donnerstag im Leben der Senegalesischen Nation

Der Tag, an dem sich alles änderte und die tickende Bombe endlich explodierte

Blogeintrag von Arame Tall, 24. Juni 2011

Arame Tall ist Klima-Dienstleistungsexpertin beim *Research Program on Climate Change, Agriculture and Food Security (CCAFS)*, das am *International Crops Research Institute for the Semi-Arid Tropics (ICRISAT) Centre* angesiedelt ist. Ihr Job beinhaltet das Herstellen von Partnerschaften zwischen nationalen Wetterdiensten und landwirtschaftlichen Organisationen in in allen Prioritätsländern des CCAFS. Ziel ist es, Landwirten den Zugang zu den von ihnen benötigten Informationen zu ermöglichen, um sich besser gegen drastische Klimaveränderungen wappnen zu können.

Arame Tall ist außerdem eine aktive Bloggerin und schreibt vor allem zu Menschenrechtsthemen in ihrem Heimatland Senegal.

Das Volk des Senegal trat heute in all seinen schillernden Farben auf die Straße, um die Republik zu verteidigen und seiner vollkommenen Souveränität über sein Schicksal Ausdruck zu verleihen.

Grün ist die Farbe der Hoffnung, die Farbe des Umbruchs, die Farbe des Widerstandes gegen die erdrückende Hand, mit welcher die Regierungspartei PDS [Parti Démocratique Sénégalais] den Senegal in den vergangenen elf Jahren regierte – ihre Farbe war Blau, einst ein Symbol für SOPI, oder Veränderung, als der PDS-Vorsitzende Abdoulaye Wade 2000 an die Macht gewählt wurde und der 40jährigen Herrschaft [der Sozialistischen Partei, PS] ein Ende setzte.

Heute wurden überall in den Straßen des Landes Flaggen und Parteigebäude der PDS verbrannt und Autos, Regierungsgebäude und Häuser bekannter Offiziere der Regierungspartei mit Steinen beworfen.

> Donnerstag, der 23. Juni war wirklich ein historischer Tag im Leben der Nation, den wir, die Jugend des Senegal, niemals vergessen werden. Das ganze Volk ging zusammen auf die Straße, in all seiner Pracht und Wut, ob Mann oder Frau, jung oder alt, arm und reich, hochrangige Politiker und einfache Männer und Frauen, um gegen einen Gesetzesvorschlag des Präsidenten zu demonstrieren, welcher das Wahlrecht so ändern sollte, dass eine einfache Wiederwahl Abdoulaye Wades für ein nunmehr drittes siebenjähriges Mandat bei den Wahlen im Februar 2012 ermöglicht würde. Vorgesehen sind die Herabsetzung der ursprünglich 50 Prozent der Stimmen, die benötigt werden, um den ersten Wahlgang zu gewinnen, auf 25 Prozent, sowie die Einrichtung einer Vizepräsidentschaft. Dies alles ohne jegliche Zustimmung des Volks, für eine derart grundlegende Verfassungsänderung eine Grundvoraussetzung.

Allerdings gingen die Menschen im Senegal heute nicht nur auf die Straße, um berechtigter Weise gegen die Verfassungsänderungen zu protestieren. Sie sind vor allem heraus gekommen, weil die Regierung diesmal wirklich zu weit gegangen ist; dieser Gesetzesentwurf ist der Tropfen, der das Fass zum Überlaufen bringt.

> Diese Explosion in Gestalt Hunderttausender senegalesischer Männer, Frauen und Heranwachsender, die in den Hauptstraßen Dakars sowie in allen anderen Regionalhauptstädten des Landes (Thiès, Diourbel, Kaolack, Fatick, Saint-Louis, Ziguinchor) protestierten, forderten von der Nationalversammlung die Ablehnung dieses in Prüfung befindlichen Gesetzesentwurfs. Die Menschen kämpften mit ihren bloßen Händen und Steinen gegen bewaffnete Polizisten, während sie aus voller Kraft schrien: „Y'en a marre!" (Wir haben's satt!). Dieses war die Explosion einer Bombe, die meiner Meinung nach schon seit fünf Jahren tickte.

Tatsächlich hat der über 80jährige senegalesische Präsident Abdoulaye Wade während der letzten fünf Jahre – seit seiner kontroversen Wiederwahl in 2007 – einen politisch-finanziellen Skandal nach dem anderen provoziert, was seine einst große Beliebtheit in den Keller sinken liess. Um nur einige der Skandale zu nennen: Misswirtschaft und Verprassen von Milliarden der *Muslim Summit Organization* durch seinen Sohn; Millionen aus der teilweisen Privatisierung des nationalen Stromversorgers *Senelec* und kürzlich aus der Vergabe der Telekommunikationskonzession an einen dritten, weniger konkurrenzfähigen Anbieter als *Orange*, der zwar der größte Telekom-Anbieter in der Region ist, mit dem der Präsident jedoch einen Deal unter dem Tisch gemacht hat; Privatisierung des nationalen Hafens zugunsten eines privaten Wirtschaftsunternehmens aus Dubai, welches Verbindungen zu seinem Sohn pflegt; Durchwühlen einer oppositionellen Rundfunkanstalt durch einen von Wades „Offizieren", der dafür niemals vor Gericht gestellt wurde; Errichtung einer gigantischen unbeliebten Statue aus öffentlichen Mitteln, 35 Prozent der Gewinne streicht jedoch Wades private Stiftung ein; erst kürzlich Kauf eines mehrere Milliarden Francs CFA teuren Hauses in der vornehmen Gegend der Stadt, welches der Präsident in bar bezahlte und dadurch den Finanzmarkt destabilisierte; mehrere gemeldete Diebstähle von Millionen von Francs CFA aus Wohnsitzen von Ministern, woraufhin sich die Menschen zu Recht fragten, warum Minister solche Summen zu Hause im Tresor aufbewahren und nicht in einer Bank; Parzellierung und Verkauf von öffentlichem Land, das für die Umsiedlung im Falle humanitärer Krisen ideal gewesen wäre; Parade der Luxuskarossen auf der neu gebauten Corniche, die vom Palast des Präsidenten zum Flughafen führt, während sich die Mehrheit der Bevölkerung stundenlang im dysfunktionalen öffentlichen Nahverkehr abkämpft, um von den billigeren Wohnquartieren in den Vororten zu ihrer Arbeit in Dakar City zu kommen; die Immobilienblase; eine generelle Atmosphäre der Straflosigkeit und der Jagd auf jene, die es wagen, außerhalb des intimen Kreises des Präsidenten zu Geld zu kommen; die wiederholte Schaffung und Auflösung von Ministerien, Institutionen und staatlichen Stellen – offenbar sind diese erforderlich, um den treuen Anhängern und PDS-Freunden ein Stück vom Kuchen abzugeben... Die Liste der Skandale ist endlos.

Der unerträglichste Skandal für den Senegal – ein Land, darauf sollte hingewiesen werden, das erst seit 1974, als es gerade 14 Jahre frei von kolonialistischer Unterdrückung war, Mehrparteienwahlen durchführt – ist allerdings Wades Wegbereitung für seinen Sohn, um diesem die Republik zu vererben. Zuerst war es nur ein Gerücht, welches die SenegalesInnen nicht glauben konnten; schließlich hatten sie Wade doch gerade erst vor sieben Jahren gewählt. In den letzten fünf Jahren jedoch wurde dies durch diverse (Misse-) Taten des Präsidenten und seines Sohnes immer offensichtlicher. Dennoch gab das Volk Wade & Sohn eine letzte Warnung, indem es zur Personalisierung des Staates und Wades verdecktem Plan einer monarchischen Machtübertragung während der Parlamentswahlen 2009 laut und deutlich NEIN sagte. So musste Abdoulaye Wades Sohn – der nicht einmal eine der senegalesischen nationalen Sprachen spricht, da er als Sohn einer Französin sein ganzes Leben in Frankreich verbracht hat, aber dennoch als einer der Hauptkandidaten der PDS aufgestellt wurde – selbst in seinem eigenen Wahlkreis Point E eine Wahlniederlage hinnehmen: Ein eindeutiges Zeichen für den demokratisch gewählten Präsidenten, seine Regierungsweisen zu reformieren. Aber Wade reagierte nicht auf die Warnungen und versäumte es, das Menetekel richtig zu deuten. Zusätzlich konnte er die immer lauter werdenden Anschuldigungen, dass er sich und seine Familie auf dem Rücken des senegalesischen Volkes bereichere und seinen Sohn zum Thronfolger machen wolle, nicht mehr widerlegen.

Am Donnerstag, den 23. Juni – nachdem das Volk mehrere Monate lang weitgehend schweigend unter einem heftigen Stromausfall gelitten hatte, und dies in einem Land, das Stromausfälle nicht einmal aus den nüchternsten Jahren der strukturellen Anpassung kannte, nach fünf Jahren der allgemeinen Schwermut, in denen Abdoulaye Wade und seine parlamentarische Mehrheit in der Nationalversammlung mit einer arroganten politischen Faust regierten (ein Fehler der Opposition, die 2007 die parlamentarischen Wahlen wegen Wahlbetrugs von Wade boykottierte und so dessen Wiederwahl ermöglichte), das Land erdrosselten und sich unverschämt sein Kapital (Land, Eigentumstitel, natürliche Ressourcen, einströmende Entwicklungshilfe) aneigneten und reicher und reicher wurden, während die Mehrheit der Bevölkerung vom „Geschenkekorb" des Staates ausgeschlossen und mit schrumpfenden Möglichkeiten konfrontiert war – steigende Preise, lange Nächte ohne Strom und ständige „NEIN, DANKEs" für die wenigen Jobangebote, für die Hunderte hoffnungsloser Arbeitssuchender, frisch diplomiert von Senegals besten Universitäten und Berufsschulen, Schlange standen. Diese wütende Jugend, heute zumeist arbeitslos, pleite, verloren in ihrer Suche nach Werten, mit niemandem, an den sie sich wenden kann, und hungrig nach Veränderung, ist die Jugend, die heute auf die Straße ging, um laut zu verkünden, dass sie genug hat von einem Regime, das ihre Interessen nicht mehr vertritt, sondern nur seine eigenen.

Das senegalesische Volk, aus allen Schichten und aus freiem Willen, ist heute auf die Straße gegangen, um die Geiselnahme seines Landes von eigennützigen PolitikerInnen anzuprangern.

Was heute im Senegal passiert ist, ist vor allem die Rückeroberung einer verloren geglaubten Volksstimme und einer vergessenen Würde .

Was mich an diesem Tag des Aufstands, der die junge Nation wach rüttelte, am meisten berührt hat, war die Verschiedenheit der Leute, die auf die Straße gingen – es fing gestern mit einer Handvoll entschlossener Jugendlicher der Bewegung *„Y'en a Marre"* (hauptsächlich urbane Rapper und desillusionierte Jugendliche) und Oppositionsführern an, von denen einige drastische Maßnahmen ergriffen, um den Geist der Würde des senegalesischen Volkes zu erwecken.

> Wie etwa Cheikh Bamba Dieye, Bürgermeister von Saint-Louis und Minderheitenabgeordneter der Nationalversammlung, der hervorstach, indem er sich zwei Tage vor dem Beschluss des Gesetzes an die Tore der Nationalversammlung kettete, um zu signalisieren, dass das neue Gesetz – falls verabschiedet – die Senegalesen für immer an Wades Diktatur ketten würde. Wie auch immer; seit gestern, dem Abend der schicksalsreichen Abstimmung der Nationalversammlung, waren Männer, Frauen und Heranwachsende aller Bevölkerungsschichten auf der Straße.

Heute früh haben die Unruhen ihren Höhepunkt erreicht. Der Plan für den Aufstand war es, sich auf dem Soweto-Platz vor den Toren der Nationalversammlung zu versammeln, um Volkes Stimme verkünden zu lassen, dass das senegalesische Volk dieses Gesetz nicht akzeptieren würde. Es sei undemokratisch und würde Wade die Macht verleihen, sein unfaires Projekt umzusetzen und seinen Sohn zum Vizepräsidenten zu ernennen, bevor er sich mit seiner goldenenen, aus öffentlichen Mitteln finanzierten Rente zur Ruhe setzen könne. Wenn man bedenkt, dass die Nationalversammlungsabgeordneten der Regierungspartei PDS zum Großteil nicht mehr unsere Interessen vertreten, war es höchste Zeit, sie uns hören zu lassen – und zwar laut. In den frühen Morgenstunden kamen die Protestierenden zusammen, um eine menschliche Sperre zu errichten und so die Abgeordneten am Betreten der Nationalversammlung zu hindern. Bis 10 Uhr morgens verließen tausend Studenten die Universität *Cheikh Anta Diop* an der Corniche und rannten in 30 Minuten die 10 Kilometer, die sie vom Soweto-Platz trennten. Auf ihrem Weg verdoppelte sich die Größe der Gruppe, da sie alle aufsammelte, die sich an dem Protest beteiligen konnten.

> Die Prüfungen der Sechstklässler wurde unterbrochen, als marschierende StudentInnen die PrüferInnen nicht eben sanft aus den Klassenräumen zogen und sie ermutigten, bei der Revolution mitzumachen. Ich war sehr berührt, als ich sah, was dann geschah: die wohlhabenden BankerInnen, RegierungsvertreterInnen, NGO-MitarbeiterInnen, Büroangestellten, Chefs privater Wirtschaftsunternehmen, etablierte KollegInnen und Familienvorstände aus ganz Dakar, die alles zu verlieren hatten, verließen alle auf einmal ihre Büros und proklamierten „wenn der Tag des Todes gekommen ist, sind die, die weiterleben, keine Männer!" (Übersetzung eines alten Wolof-Sprichwortes, das Kriegern vor dem Tag der Abrechnung gesungen wurde). Am beeindruckendsten war, dass die Frauen als erste auf der Straße waren. Sie hatten ihre Absicht am Vortag in einem gemeinsamen Planungstreffen von OppositionsführerInnen und BürgerrechtlerInnen verkündet, in dem eine Frau das Mikrophon nahm und kundtat: „Auch wenn ihr Männer in euren Konferenzräumen und Büros bleiben wollt und Angst habt, auf die Straße zu gehen: Wir werden es tun." Und sie taten es in

beeindruckender Art und Weise, mit all ihrer Wut und Entschlossenheit. Und wir wissen alle, dass das, was Frauen anfangen, nicht beendet ist, bis es erreicht wird. Ich habe buchstäblich eine Gänsehaut bekommen, als ich eine verschleierte – Symbol für Gehorsamkeit und Passivität – junge Frau sah, wie sie sich ihren Weg durch den aufgewühlten Mob auf dem Soweto-Platz bahnte und einem Abgeordneten, der die Nationalversammlung betreten und für das Gesetz stimmen wollte, krachend einen Stein an den Hinterkopf warf.

Als der Tag des Protestes voranschritt, kamen Leute von überall her – offenbar kamen ununterbrochen Busse aus Saint-Louis und Kaolack an, die immer mehr Menschen in die Straßen von Dakar spien – um mitzumachen und den Mob vor der Nationalversammlung und in der ganzen Hauptstadt zu vergrößern. In Medina, Sacré-Cœur, Niari Tali, Thiaroye, Pikine, Guédiawaye, pulsierten sämtliche Straßen von der Wut der BürgerInnen, mit dem Herzen des Mobs auf dem Soweto-Platz, von dem aus die Energie über die Arterien der Stadt in einer Kette aus Wut und Entschlossenheit weiter gegeben wurde. Ein totales Chaos brach aus, in dem die Polizei schnell völlig überfordert war, die nicht wusste, welche Fronten sie angesichts der Hunderten von gegnerischen Versammlungen, die sich gleichzeitig in der Stadt und im ganzen Land formierten, bekämpfen sollte.

Aber auch die Menschen, die nicht nach Dakar kamen, marschierten in ihren Regionen – in Diourbel wurde das gesamte PDS-Gebäude geplündert und niedergebrannt. Nicht eine einzige Sitzbank wurde in dem armen Städtchen im Landesinneren für zukünftige PDS-Mitglieder zurückgelassen, auf die sie sich setzen und eine weitere Plünderung der regionalen Ressourcen planen könnten.

Heute im Senegal zu sein war wie Szenen aus einem Film anzuschauen, von dem man niemals dachte, dass er in diesem friedlichen, stabilen Land Westafrikas, einst als Leuchtturm der Demokratie auf dem Kontinent und Paradies der Stabilität in der Region inmitten seiner kriegerischen, despotischen Nachbarn gefeiert, laufen könnte. Im ganzen Land marschierten Menschen, unbeirrbar, feuerten Steine auf die Polizei und rannten strategisch zurück, wenn diese mit heißem Wasser und Tränengas willkürlich zurück feuerte. Das Blut von zivilen Opfern und Polizisten floss gleichermaßen und mischte sich mit Steinsplittern und Wolken aus Tränengas, die die Luft vernebelten. Es war ein Guerillakampf, der von normalen BürgerInnen angeführt wurde, die sich für diesen Tag in StraßenkämpferInnen mit dem Schlachtruf „Es reicht!" verwandelten.

Die Menschen marschierten den ganzen Tag lang durch die Straßen, überzeugt und wissend, dass es jetzt, da die Bombe einmal explodiert war, kein Zurück mehr gab. Einstimmig sangen und trugen die Menschen im ganzen Land den Slogan *„Y'en a Marre"*, und viele hielten Schilder in die Höhe, auf denen, notdürftig mit Füller auf Pappe gekritzelt oder schnell auf A4 ausgedruckt: *„Touche pas à ma constitution"* (Rühr meine Verfassung nicht an!), *„Wade dégage"* (Wade, verschwinde!) oder auch *„La police ne tirez pas sur le peuple, nous défondons la même cause"* (Polizisten, schießt nicht aufs Volk, wir verfolgen dasselbe Ziel) stand. Spontan kauften BürgerInnen aus eigenen Mitteln Megaphone, um die Menschenmassen zu lenken, kochten Essen, stellten Unterkünfte oder Wasser zur Verfügung und unterstützten die ausruhenden StraßenkämpferInnen.

Dies war eine perfekte und beispiellose Demonstration eines spontanen freien Willens des Volkes, den nichts und niemand stoppen konnte.

Als die Mobilisation der Menschen am Nachmittag immer noch nicht nachließ, sondern sogar noch weiter anstieg, ließ Wade – von allen religiösen, militärischen und diplomatischen Figuren des Landes, sogar Offizieren seiner eigenen Partei in der Nationalversammlung, die das Gesetz zwar verteidigten, aber um ihr Leben fürchteten, gut beraten – von einem seiner Mehrheitsabgeordneten verkünden, dass er den Gesetzesentwurf widerrufe.

Das Land explodierte in einem Aufschrei der Freude. Wir, das Volk, hatten gewonnen! Die Demokratie hat sich durchgesetzt! Die Stimme des Volkes wurde in ihrer Überlegenheit erhört!

Viele wollten bleiben, um den „Abgeordneten des Volkes" aufzulauern, andere wollten zum Palast des Präsidenten weiterziehen und ihn von seinem Thron stoßen, getreu den Geschehnissen auf dem Tahrir-Platz in Tunesien [sic!]. Von den AnführerInnen jedoch zurück gehalten und eher besorgt um die Kameraden, die die Polizei in die Finger bekommen hatte, zog der Mob statt dessen zur Polizeihauptwache in Dakar.

Grün war die Stimmung in der Luft an diesem Tag, an dem die Menschen feierten.

Grün ist die Farbe der Hoffnung, grün ist die Farbe der Veränderung, grün stand heute für den Widerstand gegen die unterdrückende Klaue der Regierungspartei PDS, die an ihr Ende gekommen ist durch den Willen eines Volkes, das ihren Anführer vor elf Jahren an die Macht gewählt hatte und ihm heute seine Fähigkeit bewiesen hat, das es ihm diese Macht, wenn es will, auch wieder entreißen kann.

Die Tragödie der Apotheose von elf Jahren PDS-Herrschaft stellt einen Neubeginn für ein Volk dar, das ENDLICH aus seiner Benommenheit aufgewacht ist, um die endemische Atmosphäre von wirtschaftlichem Verfall, Recht- und Straflosigkeit anzufechten und sich letztendlich durchzusetzen. In der Tat ein grüner Donnerstag im Leben dieser jungen westafrikanischen Nation.

> Heute hat das senegalesische Volk den Übergang zu einer neuen Ära für sein Land und Afrikas Demokratie ermöglicht: die Ära der Zivilgesellschaft. Das kleine Land Senegal hat einmal mehr die Größe seiner Demokratie und die Reife seines Volkes bewiesen. Ich glaube daran, dass der Senegal nach diesem historischen Tag niemals mehr so sein wird wie zuvor. Zwei Tote und 145 Schwerverletzte waren der hohe Preis, der dafür bezahlt werden musste. Doch: „Nie wieder" heißt das Lied, das alle Herzen singen, wenn die Menschen im Senegal heute Nacht schlafen gehen.

Arame Tall

> PS von der Autorin: Heute bin ich stolzer als je zuvor, Senegalesin zu sein. Wir haben uns gegen die anti-demokratischen Kräfte Wades und seines despotischen Regimes durchgesetzt. Gratulation dem senegalesischen Volk zu seinem Mut! Gratulation, dass ihr wie „ein Mann" (oder „eine Frau") aufgestanden seid und alle Angst beiseite geschoben habt, um für eure Würde zu kämpfen! Alle, die gestern die Straßen besetzten und alle, die die StraßenkämpferInnen von zu Hause aus unterstützt haben: Ich salutiere vor euch! Heute siegt Freiheit über Ungerechtigkeit, Demokratie über Oligopolie, weil die Stimme des Volkes heute wieder-erhört wurde in allen Städten und Straßen der Republik, durch die nackten Hände und den bloßen Mut einfacher BürgerInnen, die auf die Straßen gingen, um ihre Selbstbestimmtheit zu bestätigen.

Ab heute ist der Senegal ein anderes Land. Gacce Ngalama allen StraßenkämpferInnen von gestern! Ihr verdient meinen tiefsten Respekt, und ich bin heute sehr stolz darauf, eine Bürgerin des Senegal zu sein, wieder einmal. Ich danke euch, dass ihr die Würde unserer Nation wieder hergestellt habt

Aus dem Englischen übersetzt von Dorothea Kulla & Mona Niemeyer

Erstmals erschienen unter dem Titel „Green Thursday in the Life of the Nation of Senegal: The Day everything Changed & Ticking bomb finally exploded" in afrooptimism blog, 24.06.2011

Online unter http://afrooptimism.wordpress.com/2011/06/24/345/

Das Wichtigste sind jetzt Süd-Süd-Kooperationen

Interview mit Masaké Kane

Masaké Kane studiert an der *Towson-Universität* in Maryland, USA, und ist Mitbegründerin der *Liga der Panafrikanischen Revolutionäre (Ligue des Panafricanistes Revolutionnaires, LPR)*. 2011 veranstaltete die Organisation die dritte panafrikanische Jugendkonferenz in Dakar, Senegal. Masaké ist aktives Mitglied der LPR in der Diaspora und engagiert sich in der pazifistischen Bewegung *Act Now to Stop War and End Racism (ANSWER)*.

AfricAvenir (AfA): Können Sie bitte kurz Ihre Organisation vorstellen?

Masake Kane (MK): Die Liga der Panafrikanischen Revolutionäre ist eine Vereinigung individueller AktivistInnen und Gruppen, unter anderem auch Parteien und Gewerkschaften. Wir sind zum Thema Panafrikanismus und in der antikapitalistischen, anti-imperialistischen Tradition unserer Vorbilder, wie Thomas Sankara, zusammen gekommen. Wir haben uns 2009 gegründet, 2010 kam unsere senegalesische Sektion dazu. Bisher haben wir zwei Konferenzen veranstaltet. Unsere Hauptaktivität besteht darin, ein jährliches Austauschforum zu organisieren, in dem AktivistInnen unterschiedlicher Gruppen zusammen kommen und diskutieren können.

AfA: Kommen die TeilnehmerInnen Ihrer Konferenzen aus ganz Afrika?

MK: Bei unserer ersten Konferenz hatten wir zwar TeilnehmerInnen unterschiedlicher Nationalitäten, die aber alle in Dakar lebten. Wir hatten nicht die Mittel, um TeilnehmerInnen einfliegen zu lassen. Doch bei der zweiten Konferenz 2011 haben wir den Schwerpunkt auf die Stärkung unserer Region gelegt. Wir hatten TeilnehmerInnen aus ganz Westafrika, wie etwa aus Nigeria, Ghana, Burkina Faso, Guinea, Mali, Kamerun und der Elfenbeinküste. Sie konnten dank der Unterstützung der Rosa-Luxemburg-Stiftung anreisen, und eine Delegation einer linken Partei aus den USA war ebenfalls anwesend. In Zukunft werden wir abwechselnd eine Konferenz in der Diaspora und eine in Afrika veranstalten. Wir hoffen, weiter wachsen zu können, aber ich denke, es ist gut, zuerst eine Region in den Fokus zu stellen, denn nach einer Konferenz möchte man auch die Möglichkeit haben, weiter zusammen zu arbeiten.

AfA: Welche alternativen Möglichkeiten der Entwicklung sehen Sie für Afrika? Können Sie Beispiele von Mitgliedern Ihrer Vereinigung geben, die in dieser Hinsicht aktiv sind?

MK: Unsere eigenen Aktivitäten sind eher nicht auf „Entwicklung" fokussiert, jedoch unterstützen wir eine Reihe von Alternativen, die im Weltsozialforum vorgestellt wurden. Ich denke, das erste und wichtigste, was wir erreichen können und müssen, ist eine Süd-Süd-Kooperation. Darin liegt die Zukunft. Natürlich haben wir bereits enge Beziehungen zu China, aber wir können auch Handelsabkommen und Partnerschaften mit anderen Ländern schließen, die nicht zum globalen Norden gehören, zum Beispiel in Südamerika.

AfA: Welche Rolle spielen soziale Bewegungen dabei? Welche Möglichkeiten und welche Notwendigkeiten bestehen für soziale Bewegungen?

MK: Soziale Bewegungen sind einfach ein Indikator für die Notwendigkeit drastischer Veränderungen in einer Gesellschaft. Sie sind immer verbunden mit bestimmten Forderungen, aufgrund derer die Menschen sich ihnen anschließen. Soziale Bewegungen können Staaten unter Druck setzen, wenn diese nicht kooperativ sind, oder neoliberal, oder vor allem europäische Interessen bedienen. Sie können Druck auf Machthaber ausüben. Wenn diese an der Macht bleiben wollen, müssen sie wenigstens einige Zugeständnisse an die Bevölkerung machen. Dieser Druck kann auch zu Alternativen führen, selbst wenn es sich dabei nur um die Veränderung von ein oder zwei Handelsabkommen handelt.

AfA: Wie wichtig ist Solidarität in diesem Zusammenhang? Ihre Organisation trägt den Panafrikanismus im Namen. Ist es wichtiger, sich auf die Region zu konzentrieren oder auf die politische Idee?

MK: Ich sehe hier keinen Widerspruch. Es kann eine politische Solidarität zwischen verschiedenen Bewegungen auf der ganzen Welt geben, und diese können zur gleichen Zeit entstehen. So haben zum Beispiel die Erfolge der sozialen Bewegung in Spanien langfristig auch positive Effekte in anderen Ländern. Also können wir auch auf getrennten Wegen gemeinsam vorankommen. Konkrete Strategien der Solidarität sollten aber regional fokussiert sein und sich von dort ausdehnen, wie sich die sozialen Bewegungen in Nordafrika ausgeweitet haben. Solidarität beginnt regional und wird im Idealfall global. Es gibt viele Möglichkeiten des Austausches, aber das ist nicht das vorrangige Ziel, sondern eher ein positives Ergebnis.

AfA: Welche Art von Solidarität, Unterstützung oder Beziehung wünschen Sie sich von der westlichen Welt? Denken Sie, Solidarität und Entwicklungshilfe widersprechen sich gegenseitig?

MK: Die ehrliche Beziehung, die ich mir wünsche – wobei ich mir vom europäischen und amerikanischen Establishment hier rein gar nichts erhoffe – ist, dass die europäische und amerikanische Bevölkerung die großen Unternehmen unter Druck setzen, sich aus Afrika zurück zu ziehen. Das ist alles. Ich sehe die Zukunft Afrikas nicht in der Kooperation mit Amerika und Europa oder deren Solidarität. Zuerst wird es die Süd-Süd-Kooperation sein. Und wenn die EuropäerInnen tatsächlich eine Rolle dabei übernehmen möchten, dann wäre diese, die eigenen Regierungen und Firmen unter Druck zu setzen, mit imperialistischen Strategien aufzuhören und nicht mehr die Ressourcen Afrikas auszubeuten.

AfA: Halten Sie es für realistisch, sich ganz aus dem etablierten, globalisierten Wirtschaftssystem herauszuziehen? Oder gibt es die Möglichkeit einer positiven Veränderung innerhalb des Systems?

MK: Ich denke, das ist nicht möglich. Und ich halte es noch nicht einmal für möglich, dass die europäische und amerikanische Bevölkerung es schaffen werden, entsprechenden Druck auszuüben. Deshalb habe ich gesagt, die Zukunft liegt in der Süd-Süd-Kooperation. Innerhalb der existierenden Strukturen können wir nicht auf Europa und Amerika zählen. Es gibt keinen Fortschritt in dem Rahmen, den wir haben. Den gab es nie und den wird es nie geben. Also müssen wir, um es mit Samir Amin zu sagen, „entglobalisieren". Wir müssen Europa und Amerika den Rücken kehren und uns auf die Zusammenarbeit mit China, Indien und verschiedenen Ländern in Lateinamerika konzentrieren. Ich sage nicht, dass das leicht wird. Aber wenn wir es nicht tun, werden wir ein weiteres Jahrhundert von Armut und Ausbeutung erleben.

AfA: Welche Anzeichen für ein „Afrikanisches Erwachen" gibt es?

MK: Ich denke, dass die Tatsache, dass es in so vielen Ländern Aufstände gibt, nicht nur in Nordafrika, ein deutliches Anzeichen für das Afrikanische Erwachen ist. Denn die Menschen haben eine Zeitlang geschlafen. Sie haben gelitten, aber es gab keine Bewegungen. Und jetzt sind sie da.

AfA: Denken Sie, dass wir innerhalb der nächsten Jahrzehnte ähnlich dramatische Veränderungen politischer Systeme wie in der arabischen Welt in ganz Afrika sehen werden?

MK: Auch die arabischen Länder haben ihre Systeme noch nicht so radikal verändert. Übrigens sind all diese Länder ja auch afrikanische Länder. Es gibt also keine wirkliche Dichotomie der arabischen und der afrikanischen Welt. Aber ich denke, Ihre Frage geht in diese Richtung: Werden wir die gleichen Veränderungen sehen wie in Lateinamerika? Ich weiß es nicht. Aber wenn wir mehr Süd-Süd-Kooperationen haben und viel Austausch, werden wir vielleicht in 10 bis 15 Jahren wirklich positive, konkrete Fortschritte sehen, die wir jetzt mit den sozialen Bewegungen anstoßen.

Das Interview führte Friederike Claussen

Aus dem Englischen übersetzt von Friederike Claussen

Land Grabbing, Nahrungsmittelspekulation und unfaire Handelsbedingungen im internationalen Agrarhandel und die Entwicklung eines nachhaltigen Agrarsektors zur Herstellung und Gewährleistung von Ernährungssouveränität

Vortrag von Winfred Nyirahabineza

Eine Kurzbiographie zu Winfred Nyirahabineza befindet sich auf Seite 31 dieser Publikation.

Land Grabbing! Ist dies wirklich ein neues Phänomen, oder doch nur alter Wein in neuen Schläuchen?

Wie auch immer man das Thema diskutieren möchte, die Einordnung in einen breiteren historischen und zeitgenössischen Kontext ist in jedem Falle notwendig. Koloniale, postkoloniale und kapitalistische Entwicklungsdiskurse benutzen die Technologien der Grünen Revolution für „Investitionen in das angebliche Niemandsland, um westliche Märkte zu bedienen" und missachten dabei konsequent die bäuerliche Bevölkerung, die sie bestenfalls als billige Arbeitskräfte nutzen.

Als Land Grabbing wird allgemein die gewaltsame oder betrügerische Aneignung von Boden oder Eigentum bezeichnet. Die geläufigste Definition des weltweit stattfindenden Land Grabbings bezeichnet vor allem die Inbesitznahme großflächiger Gebiete durch ausländische Investoren, die diese Flächen zur Herstellung landwirtschaftlicher Produkte kaufen oder pachten. Andere AutorInnen bevorzugen den Terminus „(trans-)nationale kommerzielle Landtransaktionen", da diese Bezeichnung sowohl transnationale als auch einheimische Geschäfte einschließt und die kommerzielle Natur der Transaktionen unterstreicht, unabhängig von ihrer Größe oder den involvierten Märkten.

In den letzten Jahren erwarben ausländische Investoren zig Millionen Hektar

Farmland. Alleine 2009 wurden nach Schätzungen der Weltbank Kauf- oder Langzeitpachtverträge über 56 Millionen Hektar Farmland – das entspricht der Größe Frankreichs – abgeschlossen. Fruchtbarer Boden ist zu einem der beliebtesten Vermögenswerte privater Investoren aufgestiegen; „wie Gold, nur besser" verspricht *Capital & Crisis*. Die *Weltbank* hat für diesen globalen Landrausch ihren eigenen Begriff des „Agro-Investment" geprägt. Was hier durch unschuldig anmutende Begrifflichkeiten beschrieben wird, ist jedoch schlicht und ergreifend Landraub. Es ist einfach unmöglich, dass die Übernahme riesiger Gebiete von kleineren LandbesitzerInnen und die Umwandlung dieser Flächen in gigantische Plantagen und Agrobusiness-Betriebe in „verantwortungsbewusster Weise" vonstatten gehen kann. Diese Fälle von Land Grabbing vertreiben Millionen von bäuerlichen Familien und einheimische Bevölkerungsgruppen, die abhängig von der Landwirtschaft und damit auch von ihrem Land sind. Die Vertriebenen berichten, dass dabei nicht nur Land enteignet wird, sondern dass es ebenso um wertvolle Wasserressourcen geht. In Uganda leiden mehr als 22.000 Menschen unter solchen großen Plantagen.

Geschätzte 70 Prozent der Nachfrage für fruchtbaren Boden befinden sich auf dem afrikanischen Kontinent, wo Land billig zu haben ist und traditionelle, kommunal organisierte Besitzverhältnisse die Menschen potenziell angreifbar machen. Mancherorts reichen Geschenke, um die Zustimmung der traditionellen Amtsträger der Gemeinden zu erhalten, verbunden mit grandiosen Versprechen, die „Entwicklung" der Gemeinden zu fördern. Obwohl Transparenz, gute Regierungsführung und der Schutz der Umwelt Prinzipien der Weltbank für verantwortungsbewusste Agro-Investitionen sind, fehlt den meisten Land-Deals die nötige Transparenz.

Mehr als irgendeine andere Institution oder Agentur hat die Weltbank ausländische Direktinvestitionen in Afrika gefördert und gefordert und dadurch den heutigen Landrausch maßgeblich herbeigeführt. Ihre Tochteragentur im Privatsektor, die *International Finance Cooperation (IFC)*, sorgte mit Hilfe des Beratungsservice für ausländische Investitionen und des Programms zur Beseitigung administrativer Barrieren zugunsten von Investitionen oft hinter den Kulissen dafür, dass afrikanische Staaten ihr Land- und Steuerrecht reformierten, um dadurch ausländische Investoren anzulocken.

Der Bedarf an Biokraftstoffen aus nachwachsenden Rohstoffen seitens der USA und einiger EU-Mitgliedsstaaten hat zu einer massiven Aneignung von Land in Afrika geführt, um die wachsenden Absatzmärkte zu beliefern.[1] Der globale Bedarf an Agrarprodukten, der bis 2050 um voraussichtlich 70 Prozent steigen wird, bleibt eine der größten Herausforderungen für die Ernährungssicherung in so genannten Entwicklungsländern. Regierungen sind am Aufstieg der Biokraftstoffindustrie maßgeblich beteiligt. Im März 2007 einigten sich die EU-Mitgliedsstaaten auf das verbindliche Ziel, den Anteil der erneuerbaren Energien im gesamten EU-Energie-

1 **Wilmar International Ltd „Wilmar embarks on Rapid Expansion Plans"(2006).**

verbrauch bis 2020 auf 20 Prozent zu erhöhen. Dazu kommt ein von allen EU-Staaten verbindlich einzuhaltendes Mindestziel von 10 Prozent im Bereich der Biokraftstoffversorgung für Benzin- und Dieselfahrzeuge. Dieses Vorgehen schafft eine Konkurrenzsituation zwischen Nahrungsmittel- und Biokraftstoffproduktion auf dem knappen fruchtbaren Boden, unter der in erster Linie die einheimische Bevölkerung zu leiden hat. Wie in Uganda werden die Menschen oftmals vertrieben und fristen am Rande der Großplantagen ein karges Dasein. In diesem Kampf ums Überleben sagte die EU 8 Milliarden Euro für die Landwirtschaft in Afrika zu.
Ebenso wie die *Sierra Leones Investment and Export Promotion Agency* prahlt auch Uganda im Chor mit anderen afrikanischen Staaten mit seinen extrem niedrigen Lohnkosten und dem flexibel auslegbaren Arbeitsrecht. Neben weiteren Privilegien werden den ausländischen Investoren sektorübergreifend 100prozentiges Eigentum sowie eine bedingungslose Rückführung von Profiten, Dividenden und Lizenzgebühren ins Heimatland versprochen. Des Weiteren ist keine Obergrenze für die Anzahl ausländischer Angestellter festgelegt.

Solche Geschenke an die ausländischen Investoren lassen ernsthafte Zweifel hinsichtlich der Aussagen vieler afrikanischer Regierungen und Anderer aufkommen, die versuchen, solche Land-Deals zu verteidigen, indem sie behaupten, diese Art „landwirtschaftlicher Investitionen“ würde das Problem der Arbeitslosigkeit lösen, Staatseinnahmen für die mittellosen Regierungen generieren, die Abhängigkeit von ausländischen Hilfsgeldern reduzieren und somit wirtschaftliche Entwicklung vorantreiben.

In diesem Wettrennen in den Abgrund werden afrikanische Regierungen noch von der Weltbank dazu angestachelt, sich gegenseitig zu überbieten, wenn es darum geht, Investoren zu schützen. Jedes Jahr wird Afrika im *„Doing Business Report“* nach Investorenfreundlichkeit eingestuft. Die Länder, die auf der Bewertungsskala aufgestiegen sind, werden dabei lobend hervorgehoben. Selbst von einem IFC-Mitarbeiter wird diese Praxis als „Pferderennen“ bezeichnet. In der Realität heißt das, dass afrikanische Niedriglohnländer mit akuten Nahrungsmitteldefiziten, von denen sich einige – wie Sierra Leone oder Liberia – nach langen Konflikten noch immer im Wiederaufbau befinden, sich in einem Wettkampf um ausländische Investoren wiederfinden und diesen dabei die verführerischsten Deals um das fruchtbare Land anbieten, welches doch so dringend für die lokale Nahrungsmittelproduktion benötigt würde.

Die investitionsfördernden Agenturen der afrikanischen Länder verweisen auf Zahlen über riesige Mengen „unbewirtschafteter“ oder „unterbewirtschafteter“ Ländereien; oftmals ohne aktuelle Landnutzungsstudien heranzuziehen oder durchzuführen, welche die ersten Zahlen bestätigen könnten, und ohne Berücksichtigung der Millionen von Menschen, die für ihren Lebensunterhalt auf dieses Land angewiesen sind. Ebenso wenig ziehen sie die unverzichtbare Rolle und Bedeutung des Bauernstandes für den Kontinent in Betracht, obwohl eben diese kleinbäuerlichen Farmen mehr als die Hälfte der Bevölkerung des afrikanischen Kontinents beschäftigen und 80 Prozent der Nahrungsmittel produzieren. Die kleinbäuerlichen Farmen haben häufig eine extrem hohe Biodiversität und halten oft zum Schutz und Erhalt von Boden- und Wasserressourcen Brachzeiten ein.

Verdächtig abwesend in der Diskussion um angebliche Vorzüge der Langzeitpachtverträge sind eine ernsthafte Auseinandersetzung mit Fragen wie dem Schutz der einheimischen Bevölkerungen, der Gesundheit von Mensch und Natur, dem Zugang zu Wasser, der Biodiversität, den Menschenrechten, der Nahrungsmittelsicherheit sowie die freie, rechtzeitige und informierte Einwilligung der betroffenen Gemeinden (*Free Prior and Informed Consent, FPIC*).

Viele der Land-Deals werden zugunsten riesiger Palmöl- oder Zuckerrohrplantagen für die Biokraftstoffproduktion abgeschlossen, für Schnittblumen sowie für einige wenige Grundnahrungsmittel, die ausschließlich für den Export bestimmt sind. Die *Food and Agriculture Organisation (FAO)* der Vereinten Nationen veröffentlichte kürzlich ein „neues Paradigma" namens „*Save and Grow*" für die Landwirtschaft. Dieses verkündet, ähnlich wie andere maßgebliche Studien zum Thema, dass eine moderne ökologische Landwirtschaft, die den Erhalt und Schutz von Land und Wasser berücksichtigt und den Einsatz aggressiver Chemikalien reduziert, „2,5 Milliarden Menschen aus Familien mit niedrigem Einkommen in Entwicklungsländern in die Lage versetzen könnte, die Erträge zu maximieren und die dadurch erwirtschafteten Gewinne in die eigene Gesundheit und Ausbildung zu investieren."

Es wird unmissverständlich klargestellt, dass die industrielle Landwirtschaft der Grünen Revolution mit ihren Monokulturen, dem [kommerziellen] Hochzüchten von Kulturpflanzen, dem massiven Einsatz von Chemikalien und der mechanisierten Bewässerung „fruchtbares Land ausgelaugt und Grundwasser aufgebraucht hat, Schädlingsbefall provoziert, die biologische Vielfalt beschädigt und Luft, Land und Wasser verschmutzt hat."

Und trotzdem wird genau dieses untragbare Modell industrieller Landwirtschaft von vielen afrikanischen Regierungen, Gebern und ausländischen Investoren gepredigt. Die afrikanischen FarmerInnen, allein gelassen von ihren eigenen Regierungen während der Jahrzehnte der von Weltbank und Internationalem Währungsfonds verordneten Strukturanpassungsprogramme, brauchen in der Tat dringend Investitionen und Unterstützung. Sie benötigen nichts dringender als vernünftige Straßen und Zugang zu lokalen Märkten, Verarbeitungsanlagen, um den Wert ihrer vielfältigen Produkte zu steigern, Speicher- und Trocknungsanlagen, um späterem Ernteverlust vorzubeugen, sowie eine grundlegende Ausstattung mit Schulen und Gesundheitszentren, mit Brunnen zur Verbesserung des ländlichen Lebensraumes an sich, damit bäuerliche Kommunen gedeihen können.

Die ausländischen Investoren kümmern sich aber um nichts dergleichen. Weder sind sie nach Afrika gekommen, um verarmten afrikanischen Bauern und

Bäuerinnen dabei zu helfen, ihre eigenen Farmen zu verbessern, noch wollen sie den Hunger bekämpfen. Vielmehr zerstören sie die afrikanische Kleinbauernfamilie und verschärfen den Hunger noch, im Namen von Ertragssteigerungen, globalen Lebensmittelketten und Profit.

Genau diese AkteurInnen, die SpekulantInnen, die BankerInnen, die unkontrollierten InvestorInnen, die ihre Finger dabei im Spiel hatten, Nahrungsmittelpreise aufzublähen und die Weltwirtschaft in die Knie zu zwingen, erlangen jetzt die Kontrolle über die globale Nahrungsmittelproduktion und das Land zurück, um genau von der Krise zu profitieren, die sie selbst verursacht haben.

Es ist mehr als tragisch, dass viele von ihnen exakt diese neuen „Investitionsmöglichkeiten", die das afrikanische Ackerland darstellt, ins Auge gefasst haben, genau die Ressource, auf die Hunderte Millionen AfrikanerInnen für ihren Lebensunterhalt und ihr Überleben angewiesen sind. Der Zugang zu Land, für viele AfrikanerInnen gleichbedeutend mit sozialer Absicherung, ist aktuell ernsthaft gefährdet. Diese Bedrohung beruht auf einer Kombination lokaler und internationaler Faktoren, wie übermäßiger Liberalisierung, erhöhtem Bedarf an Biokraftstoffen, Klimawandel, asymmetrischen Machtstrukturen zwischen Nord und Süd, Mangel an Wissen über den Umgang mit Landraub, dem Verlangen nach ausländischen Investitionen sowie einem oftmals blinden Glauben an die Lösungen des Marktes.

Viele der internationalen Lösungsansätze haben ironischer Weise den Rechten der einheimischen Bevölkerung noch weiter geschadet, den Verlust biologischer Vielfalt verstärkt und die Schere zwischen wirtschaftlich industrialisierten Ländern und so genannten Entwicklungsländern noch weiter vergrößert, anstatt die Rechte und Lebensgrundlagen lokaler Bevölkerungen sowie die natürlichen Ressourcen dieser Welt zu schützen. Viele dieser Prozesse nutzen den Interessen der großen Volkswirtschaften und belasten die kleinen. Dieser Effekt wird sich bis in die am meisten benachteiligten Gemeinden fortsetzen („trickle-down"), von denen viele indigen sind. Des Weiteren tendieren diese internationalen Prozesse dazu, existierende nationale und internationale, politische und wirtschaftliche Rahmenbedingungen zu legitimieren, welche die Missachtung der Rechte einheimischer Bevölkerungsgruppen fördern und ebenso dulden wie die nicht nachhaltige Ausbeutung von natürlichen Ressourcen.

Land Grabbing, insbesondere für die Anlage von Großplantagen, hat demnach massive Auswirkungen auf Umwelt-, Sozial- und Menschenrechte. Im Umweltbereich seien da Entwaldung, Verlust von Biodiversität, Wasserverschmutzung als Folge des Einsatzes von Chemikalien, die sich wiederum negativ auf Seen auswirkt, Trockenlegung von Feuchtlandschaften, Ausstoß von Treibhausgasen sowie der Verlust von Bodenorganismen durch die Verwendung von Pestiziden in den Projektgegenden genannt.

Andererseits stellen sich Menschenrechtsfragen, wie Konflikte zwischen den investierenden Firmen und der einheimischen Bevölkerung oder der Verlust von kommunalen Ressourcen. Das Recht auf Nahrung, wie es im internationalen Pakt über ökonomische, soziale und kulturelle Rechte (UN-Sozialpakt) festgelegt wurde, wird auf fundamentale Weise verletzt, die fehlende Einhaltung der Empfehlungen der Umweltfolgenabschätzung (*Environmental Impact Assesment*) durch die Firmen führt zur Missachtung der Rechte lokaler Bevölkerung auf eine saubere, gesunde und fruchtbare Natur sowie zu einer grundlegenden Missachtung ihrer Arbeitsrechte; indirekt wird durch das (finanzielle) Engagement der multinationalen Konzerne auch massiv das Wahlverhalten der Menschen beeinflusst, was im Konflikt mit nationaler Politik und Regelwerk steht und so zu einem Verlust an Souveränität führt.

Aus sozialer Perspektive ignoriert das massiv praktizierte Land Grabbing zu Gunsten industrieller Landwirtschaft und Spekulation die Vorzüge kleinbäuerlicher Landwirtschaft vollkommen, was sich negativ auf Nahrungsmittelsicherheit und -souveränität auswirkt, ebenso, wie es den Verlust der sozialen Absicherung durch Landbesitz nach sich zieht sowie eine wachsende Zahl an ImmigrantInnen bedingt, die auf unzureichende Dienstleistungen und Angebote stoßen und dadurch den Wettbewerb weiter anheizen.

Vielerorts ist Land Grabbing also auf dem Vormarsch und erinnert an den kolonialen *„Scramble for Africa"*, der ebenso Großplantagen, Bergbauinvestoren, Spekulanten im Tourismussektor, regierende Eliten und korrupte lokale Autoritäten hervorbrachte.

Empfehlungen

In Bezug auf den vorangehenden Text möchte ich folgende Empfehlungen aussprechen:

- Solidarität zwischen Nord und Süd zum gemeinsam Kampf gegen Menschenrechtsverletzungen auf allen Ebenen (lokal, national und international)

- Doppelstandards zwischen „entwickelten" und „sich entwickelnden" Ländern müssen von beiden Seiten bekämpft und beseitigt werden

- Staatliche Konzessionen an ausländische Investoren sollten nicht hinter verschlossenen Türen vergeben werden, sondern bedingen der vorherigen Information und Zustimmung der lokalen Bevölkerung (FPIC)

- Ein Meilenstein für alle Regierungen ist die Anerkennung der UN-Erklärung für die Rechte indigener Bevölkerungen (*UNDRIP*) und die Anerkennung des Konzeptes von freiem und frühzeitigem informiertem Einverständnis (*FPIC*)

- Ich appelliere an die industrialisierten Staaten, darauf zu achten, dass die so genannten Entwicklungsländer internationale Menschenrechtskonventionen einhalten, wie die internationale Vereinbarung zu ökonomischen, sozialen und kulturellen Rechten, zu denen sie sich zwar bekannt, die sie aber zu Gunsten ausländischer Direktinvestitionen missachtet haben.

- Während wir Widerstandsfähigkeit innerhalb von Gemeinden fördern, sollte diese innerhalb zivilgesellschaftlicher Organisationen ebenso gestärkt werden, um für die Rechte schutzloser BürgerInnen zu kämpfen.

Zusammenfassung

Vor der Zusammenfassung möchte ich der Rosa-Luxemburg-Stiftung und AfricAvenir International e.V. dafür danken, dass sie diesen Raum geschaffen haben, in dem wir unsere afrikanischen Erfahrungen mit Ihnen teilen konnten.

Zusammenfassend möchte ich betonen, dass es meine Überzeugung ist, dass Firmen und Staaten von den Menschen lernen müssen, und nicht umgekehrt. Wir haben bis heute nicht ganz und gar das tiefe Verständnis der indigenen Bevölkerungen über nachhaltige Lebensweisen erfasst, dem ihr traditioneller Umgang mit natürlichen Ressourcen zugrunde liegt.

Die Bemühungen der UN, den Verlust unserer Biodiversität mit Hilfe der Konvention zu Biodiversität (*CBD*) zu stoppen, erweisen sich als eine weitere ineffektive internationale Maßnahme mit sinnloser Zielsetzung. Diese Konvention hat bisher nichts Entscheidendes verändert, vor allem die Geschwindigkeit, mit der die Biodiversität zurückgeht, hat sich keineswegs reduziert. Im Gegenteil, der Verlust von Biodiversität und die Umweltzerstörung nehmen weiterhin in dramatischem Tempo zu.

Ich danke Ihnen.

Aus dem Englischen übersetzt von Rosa Timm

Vortrag bei der Internationalen Konferenz „Soziale Bewegungen und Afrikanische Renaissance", 18.-19.10.2011, Berlin

Afrika muss endlich seine eigenen Entscheidungen treffen dürfen!

Interview mit Nathan Irumba

Botschafter a.D. Nathan Irumba ist geschäftsführender Direktor des *Southern and Eastern African Trade Negotiation and Information Network Institute* in Uganda, das zivilgesellschaftliche Kompetenzen im Bereich Lobby- und Informationsarbeit zu welthandelspolitischen Themen stärkt. Er war Ugandas Botschafter bei den Vereinten Nationen, der *UNCTAD*, der *WTO* und anderen internationalen Organisationen in Genf. Der in Kampala geborene Ökonom ist Gründer und aktives Mitglied der *Like Minded Group of Countries* (LMG) in der WTO, die als erste grundlegende Entwicklungsfragen in die WTO-Verhandlungen einbrachte. Außerdem war er Vorsitzender der *Commonwealth-Gruppe von Entwicklungsländern* in der WTO und des *Komitees für Handel und Entwicklung*. Nathan Irumba führte lange Zeit für Uganda die Verhandlungen über internationale Handelsabkommen.

AfricAvenir (AfA): Was sind die Hauptaufgaben und Arbeitsgebiete Ihrer Organisation?

Nathan Irumba (NI): Meine Organisation heißt *SEATINI*. Das steht für Southern and Eastern African Trade Negotiation and Information Network Institute. Unsere zentrale Aufgabe ist es, die Position Afrikas im Welthandel zu stärken. Wir forschen und fördern die Kompetenzen von AkteurInnen und VerhandlungsführerInnen, also von Mitgliedern der Zivilgesellschaft und Grassroot-Organisationen, damit diese befähigt werden, teilzuhaben und Regierungsentscheidungen zu beeinflussen.

AfA: Sie initiieren also soziale Bewegungen?

NI: Wir sind Teil der sozialen Bewegungen. Wir sind dabei, Politik und wesentliche Entscheidungen tatsächlich demokratischer zu gestalten, und damit letztendlich ihre Auswirkungen auf die Menschen. Wir wollen sicher stellen, dass sowohl die Regierung als auch die Konzerne die verschiedenen Interessengruppen in unserem Land berücksichtigen beziehungsweise von ihnen beeinflusst werden, wenn sie Entscheidungen über internationale Abkommen treffen oder in diesem Zusammenhang Zugeständnisse machen. Im Rahmen von sozialen Bewegungen stellen also wir sicher, dass es eine bessere und kritischere Begleitung bei der Formulierung der Handelspolitik gibt.

AfA: Welche alternativen Entwicklungswege sehen Sie für Afrika, und welche Voraussetzungen brauchen wir, um diese zu beschreiten?

NI: Zu allererst müssen sich die AfrikanerInnen die notwendigen Handlungskompetenzen und Instrumente aneignen, um eigene Entscheidungen zu treffen. Bisher werden viele der Entscheidungen, die in Afrika getroffen werden, von globalen Akteuren, wie internationalen Finanzinstitutionen oder bilateralen Gebern, beeinflusst. Für Afrika ist es jetzt wichtig, entwicklungsorientierte Staaten zu haben, die eigene politische Vorhaben anstoßen und Regierungsprojekte umsetzten. Die Kompetenzen dazu wurden leider von den neoliberalen Strukturanpassungsprogrammen und der derzeitigen Form der Globalisierung untergraben. Zurzeit sind dem Staat die Hände gebunden, dabei sollte er in der Lage sein, die eigene Industriepolitik zu formulieren und Industrialisierung voranzubringen. Er sollte auch befähigt sein, die politischen Weichen zu stellen, damit soziale Dienstleistungen tatsächlich wieder angeboten werden. Aktuell ist es so, dass öffentliche Güter privatisiert werden und eher den Interessen des Kapitals dienen als den Bedürfnissen der Menschen. Das gleiche gilt auch im Bildungs- und im Gesundheitssystem. Es ist Zeit, dass der Staat sich seine Rolle zurück erobert.

AfA: Wie kann ein Bewusstsein für diese Probleme geschaffen werden? Und wie kann man den Menschen bewusst machen, was sie durch soziale Bewegungen erreichen können?

NI: Ich denke, es ist Teil unserer Aufgabe, ein Bewusstsein zu schaffen und die notwendigen Netzwerke auszubauen, damit die Menschen sich Gehör verschaffen können. Wir müssen auch dafür sorgen, dass diese vielen Meinungsäußerungen unter Einsatz geeigneter Instrumente in Druckmittel auf Regierungen und die Internationale Gemeinschaft umgewandelt werden, damit diese auf die Probleme der Menschen reagieren.

AfA: Welche Rolle spielt Solidarität in diesem Zusammenhang?

NI: Um diese Ziele zu erreichen, brauchen wir brauchen Solidarität. Ich gebe Ihnen ein Beispiel: In den 1980er Jahren habe ich in New York gearbeitet, als der Ruf nach Unabhängigkeit für Namibia laut wurde und die Proteste gegen die Apartheid in Südafrika sich verstärkten. Es gab viel Opposition von westlichen Ländern. Aber durch Beharrlichkeit, Ausdauer und natürlich den Kampf innerhalb dieser beiden Länder selbst wurde es möglich, in der UNO tatsächlich das zu verurteilen, was der Westen unterstützte. Am Ende hatten wir Erfolg. Das ist die Art von Solidarität, mit der wir weitermachen müssen.

AfA: 2011 war das Jahr des Arabischen Frühlings. Denken Sie, dass es Anzeichen für ein Umdenken auf dem gesamten afrikanischen Kontinent gibt? Erleben wir ein „Afrikanisches Erwachen"?

NI: Was in Afrika derzeit passiert, zeigt deutlich, dass die gegenwärtige Politik in eine Sackgasse führt. Dagegen gibt es Massenproteste unterschiedlicher Art. In Uganda wollen sogar die ArbeiterInnen am Prozess der Politikgestaltung beteiligt werden. Die Situation hat die Menschen dazu veranlasst, verschiedene Protestaktionen zu starten, um der Regierung zu verstehen zu geben, dass diese Politik in die falsche Richtung geht. Vor Kurzem war das Thema Ölförderung in Uganda im Fokus des öffentlichen Interesses. Es gab eine ganze Reihe von Graswurzel-Organisationen, die wissen wollten, was genau in den Vereinbarungen festgelegt ist, die wir mit Ölförderunternehmen unterschrieben haben. Darauf müssen wir aufbauen, um alle Interessengruppen zu stärken.

Das Interview führte Friederike Claussen

Aus dem Englischen übersetzt von Friederike Claussen

In welchem Zustand möchten Sie dieses Land zurücklassen?

Offener Brief von Daouda Ouédraogo, 8. August 2013

Dies ist ein offener Brief eines jungen Burkinabè an Blaise Compaoré, den Präsidenten Burkina Fasos. Der Student der Rechtswissenschaften an der Universität Lyon III in Frankreich nimmt darin Bezug auf die Äußerungen des Staatsoberhauptes während einer Pressekonferenz am 5. August 2013 anlässlich des 50. Jahrestages der öffentlich-rechtlichen *RTB* (Radiodiffusion Télévision du Burkina).

Hintergrund dieses Briefes ist eine offenbar geplante Verfassungsänderung, die über einen noch einzurichtenden Senat legitmiert werden soll und die es dem Präsidenten ermöglichen würde, sich 2015 nach 28 Jahren Amtszeit erneut zur Wahl zu stellen.

Herr Präsident,

Einige Tage nach Ihrem Gespräch mit Journalisten anlässlich des 50. Jahrestages des staatlichen Fernsehens erlaube ich mir, Ihnen vermittels dieses Briefes meine Gefühle als burkinischer Bürger auszudrücken.

Zuallererst ist zu diesem vom Fernsehen übertragenen Gespräch zu sagen, dass es mit großer Spannung erwartet wurde; nicht, weil es an diesem 50. Jahrestag stattfand, sondern weil es Ihnen erlaubt hätte, sich zur politischen und sozioökonomischen Situation des Landes zu äußern.

Tatsächlich haben Sie, ihren Gewohnheiten treu, bis zu diesem Gespräch ein ohrenbetäubendes Schweigen zur Situation des Landes gewahrt, obwohl allerorten zahlreiche Demonstrationen stattfanden, um Sie davon abzuhalten, Ihr Vorhaben – die politische und institutionelle Reform, die in der Einrichtung des Senats münden soll – durchzuführen.

Ich möchte gerne klarstellen, dass dieser Brief nicht zum Ziel hat, erneut auf die Unzweckmäßigkeit und Nutzlosigkeit des Senats einzugehen, da diese schon lang und breit von verständigeren Beobachtern als mir belegt wurden. Dieser Brief hat schlicht und ergreifend zum Ziel, Ihnen die Inkohärenz Ihrer Position in Frage des Senats in Bezug auf den Respekt der Verfassung, derer sie Garant sind, und die Gefahr, dass diese Inkohärenz in unserem so zerbrechlichen Land um sich greift, vor Augen zu führen.

Wir mussten also auf den 5. August 2013 warten, damit Sie sich schließlich zur Frage des Senats im Angesicht des burkinischen Volkes äußern. Wenn ich mich, was Ihre Äußerungen am 30. Juli in der Elfenbeinküste anlässlich der 3. Gipfelkonferenz des Abkommens zur ivoro-burkinischen Freundschaft und Zusammenarbeit angeht, recht erinnere, haben diese nicht das gleiche Gewicht wie Ihre Worte in Burkina Faso. Um mich etwas genauer auszudrükken: Abgesehen davon, dass Ihre Äußerungen einen Mangel an Achtung vor dem Volk ausdrücken, das Sie gewählt hat, und dass Sie sie in der Fremde von sich gegeben haben, sind diese absolut skandalös. Tatsächlich lautet Ihre Antwort angesichts Tausender Burkinabè, die sich massiv mobilisiert haben, um ihren Widerspruch gegen die Einrichtung des Senats zu demonstrieren, dass „in Frankreich wie in Amerika noch nie ein Marsch ein Gesetz geändert hat". Ungeachtet der Tatsache, dass dieser Vergleich unangebracht ist, bezeugt er eine höchst ungenaue Kenntnis der Geschichte dieser Staaten. Muss daran erinnert werden, dass die Aufhebung der Rassentrennungsgesetze in den 1960er Jahren in den Vereinigten Staaten das Ergebnis von Märschen und Demonstrationen der amerikanischen *Schwarzen* Bevölkerung ist, welche das Opfer dieser Gesetze war? Oder, zeitlich noch viel näher: Erinnern Sie sich, dass der ehemalige französische Präsident Jacques Chirac 2006 unter dem Druck des Volkes das Gesetz über den Vertrag zur Ersteinstellung zurücknehmen musste; ein Gesetz, das bereits vom Parlament verabschiedet und vom Verfassungsrat bestätigt worden war?

Muss schlussendlich daran erinnert werden, dass am 3. Januar 1966 der Aufstand des burkinischen Volkes der Ausgangspunkt nicht nur für die Abschaffung eines „einfachen" Gesetzes, sondern für den Sturz eines ganzen Regimes, nämlich das des Präsidenten Maurice Yaméogo, war? Wenn Sie sich nach diesen Gegenargumenten in Fragen der Anwendung von Gesetzen – oder, noch umfassender, der demokratischen Praxis – noch immer auf diese Länder beziehen möchten, möchte ich Sie darum bitten, Ihrer Logik vollständig auf den Grund zu gehen. Ist es Ihnen entgangen, dass sowohl in den Vereinigten Staaten von Amerika als auch in Frankreich, seit dieses eine Republik geworden ist, niemals ein Mann 26 Jahre an der Macht geblieben ist?

Um auf Ihr Gespräch vom 5. August zurück zu kommen: Ich war angesichts der Geschwindigkeit, mit der Sie die Frage des Senats vom Tisch fegten, fassungslos. Vielleicht ist das gar nicht Ihre Schuld, denn Sie haben ja die Fragen nicht gestellt. Doch abgesehen vom betrüblichen Kenntnisstand der Journalisten, die nicht auf der Höhe dieses Gesprächs waren, ist es vor allem die Ungenauigkeit, die Unschärfe, wenn nicht sogar die Leere ihrer Antworten, die mich am meisten trafen. Zum Beispiel sagen Sie auf die Frage, welches Ihre Antwort an die Opposition sei, die Ihnen unterstellt, den Senat benutzen zu wollen, um sich in den Präsidentschaftswahlen 2015 erneut als Kandidat stellen zu können:

> „[...] Prinzipiell ist die Zeit der Auseinandersetzung vorbei, denn wie wir heute wissen, wird der Senat bald eingesetzt. Wir sollten vor allem die große Verantwortung der Wähler[Innen] für die Mandate auf der Ebene der Gebietskörperschaften würdigen. Jetzt ist es sicher, dass man mir dort..., aber eigentlich schon, seit ich Präsident bin, diese oder jene Absicht unterstellt. Ich denke, dass deutlich ist, dass ich für Burkina Faso da bin. Ich denke auch, dass es für meine Position wichtig ist, über unseren gemeinsamen Respekt der Verfassung von Burkina zu wachen, denn dies ist vor allem anderen der Zement unseres diversen Einsatzes für die Politik und dieses Land. Mit anderen Worten könnte ich die ganze Zeit damit zubringen, davon zu reden, dass man mir dies oder jenes unterstellt. Aber ich denke, dass das Schlimmste nicht ist, mich zu beschuldigen, den Senat für dieses oder jenes missbrauchen zu wollen, denn man beschuldigt mich sogar, das Land zurückentwickelt zu haben, seitdem ich Präsident bin; Sie sehen... Obwohl ich glaube, mehr Trinkwasser gebracht zu haben, mehr Schulen, mehr Gesundheit, mehr Freiheit; sehen Sie? Dies ist also eine Debatte, die meiner Meinung nach uninteressant ist. Ich denke, dass wir für Burkina da sind, und ich glaube, dass ich die gleichen Rechte wie alle anderen habe."

Herr Präsident, bei allem Respekt: diese Äußerungen sind eines verantwortlichen Politikers Ihrer Stellung vollkommen unwürdig. Wie können Sie denn ob einer solch entscheidenden Frage, die so viele Burkinabè bewegt, behaupten, sie sei uninteressant? Wie können Sie, nachdem sie derartig schwammige Reden gehalten haben, erstaunt darüber sein, dass Ihnen gewisse Absichten unterstellt werden?

> Ohne Ihnen hier einen Absichtenprozess machen zu wollen, bin ich (bis Ihre Taten mir unrecht geben) dem Beispiel Millionen anderer Burkinabè folgend nach wie vor überzeugt, dass das letzte Ziel der Einrichtung des Senats kein anderes ist, als Ihnen die parlamentarische Mehrheit zu sichern, um den Artikel 37 dergestalt zu ändern, dass Sie sich in 2015 erneut zur Wahl stellen können. Falls das nicht der Fall sein sollte, erklären Sie mir bitte, warum dieser Senat nur zwei Jahre vor den Präsidentschaftswahlen eingerichtet werden soll, nachdem erst in 2002 eine ähnliche Institution – das Repräsentantenhaus – wegen seiner legislativen Trägheit und der hohen Kosten, die sein Betrieb einem armen Land wie unserem verursachte, abgeschafft wurde. Wollen Sie mir sagen, dass die in 2002 maßgeblichen Gründe für die Abschaffung des Repräsentantenhauses auf wundersame Weise in 2013 verschwunden sind?

Ebenso bereiten Sie sich darauf vor, zig Milliarden Francs für eine Institution zu verprassen, deren Nutzen für die Stärkung unserer „Demokratie" mehr als fragwürdig ist. Und dies, obwohl Millionen Burkinabè weder über genug zu Essen noch über eine ausreichende medizinische Versorgung verfügen. Wie können Sie das Geld des burkinischen Steuerzahlers derartig verschwenden, wo gleichzeitig Tausende burkinischer StudentInnen mit dem Argument auf die Straße geworfen werden, das *Centre National des Œuvres Universitaires* (CENOU, burkinisches Studentenwerk) habe nicht die Mittel, sie während der Ferien zu beherbergen? Wie können Sie, der Sie vorgeben, der Verfechter des persönlichen Emporarbeitens zu sein, dem Schicksal der Millionen arbeitslosen Diplomierten so gleichgültig gegenüber stehen? In einem Land so arm wie das unsere, wo jeder Cent aus guten Gründen verwendet werden sollte, wie können Sie die Korruption der höchsten StaatsdienerInnen wie eines Herrn Ousmane Guiro nicht streng ahnden? So viele Probleme, die bescheinigen, dass Ihre bei diesem viel beachteten Fernsehinterview kundgegeben Äußerungen sehr weit von der Wirklichkeit entfernt sind, in der die überwältigende Mehrheit der Burkinabè Tag für Tag lebt.

> Auch wenn die Behauptung sicher nicht ganz richtig wäre, dass Sie nichts Positives für dieses Land getan haben, seit Sie dessen Präsident sind, wäre andererseits objektiv die Behauptung richtig, dass sie in 26 Jahren Amtszeit Besseres hätten bewerkstelligen können.

Wie Sie sehr genau wissen, verfügt der Artikel 36 der Verfassung, dass „der Präsident von Burkina Faso [...] über den Respekt der Verfassung wacht". Wenn diese Verfügung denn keinerlei Mehrdeutigkeiten aufweist, so befürchte ich, dass das in Ihrem Falle nicht zutrifft. Denn die konstitutionelle Instabilität, die unser Land erfährt und der in den letzten Jahren mit mehreren Verfassungsänderungen – deren eine so opportunistisch wie die andere, namentlich über die mögliche

Dauer und Anzahl der Mandate des Präsidenten – Ausdruck verliehen wurde, ist in Wahrheit der Beweis für ein demokratisches Defizit.

> Wenn denn tatsächlich, wie Sie es behaupten, die Verfassung der Zement für unseren diversen Einsatz für die Politik und unser Burkina ist: Kann der Zement halten, wenn die Konstitution ständig geändert wird, um die Wünsche der einen oder anderen zu erfüllen? Sicherlich nicht, und Sie wissen das genau. Ob Sie den Artikel 37 nun ändern, um 2015 wieder anzutreten, ist mir letztendlich ziemlich egal, denn früher oder später werden Sie die Macht abgeben müssen; wenn der Mensch dies nicht schafft, wird die Natur es einrichten. So gesehen lautet die eigentliche Frage: *In welchem Zustand möchten Sie dieses Land zurücklassen?*

Zum Schluss, Herr Präsident, sollen Sie wissen, dass sie nun die große historische Verantwortung haben, dieses Land nicht in einen bedauernswerten Zustand zu versetzen. Niemand ist unentbehrlich und unersetzlich. Sollten Sie sich entscheiden, 2015 verfassungskonform abzutreten, wäre dies die Möglichkeit, Ihren wohl verdienten Ruhestand anzutreten und sich vielleicht sogar mit einem großen Teil des burkinischen Volkes – welches nicht vergessen hat, unter welchen Umständen Sie an die Macht gekommen sind[1] – zu versöhnen.

Hochachtungsvoll,

Daouda Ouédraogo

Lyon, den 8. August 2013

Aus dem Französischen übersetzt von Dorothea Kulla

Erstmals erschienen unter dem Titel „Dans quel état souhaiteriez-vous laisser ce pays ? auf Burkina 24, 10.08.2013

Online unter http://burkina24.com/news/2013/08/10/lettre-ouverte-a-blaise-compaore-dans-quel-etat-souhaiteriez-vous-laisser-ce-pays/

---

1 **Blaise Compaoré kam 1987 bei einem Putsch an die Macht, bei dem sein Amtsvorgänger Thomas Sankara den Tod fand. Die Umstände sind ungeklärt, aber eine Beteiligung Compaorés an diesem Staatsstreich ist sehr wahrscheinlich.**

Das, was sie sagen

Songtext von Didier Awadi

Der 1969 in Dakar geborene Rapper, DJ und Musiker Didier Awadi ist einer der Pioniere der Hip-Hop-Bewegung im Senegal und Westafrika. Nach seiner ersten Gruppe *„Didier Awadi's Syndicate"* gründete er zusammen mit Amadou Barry alias Doug-E-Tee 1989 die Erfolgsband *„Positive Black Soul"* (PBS) und brachte 1994 das weltweit erfolgreiche Album *„Boul Faalé"* heraus. In seinen bisher vier Soloalben *„Kaddu gor"* (Ehrenwort, 2001), *„Un autre monde est possible"* (Eine andere Welt ist möglich, 2005), *„Sunugaal"* (Unsere Piroge, 2006) und *„Présidents d'Afrique"* (2010) reflektiert er über Panafrikanismus, nimmt klar Stellung gegen den Neokolonialismus und die Ausbeutung Afrikas und erinnert an die prägenden Persönlichkeiten der afrikanischen Unabhängigkeiten.

Awadi positioniert sich zu wichtigen Themen, wie in dem Song *„On ne signe pas"* (Wir unterschreiben nicht) gegen die EU-Freihandelsabkommen mit Afrika (EPA) oder in *„J'accuse"* (Ich klage an), eine klares Statement gegen den US-Imperialismus in der Welt. Auch in *„Ce qu'ils disent"* (Das, was sie sagen) wird deutlich Stellung bezogen.

Sie sagen uns: „Wir lieben Euch" – doch schlimmer ist, dass wir's glauben,
sie kommen mit ihrer „Hilfe", um die Beute aufzuklauben, sagen
selbst in Gottes Angesicht: „Dein Sohn, ja, der ist König",
doch sein menschgewordener Sohn starb am Kreuz, schau

Mit der Bibel erzählen sie dir von Liebe, doch in Wahrheit
bist du das Ziel, dass es zu töten gilt, gezielt
wurden viele Söhne schon mit Küssen betrogen,
Das Motto ist klar: bei Geschäften endet die Freundschaft!

Im Hinterland ist es das Volk, das sie missbrauchen,
Es ist das Volk, das sie missbrauchen, das Elend erheitert sie; Sie setzen
auf die Krise, um Zorro in Waffen zu spielen,
Die Krise wird verschärft für Blut und Tränen; Sie sagen

Viele Dinge: morgen gibt's La Vie en Rose,
Jedenfalls ist momentan alles moros,
Tippen dir auf die Schulter mit Gift in der Hand,
Wenn ihr anstoßt, sieh dich vor, das Arsen ist im Wein

Sie sagen Frieden, doch sie wollen Krieg,
sie sagen Liebe, doch sie wollen Hass,
Während mein Volk weiterhin stirbt,
Während die Kugeln weiterhin fliegen

Lächeln Dir ins Gesicht, drehen sich um und töten,
Die Revolution wird ausgestrahlt, und das ist der Trailer,
Während mein Volk weiterhin hungert,
Während die Lehrer weiterhin lügen

Sie sagen: weniger Tote, denn wir wollen saubere Kriege,
Die Devise lautet: blitzblanke Feldzüge, saubere Hände, sie sagen
Das sind Wilde, wir machen es doch nicht diesen Kannibalen gleich,
Sagen, wenn wir zuschlagen, operieren wir, bei uns ist das chirurgisch

Sagen, das Allheilmittel nennt man Demokratie,
Sagen, dass mit Wahlen die Kleptokratie beendet sei, sagen
Wenn das funktioniert, sei unser Unglück beendet,
Wie im Irak, dort sind sie doch jetzt glücklich... Sagen

Dass sie kämpfen, um die Armut zu vermindern,
sagen nicht „ausmerzen", nein, nur „lindern",
sagen, gebt doch zu, wie arm ihr seid,
und wenn wir sagen: wir sind arm, dann sagen sie: wir retten euch, sagen

Viele Dinge, aber wer „Regierung" sagt
also, wer: Gouverne ment[1]! sagt, regiert und lügt ganz entspannt, sie klopfen
Dir auf die Schulter mit Gift in der Hand,
Wenn ihr anstoßt, sieh dich vor, das Arsen ist im Wein

1 Awadi spielt hier mit den Worten „Gouvernement" (Regierung), „gouverne" (regiert) und „ment" (lügt)

Sie sagen Frieden, doch sie wollen Krieg,
sie sagen Liebe, doch sie wollen Hass,
Während mein Volk weiterhin stirbt,
Während die Kugeln weiterhin fliegen

Lächeln Dir ins Gesicht, drehen sich um und töten,
Die Revolution wird ausgestrahlt, und das ist der Trailer,
Während mein Volk weiterhin hungert,
Während die Lehrer weiterhin lügen...

Aus dem Französischen übersetzt von Dorothea Kulla & Eric Van Grasdorff

Erstmals erschienen auf dem Album „Ma Révolution", Studio Sankara, 2012

Entwicklungshilfe versus Solidarität

Vortrag von Yash Tandon

Yash Tandon lebt in Zimbabwe und ist Professor für politische Ökonomie Er lehrte unter anderem an der *Makerere*-Universität (Uganda) und an der Universität von Dar-es-Salaam (Tansania), ist Begründer des *International South Group Network*, dessen erster Präsident er war, und derzeitig Direktor der Southern and Eastern *African Trade Information and Negotiations Initiative*. Tandon hat in einer Vielzahl von Veröffentlichungen vor allem Fragen der Wirtschaft Afrikas und der internationalen Beziehungen behandelt.

Dieser Text ist die verschriftlichte Form eines Vortrags, den der Autor auf der Vernetzungskonferenz der Rosa-Luxemburg-Stiftung (RLS) in Brüssel für linke AktivistInnen und Intellektuelle aus Afrika und Europa vom 13. bis 15. Oktober 2011 im Rahmen eines Panels zum Thema *„Von Entwicklungshilfe und Humanitarismus zu Solidarität und Zusammenarbeit"* präsentierte.

Ich begrüße die Initiative des Leiters der Afrikaabteilung der Rosa-Luxemburg-Stiftung, Arndt Hopfmann, diesen Dialog zwischen progressiven Parteien, zivilgesellschaftlichen Organisationen und Bewegungen in Europa und Afrika, um „linke Visionen einer wahrhaften afrikanisch-europäischen Zusammenarbeit" zu eröffnen. Ich hoffe, dieses Treffen wird einige konstruktive Ideen als Ergebnis hervorbringen, wie es in einer Zeit weitergehen soll, in der die Welt, wie wir sie kennen, praktisch vor unseren Augen zusammenbricht. Zur politischen Landkarte, die diesen Dialog bestimmt, gehören nicht nur die Länder, die sich kürzlich als Schauplätze des „Arabischen Frühlings" einen Namen gemacht haben, sondern nunmehr auch die europäische Peripherie wie Griechenland und Portugal und sogar das imperiale Zentrum, die USA.

Ich wurde gebeten, die Diskussionsrunde zu *"Von Entwicklungshilfe und Huma-*

nitarismus zu Solidarität und Zusammenarbeit" einzuleiten. Den Titel habe ich auf *„Hilfe versus Solidarität"* gekürzt. Meiner Ansicht nach schließen sich die beiden Begriffe gegenseitig aus. Beides kann es nicht gleichzeitig geben; es ist das eine oder das andere. Das Problem ist teilweise ein semantisches, es ist jedoch auch mehr als bloß linguistisch. Die Gegensätzlichkeit von Hilfe und Solidarität führt uns direkt ins Herz der Beziehungen zwischen den sogenannten „Gebern" und „Empfängern", also jene zwischen dem Norden und dem Süden, und in einigen Fällen sogar in Beziehungen zwischen Ländern des Südens. In diesem Vortrag geht es vor allem um die afrikanisch-europäischen Beziehungen und welche Rolle BürgerInnen und zivilgesellschaftliche Organisationen innerhalb der Entwicklung einer progressiven Agenda für das Thema der „Entwicklungshilfe" in Zukunft spielen können.

Theorie und Praxis von Solidarität

In unserer Zeit wird das Konzept von Solidarität gemeinhin im Kontext von kollektiven (Protest-) Aktionen der Massen gegen die herrschenden Oligarchien verortet. Am 17. Dezember 2010 trat die Selbstverbrennung Mohamed Bouazizis in Tunis eine Lawine der Solidarität unter den Menschen los, die letztendlich zum Sturz von Präsident Ben Ali führte. Diese Bewegung befeuerte ähnliche Bewegungen in Ägypten, Bahrain, Libyen, Jemen und Syrien aus, ganz zu schweigen von anderen Ländern in Afrika und Europa. Während ich diesen Aufsatz schreibe, haben sich Menschen in den USA in Solidarität gegen ihre herrschende Finanzelite und die Wall Street erhoben. Viele der AnführerInnen geben an, vom „Arabischen Frühling" inspiriert worden zu sein.

Die Kehrseite dieser Ereignisse ist jedoch, dass sie zu dem Missverständnis innerhalb der Linken führten, dass das Konzept der „Solidarität" ihr „Eigentum" sei. Dies verhinderte eine tiefere Analyse des Konzepts der Solidarität und dessen, was notwendig ist, um auf Solidarität aufzubauen.

Mohamed Bouazizis Vorfahre, der arabische Historiker aus dem 14. Jahrhundert, Ibn Khaldun (im heutigen Tunis geboren), war einer der ersten Denker, die das Konzept der Solidarität in seinem soziologischen und historischen Kontext analysierten[1]. Seine Vorstellung von *Asabiyyah* bezieht sich auf eine Solidarität, die von einer kleinen Gruppe bis zu einem großen Reich alle mit einschließt. Khaldun war ein Dialektiker und Visionär. Seiner Auffassung nach ermutigen imperiale Dynastien das Aufstreben neuer AnführerInnen in ihren Peripherien. Jede Dynastie birgt in diesem Sinne in sich selbst den Samen ihres eigenen Zusammenbruchs. Hätte Khaldun voraussehen können, was sich in seinem Land sowie im Iran und in Afghanistan heute, 500 Jahre später, ereignen würde? Was in diesen Ländern gerade geschieht, ist nicht das Ergebnis von solidarischem Handeln einer linken Bewegung, sondern ein Ergebnis der Dialektik des Kampfes, was ein höchst komplexer und unvorhersagbarer Pro-

---

1 Vgl. Gellner, Ernest (2007), „Cohesion and Identity: the Maghreb from Ibn Khaldun to Emile Durkheim", Government and Opposition 10 (2): 203-18

zess ist.

Khaldun zum Vorbild nehmend, würde ich argumentieren, dass heutzutage viel größere Solidarität innerhalb der „imperialen Dynastie" – dem Empire unter US-Führung – herrscht als unter den Menschen, die diesem Imperium Widerstand leisten. Dies mag zunächst überraschen, doch die Fakten sprechen für sich, zumindest kurzfristig gesehen. Die Art und Weise, wie die 28 Mitgliedsstaaten der NATO einheitlich in Libyen gehandelt haben, ist ziemlich verblüffend. Die Regierenden der NATO-Staaten haben vielleicht keine Lösungen für ihre heimischen Probleme, und militärische Raubzüge in Übersee könnten ein gutes Ablenkungsmanöver für diese nationalen Tumulte sein, doch sie haben bemerkenswerte Solidarität untereinander in ihrem Abenteuer außerhalb ihrer Staatsgebiete gezeigt. In Libyen haben sie es nicht nur geschafft, die *„No fly zone"-Resolution* 1973 des UN-Sicherheitsrats so sehr auszudehnen und anzulegen, dass dadurch die massive Bombardierung Libyens seit inzwischen neun Monaten legitimiert wird; sie haben außerdem die internationalen Medien (einschließlich *Al Jazeera*) größtenteils auf ihre Seite ziehen können, und selbst innerhalb der eigenen Zivilgesellschaft, die Linke eingeschlossen, regt sich gegen ihr Vorgehen kaum ernsthaft Opposition. Tatsächlich war es bemerkenswerter Weise sogar so, dass ein bedeutsamer Teil der „Linken" in Europa und in Amerika sich zu Gunsten „humanitärer Interventionen" aussprach und damit das unterstützte, was faktisch eine imperiale Aggression gegen Libyen war.

Wie die historischen und zeitgenössischen Beispiele gezeigt haben, fällt „Solidarität" nicht vom Himmel. Diejenigen, die solidarisch handeln möchten – das gilt für das NATO-Imperium wie auch für die Bewegungen, die gegen dieses Imperium kämpfen – müssen sehr hart daran arbeiten, die Einheit der solidarischen Gruppe aufrecht zu erhalten. Hierzu ist Führung notwendig, eine Ideologie, die die verschiedenen Akteure im Streben nach gemeinsamen Zielen zusammenhält, Ausdauer im Kampf, tiefgründiges Wissen über die Dialektik des Kampfes, welche die Richtung des Kampfes in eine gegensätzliche Richtung als die ursprünglich anvisierte Bahn lenken kann. und Entschlossenheit, „auf Kurs zu bleiben". Die Erfahrungen der letzten zwölf Monate haben gezeigt, dass das Empire in allen genannten Bereichen erfolgreicher war als „linke" Kräfte in Europa wie auch in Afrika.

Die Frage lautet: Haben die vereinten Kräfte der Linken in Europa und Afrika das notwendige Ausmaß und die Tiefe an Solidarität erreicht, um die Stärke und Macht der imperialen Solidarität herauszufordern? Diese von der Rosa-Luxemburg-Stiftung organisierte Konferenz linker Kräfte und Bewegungen möchte gemeinsame Themen und Strategien identifizieren, die uns als Bewegung wichtig sind. In diesem Beitrag geht es ausschließlich um das Thema „Entwicklungshilfe".

Theorie und Praxis von „Entwicklungshilfe"

Unser heutiges Treffen findet am Vorabend des vierten Hochrangigen Forums zur Wirksamkeit der Entwicklungshilfe in Busan, Korea statt. Vom 29. November bis 1.

Dezember 2011 werden ca. 2.000 Delegierte von Regierungen, internationalen Institutionen sowie Nichtregierungsorganisationen ein von der OECD initiiertes Projekt namens *„Wirksamkeit von Entwicklungshilfe“* besprechen. Es ist ein völlig deplatziertes und obsoletes Treffen – eine unnötige Ablenkung von den Realitäten, denen sich eine linke Bewegung in Bezug auf „Entwicklungshilfe“ zuwenden müsste. Die Frage ist: Wie wird sich die Linke in Bezug auf Busan verhalten?

Zunächst aber eine kurze Einführung zum Projekt „Wirksamkeit von Entwicklungshilfe“. Zur letzten Jahrhundertwende wurde klar, dass das „Entwicklungshilfe“-Projekt hinsichtlich der Armutsbekämpfung in der Dritten Welt und besonders in Afrika auf ganzer Linie versagt hatte. In vollem Bewusstsein ihres Legitimationsdefizits leitete die Organisation für wirtschaftliche Zusammenarbeit und Entwicklung (OECD) eine umfassende Reform der Entwicklungshilfearchitektur ein. Im März 2005 verabschiedete ein vom Ausschuss für Entwicklung (*Development Assistance Committee, DAC*) der OECD berufenes Internationales Hochrangiges Forum die so genannte Paris-Deklaration zur Wirksamkeit von Entwicklungshilfe (*PDAE*), die vorsah, „weitreichende und überprüfbare Schritte einzuleiten, welche die Art und Weise reformieren werden, in der wir Entwicklungshilfe leisten und verwalten.“ Auf der Webseite des DAC wurden drei Gründe genannt, warum die Paris-Deklaration ein Meilenstein sein würde: Erstens gebe sie einen „praktikablen und handlungsorientierten Fahrplan“ vor, um „die Qualität von Entwicklungshilfe und deren Wirkungsweise zu verbessern.“ Die 56 „Partnerschaftsverpflichtungen“ wurden entlang von fünf Schlüsselprinzipien festgemacht: Ownership, Angleichung, Harmonisierung, Ergebnisverwaltung und gegenseitige Rechenschaftspflicht. Zweitens lege sie zwölf Indikatoren fest, um die Ergebnisse zu überprüfen und die Fortschritte „im Hinblick auf das partnerschaftliche Bekenntnis“ zu fördern. Drittens etabliere sie ein „Partnerschaftsmodell“, das auf Transparenz und verantwortungsbewusster Nutzung von Entwicklungsressourcen aufgebaut sei. Auf nationaler Ebene rufe die PDAE Geber und Partner dazu auf, gegenseitig den gemeinsamen Fortschritt in der Umsetzung gemeinsam verabschiedeter Verpflichtungen im Bereich Wirksamkeit von Entwicklungshilfe zu evaluieren.

Jedoch waren sowohl die Vereinten Nationen als auch die „Hilfeempfänger“ vom oben beschriebenen „konsultativen“ Prozess ausgeschlossen. Erst nach ihrem Abschluss wurde die Paris-Deklaration den VN durch OECD und Weltbank vorgestellt, um ihr die notwendige „Legitimität“ zu verschaffen. Die ersten beiden Treffen, die der Einführung der Paris-Deklaration dienen sollten, wurden in Europa abgehalten. Das dritte Treffen fand dann aus strategischen Gründen im September 2008 in Accra, Ghana statt. Lediglich jemand sehr Naives (oder Dummes) hätte übersehen können, dass dies ein Trick war, um es so aussehen zu lassen, als hätte Afrika sich das Projekt angeeignet. Ich nahm an dem Treffen teil und kann bezeugen, mit welcher Macht die Geber und die Weltbank den Empfängern ihren Plan aufdrückten und sie damit quasi überrollten. Am Vorabend dieses Treffens in Accra schrieb ich an meinem Buch mit dem Titel *„Die Abhängigkeit von der Entwicklungshilfe beenden"* (Ending Aid Dependence), publiziert vom *South Centre* in Genf, welches ich damals leitete, und *Pambazuka*. Zum Ende des Accra-Treffens schrieb ich ein Nachwort für eine neue Ausgabe des Buchs, in dem ich über die Erfahrungen aus Accra berichtete. Aus dem dritten Hochrangigen Forum zur Wirksamkeit von Entwicklungshilfe ging ein Dokument namens *„Accra Action Accord"* (dreifaches A) hervor; heute ist es jedoch eher wahrscheinlich, dass die Ratingagenturen das Dokument mit einem dreifachen C bewerten würden.

Wie zuvor erwähnt, gab die PDAE vor, ein „Partnerschaftsmodell" zu entwickeln, welches von „gegenseitiger Rechenschaftspflicht" zwischen Gebern und Empfängern geprägt sein sollte. Die Wirklichkeit entspricht allerdings genau dem Gegenteil. Auf Einladung der Regierung von Ruanda im November 2010 nahm ich als Beobachter am *„Kigali Ninth Rwanda and Development Partners"*-Treffen teil, welches unter dem Titel *„Effektive Hilfe zur Steuerung privater Investitionen und zur Erreichung der Millennium-Entwicklungsziele (MDG)"* stand. Diese Erfahrung öffnete mir die Augen. Präsident Kagame eröffnete das Treffen mit einer nachdenklichen Rede über die Notwendigkeit, unser kritisches Denkens und „linke Ideologie mit der harten Realität der Abhängigkeiten zu konfrontieren". In dieser gut vorbereiteten Rede, die der Präsident langsam und bedächtig vortrug, sagte er, die ruandische Regierung sei ein Teil des ruandischen Volkes. Entschieden warnte er: „Wir brauchen keine Vorträge darüber, wie wir uns selbst regieren sollen". Daraufhin folgte eine bevormundende und (autoritative) Rede der für Afrika zuständigen Vize-Präsidentin der Weltbank Obiageli Ezekwesili (die Weltbank hat mit Ezekwesili, die sich in ihrem Heimatland Nigeria zuvor in der Korruptionsbekämpfung hervorgetan hatte, ganz offensichtlich eine strategisch intelligente Wahl getroffen). Sie sagte, Ruanda müsse mehr „strukturelle Reformen" umsetzen, auch wenn diese mitunter „schmerzhaft sein können". Im Anschluss daran hielt Koos Richelle, Co-Vorsitzender der Arbeitsgruppe zur Wirksamkeit von Entwicklungshilfe im DAC, eine entschlossene Rede. Als ein scharfsinniger Befürworter der PDAE argumentierte er, „die von kolonialen Strukturen geprägte Agenda gibt es nicht mehr; das jetzige System ist auf gegenseitigen Nutzen ausgerichtet". Doch er nutze auch die Gelegenheit, um zu betonen, dass die Geber *„value for money"* (seine eigenen Worte) in Form von „guter Regierungsführung" und „Korruptionsbekämpfung" erwarten würden.

Was dann folgte, war das wohl bizarrste Schauspiel, das ich je miterlebt habe. In zwei langen Sitzungen zu einem „Überblick über die Leistung" einerseits und zur „Wirksamkeit von Entwicklungshilfe" andererseits wurden Verwaltungsangestellte verschiedener Ministerien, welche bereits Hilfen empfangen hatten, einzeln aufgerufen, um zu belegen, wie sie die Gelder bisher eingesetzt hatten. Sie präsentierten ihre „Beweise" auf PowerPoint-Folien mithilfe von Graphen, Tortendiagrammen und Logarithmen und endeten schließlich damit, gegenüber den anwesenden Gebern in beschämender Weise zu beteuern, dass sie stets ihr Bestes geben würden, um die von ihnen gestellten (vielmehr diktierten) Messgrößen von „Wirksamkeit" zu erfüllen. Die Hauptrichtung ihrer Ausführungen war dahin gehend, dass „Verbesserungen in allen 28 geforderten Indikatoren" erzielt worden waren; „das Programm für Staatsausgaben und finanzielle Rechenschaftspflicht (PEFA) hat sich bewährt"; „Informationen bewegten sich von D zu A – es gab ein Ansteigen von As und einen Abfall von Ds"; und dies stets mit Hilfe hoch technischer Konzepte und Statistiken. Die Zahlenspiele zum Nachweisen der „Wirksamkeit" von Entwicklungshilfe kamen mir vor wie eine sinnlose und banale Übung. Die Verwaltungsangestellten müssen zahllose Stunden darauf verwendet haben, mühevoll Datensätze zusammenzustellen, die ohnehin auf konzeptionellen und methodologischen Fallen und Uneindeutigkeiten basierten. Wie sind sie zum Beispiel mit den Ausgaben umgegangen, die nicht innerhalb der Budgetabwicklung erfasst worden sind? Wie haben sie die Informationen der unterschiedlichen hilfeempfangenden Behörden abgeglichen? Ich hatte so viele Fragen, die ich gern gestellt hätte, wäre ich nicht als bloßer Beobachter vor Ort gewesen. Nach Beendigung dieser Sitzungen schloss der Generaldirektor des Belgischen Ministeriums für Entwicklungszusammenarbeit mit der Feststellung, dass 48 Prozent des verfügbaren Budgets gemäß dem Ausgabenplan ausgegeben worden waren, mit anderen Worten, weniger als die Hälfte. Er fragte schließlich, ob die Gründe hierfür administrativer Natur gewesen seien, oder ob es wohl andere Gründe gegeben hätte (Anspielung auf Korruption?).

Die Landwirtschaftsministerin, die den Vorsitz über eine der Sitzungen führte, ließ das nicht auf sich sitzen. Sie stellte die Übung offen in Frage, beklagte sich darüber, dass etwas fehle, und fragte daraufhin: „Was meinen Sie mit „Ländersystem"? Jeder Sektor hat sein eigenes System, zum Beispiel im Hinblick auf Ausschreibungen". Um sie zu zitieren: „Ich verstehe nicht, warum unsere Partner kein Vertrauen in unser Rechenschafts- und Prüfsystem haben." Sie fügte hinzu, dass die sperrige Anzahl von 34 Projekten ein hohes Maß an Koordination erfordere. „Wir beschäftigen sogar Leute, die uns sagen, an welchen Stellen die Probleme liegen. Aber es funktioniert trotzdem nicht. Die Anzahl der Projekte sollte auf fünf reduziert werden."

Ich habe diesen flüchtigen Einblick in das „Partnerschafts" -Treffen der Geber und Empfänger gegeben – ein Bericht, von dem ich ziemlich sicher bin, dass er niemals in irgendeiner Zeitung oder auf der Website des DAC erscheinen wird. Ich hatte Glück, dass ich während des gesamten Verfahrens auf Einladung der ruandischen Regierung anwesend sein durfte, um etwas zu bezeugen, das nur mit den Worten bizarr und geistlos beschrieben werden kann.

So viel also zur Umsetzung des post-Accra-Aktionsabkommens (post-AAA). Die PDAE und das AAA gaben vor, ein „Partnerschaftsmodell" zu entwerfen, welches von „gegenseitiger Rechenschaftspflicht" zwischen Gebern und Empfängern geprägt sein sollte. Die Wirklichkeit zeigt jedoch klar und deutlich, dass es sich um eine einseitige Angelegenheit handelt. „Hilfe" wird hier in neokolonialer Weise angewendet und dazu benutzt, die makroökonomischen Prozesse und die Haushaltsführung der Empfängerstaaten der kritischen Überprüfung seitens der Geber zu unterwerfen. Wenn die ruandischen Erfahrungen ein Urteil zulassen, dann muss diese unnütze und beschämende Praxis, die sich in jedem Hilfe empfangenden afrikanischen Land wiederholt, von jedem, dem Gerechtigkeit, gesunder Menschenverstand und Vernunft am Herzen liegen, in Frage gestellt werden.

Die Zeiten haben sich geändert. Zwischen Accra und dem Vierten Spitzenforum zur Wirksamkeit von Hilfe in Busan hat die Welt sich in dramatischer Weise verändert. Nun ist es Europa, das „Hilfe" braucht. Weiterhin von „Entwicklungshilfe" zu reden, wo die europäischen Staaten kein Geld haben, um die eigenen Probleme zu lösen, die in Form eines sich ausweitenden Finanzkollapses, realer Kapitalabwertung, Massenarbeitslosigkeit, Kürzungen der Sozialleistungen und der Unbeständigkeit der Währung (der Euro soll als gemeinsame Währung möglicherweise aufgelöst werden) zu Tage treten, heißt die europäische Öffentlichkeit für dumm zu verkaufen. Und trotzdem hält sich der Mythos, Europa würde nach Busan gehen, um den Ländern des Südens, insbesondere Afrika, zu „helfen". Europa, welches nach der Berliner Konferenz von 1884, die zur Kolonialisierung eines Großteils des afrikanischen Kontinents führte, „explodierte", ist jetzt im Begriff, von innen heraus zusammenzubrechen, zu „implodieren".

In einem Interview vom 4. Oktober 2011 vor dem Parteitag der *Conservative Party* wurde der Britische Premierminister David Cameron gefragt, warum Großbritannien weiterhin für Afrika „bleche", wenn gleichzeitig der eigene Haushalt gekürzt würde. Unter anderem hob die Regierung die Universitätsgebühren an, so dass in Zukunft viele – auch aus der Mittelschicht – von der universitären Bildung ausgeschlossen werden. Cameron argumentierte, dass das britische Volk eine „moralische" Verpflichtung habe, die in Gleneagles und anderen internationalen Foren getätigten Versprechungen einzuhalten, den Armen in Afrika zu helfen. Dies überzeugte nicht einmal Mitglieder seines eigenen Kabinetts, wie etwa den Verteidigungsminister Liam Fox, als sein Ministerium und viele weitere sich mit drastischen Budgetkürzungen konfrontiert sahen. Das Ministerium für Internationale Entwicklung ist das einzige Ministerium, das keine Budgetkürzungen hinnehmen musste.

Cameron bezog sich, als er von Gleneagles sprach, auf das 31. G8-Gipfeltreffen, das vom 6. bis 8. Juli 2005 in Schottland stattfand und in dessen Rahmen sich die G8-Länder dazu verpflichteten, 18 hochverschuldeten armen Ländern Schulden von insgesamt 40 Milliarden US-Dollar zu erlassen, welche diese bei der Weltbank, dem Internationalen Währungsfonds und dem Afrikanischen Entwicklungsfonds hatten. Die Minister erklärten außerdem, dass 20 weitere Länder mit Schulden in Höhe von 15 Milliarden US-Dollar sich für einen Schuldenerlass qualifizieren könnten, wenn sie die Zielvorgaben im Hinblick auf Korruptionsbekämpfung und die weitergehende Umsetzung struktureller Anpassungsmaßnahmen zur Beseitigung von Hindernissen für private Investitionen erfüllen würden.

„Entwicklungshilfe" ist nicht das, was sie zu sein vorgibt. Wie die G8-Entscheidung auf dem Gipfeltreffen 2005 in Gleneagles zeigt, ist „Hilfe" in Wirklichkeit ein Instrument des Westens, das dafür benutzt wird, Afrika zu kontrollieren – nicht nur seine Ressourcen, sondern auch seine makroökonomischen Programme und seine Governance-Institutionen. Es ist ein neokoloniales Instrument, ein eigennütziges Instrument Europas, das die eigenen wirtschaftlichen Probleme lösen soll, nicht ein Instrument, das der Entwicklung Afrikas dienen soll. Afrika wurde schon vielfach mit Hilfeversprechungen hinters Licht geführt. Die *Globale Koalition für Afrika* (GCA) ist ein weiterer solcher Betrug. Sie wurde 1996 auf Initiative des damaligen niederländischen Ministers Jan Pronk und des ehemaligen US-amerikanischen Verteidigungsministers und damaligen Weltbank-Präsidenten Robert McNamara gegründet. Die GCA erhebt den Anspruch, afrikanische Führungspersönlichkeiten und Geberinstitutionen zusammenzubringen, um die dringendsten sozialen und wirtschaftlichen Herausforderungen Afrikas anzugehen sowie Einigkeit über Politikinhalte und Programme zu erzielen und Ergebnisse zu überprüfen. Ich sage nicht, dass Menschen wie Pronk und McNamara es bewusst darauf angelegt haben, Afrika zu betrügen, sie mögen in bester Absicht gehandelt haben. Doch solange sie nicht in der Lage sind zu sehen, dass Ausbeutung und Raub durch kleptokratische Multinationale und Banken in das kapitalistische System als solches eingebettet sind, insbesondere in der jetzigen Phase, in der das Finanzkapital das produktive Kapital immer ersetzt, bleiben ihre guten Absichten lediglich gute Absichten – nicht mehr. Die PDAE jedoch ist von den OECD-Ländern bewusst als neokoloniales Instrument entworfen worden, wie der obige Bericht über das sogenannte „Partnerschafts" -Treffen zur „Wirksamkeit von Hilfe" in Kigali zeigt.

Afrika hat sein Recht auf eine selbstbestimmte Politik abgetreten und ist statt dessen den Verlockungen des Geldes gefolgt. Im Rahmen dieses Treffens ist gleichermaßen wichtig zu erwähnen, dass die Linke in Europa im Hinblick auf das Thema „Hilfe" auch keine klare Position hat. Einer der Hauptgründe für die Verwirrung unter progressiven Individuen der Europäischen Linken ist die Tatsache, dass sie die Art und Weise, wie „Hilfe" von ihren jeweiligen Regierungen mit dem Ziel, Afrika auszubeuten und zu kontrollieren, definiert und gebraucht wird, bisher nicht kritisch untersucht haben. Viele von ihnen führen wohlmeinende Institutionen wie *Oxfam*, *Christian Aid* und andere. Diese Individuen sehen sich aber leider ebenfalls als „Geber", und sie erliegen der Illusion, mit Hilfe derer sie ihre eigene Existenz rechtfertigen und die sie glauben lässt, dass sie Armut in Afrika lindern und Afrika zur Entwicklung „verhelfen" können. Die Fakten vor Ort sprechen jedoch eine andere Sprache.

Das bedeutet nicht, dass Geld keinen Platz hätte in den Beziehungen zwischen Europa und Afrika, insbesondere in den Beziehungen zwischen zivilgesellschaftlichen Organisationen der beiden Kontinente. Geld muss aber als das verstanden werden, was es tatsächlich ist. Geld ist im Grunde immer eine Form von Kredit. Und

Kredite gibt es niemals ohne Bedingungen. Die Rückzahlung von Darlehen mit Zinsen oder Investitionen mit Gewinnen sind Teil von Handelsgeschäften. Das ist einvernehmlich und anerkannt und in der Tat meistens fair. Wenn die Gewährung von Krediten und Subventionen jedoch an wirtschaftliche und politische Konditionalitäten gebunden ist, sind diese gefährlicher als reine Handelsgeschäfte. Das griechische Volk leidet heute unter einem als Rettungsschirm getarnten Kredit. Was „Hilfe" in Griechenland tut, ist ein Mikrokosmos dessen, was die „Entwicklungshilfe" seit 40 Jahren in Afrika angerichtet hat, insbesondere seit Aufkommen des neoliberalen Entwicklungsparadigmas Mitte der 1980er Jahre. Damit Geld eine Rolle spielen kann, muss es nicht als „Hilfe" oder „Wohltätigkeit" wahrgenommen oder angeboten werden. Es sollte in Form von Zusammenarbeit verwendet werden, basierend auf Solidarität und der Unterstützung gemeinsamer Ziele und Werte. Darüber hinaus müssen diese Ziele und Werte zwischen den „Partnern" gemeinsamer Projekte offen diskutiert und in demokratischer Weise beschlossen werden. Geld als Machtfaktor muss im Rahmen solidarischer Beziehungen neutralisiert werden. In Beziehungen, die auf Solidarität gebaut sind, gibt es keinen Platz für asymmetrische Machtverhältnisse.

Grenzen der Solidarität: Utopie und Wirklichkeit

Die imperiale Aggression in Libyen seit März 2010 hat gezeigt, dass (abgesehen von einigen wenigen Individuen) die Linke in Europa generell sehr durcheinander war – vor allem auf Grund der Berichterstattung in internationalen Medien sowie gezielter Desinformation. Die Verwirrung kam aber auch dadurch zustande, dass sie nicht durch den Nebelschleier der Ideologie einer „humanitären Intervention" hindurch sehen konnte und der Illusion erlag, dass die Beseitigung der Gaddafi-Diktatur den Weg zu einer demokratischen Befreiung ebnen würde. Wie naiv!

Genauso wie im libyschen Kontext ist die Linke auch im Hinblick auf Simbabwe durcheinander – ein Fall, der wesentlich komplexer ist. Linksorientierte Gewerkschaften und NGOs in Europa (aber auch in Südafrika) haben ihre Solidarität gegenüber den oppositionellen Kräften in Simbabwe zum Ausdruck gebracht und wissentlich und unwissentlich die imperialistisch motivierte Politik eines Regimewechsels unterstützt. Doch es ist eine kontroverse Situation, denn es ist nicht klar, ob diese Form von „humanitärer Intervention" von außen den demokratischen und Frieden stiftenden Prozess in Simbabwe begünstigt oder behindert hat.

Was das Thema „Hilfe" angeht, ist die europäische Linke (aber auch die afrikanische) generell verwirrt. Ich habe keine einzige zivilgesellschaftliche Organisation in Europa angetroffen, die dem OECD-Konzept von „Wirksamkeit von Hilfe" in Afrika kritisch gegenübersteht; genauso fehlt scheinbar jegliches Bewusstsein dafür, dass „Entwicklungshilfe" im Grunde ein Instrument zur imperialen Kontrolle Afrikas ist. Wie lässt sich das erklären? Vielleicht lässt es sich mit dem Fehlen von geeigneten Informationen erklären oder mit der schieren Faulheit, sich einen tieferen Einblick darüber zu verschaffen, was die tatsächliche Agenda der eigenen Regierung im Bezug auf die PDAE ist, was sich hinter „Partnerschaft", „ownership", „gegenseitiger Verantwortlichkeit" und vor allem hinter dem Ziel (das eigentlich eine Illusion ist), Hilfe effektiver zu machen, versteckt. Auf der anderen Seite glauben viele im linken Spektrum in Europa wirklich, dass Afrika durch „Hilfe" von der Armut befreit werden kann und dass diese den Millennium-Entwicklungszielen (MDGs) zur Realisierung verhelfen kann.

Was die Themen „Hilfe" und „Solidarität" angeht, ist die Palästina-Frage vielleicht das Beispiel, von dem wir am meisten lernen können. Ich beobachte die Entwicklungen in Palästina seit 40 Jahren. Im Anhang zu diesem Text habe ich eine kommentierte Zusammenfassung verfasst, die über die Höhepunkte der letzten zwei Jahrzehnte des Kampfes des palästinensischen Volkes berichtet. Dabei habe ich mich mehrerer Quellen bedient, kontroverse Themen vermieden und mich an die grundlegenden Fakten vor Ort gehalten. Palästina ist einer der wenigen internationalen Konflikte, zu welchem es einen breiten Konsens innerhalb der Linken Europas und Afrikas gibt, nämlich dass die PalästinenserInnen einer der Kolonialisierung ähnlichen Besetzung sowie einer der Apartheid ähnlichen Rassendiskriminierung unterworfen sind.

Und doch ist da auch viel Verwirrung in Bezug auf das Thema Palästina unter den Linken in Europa. Eine der bedeutendsten Ursachen hierfür, die ich entdeckt habe, ist dass „die jüdische Frage" (oder das, was historisch als solche identifiziert wurde) fast überall in Europa eine innenpolitische Angelegenheit ist. Der Begriff wurde ungefähr in der Mitte des 18. Jahrhunderts zum ersten Mal in England verwendet, aber die Diskriminierung der Juden hat eine längere Geschichte. Vor allem der Holocaust der Nazi-Periode hat ein tiefes Gefühl von Schuld im europäischen (und insbesondere im deutschen) Gewissen und ein Bewusstsein hinterlassen, das selbst die Linke nicht erschüttern kann. Viele linke Individuen erkennen an, dass das palästinensische Volk Apartheid-ähnlichen, rassistischen Bedingungen in einer kolonialen Besetzung unterworfen ist (vor dieser bestehenden Wahrheit kann man nicht davonlaufen). Jedoch gibt es keine linke, liberale oder gemäßigte europäische Institution (akademisch, Stiftung oder NGO) – vor allem unter denjenigen, die von der Regierung oder von politischen Parteien Geld bekommen – die es sich leisten kann, eine Position einzunehmen, die auch nur vage als antisemitisch oder antiisraelisch interpretiert werden könnte. Die Linke befindet sich also in einer Falle. Sie ist (oder scheint) einverstanden mit einer Reihe von Maßnahmen, wie zum Beispiel dem Osloer Friedensvertrag von 1993, der darauf angelegt war, die Hamas zu marginalisieren (siehe Anhang Punkt 1) in der Hoffnung, die Hamas würde irgendwie verschwinden; die hohen Hilfsgelder, die an die palästinensischen Autoritäten bezahlt wurden, um die Führung zu kaufen und zu korrumpieren (siehe Anhang, Punkte 2, 3, 4 und 5); und die Loyalität zur USA-geführten „Pseudomediation" zwischen Israel und Palästina (siehe Anhang, Punkt 9). Sehr wenige der Linken – ob Individuen oder

Institutionen – haben in entschlossener und hörbarer Art und Weise Widerstand gegen die drei Wochen anhaltende Bombardierung von Gaza durch Israel von Dezember 2008 bis Januar 2009 geleistet – vielleicht in der heimlichen Hoffnung, dass Israel die Führung der Hamas eliminieren oder den Willen der Menschen in Gaza brechen würde (siehe Anhang, Punkte 6 und 7). Die Linke in Europa ist in einer Falle, die sie sich aus historisch bedingtem schlechtem Gewissen selbst geschaffen hat, einer Scheinrealität und 50 Jahren hoffnungsloser Illusionen, die nun von den Auswirkungen des „Arabischen Frühlings" erschüttert werden. Natürlich bedeutet dies nicht das Ende der US-europäisch-israelischen Geschichte, aber die neuesten Ereignisse haben die Widersprüche dieser Geschichte deutlicher als je zuvor an die Oberfläche gebracht.

Warum bringe ich das Beispiel Palästina in einem Artikel über afrikanisch-europäische Beziehungen? Erstens weil Palästina das deutlichste Beispiel dafür ist, wie Millionen von „Hilfsgeldern" von den westlichen imperialistischen Staaten in den letzten 50 Jahren zur Durchsetzung ihrer eigenen geopolitischen Ziele benutzt worden sind, inklusive der Unterstützung eines Apartheid-Israels, das Korrumpieren der arabischen Regierungen (wie etwa des Mubarak-Regimes in Ägypten), das Kompromittieren der Mainstream-palästinensischen Führung und der Marginalisierung von originären nationalistischen Bewegungen; und zweitens um zu zeigen, wie das Problem der „Solidarität" sogar unter den Linken in Europa wegen ihrer Geschichte, ihres schlechten Gewissens und der Innenpolitik ihrer Staaten durcheinander gebracht und mystifiziert worden ist. In Bezug auf die euro-afrikanischen Beziehungen gibt es ähnlich tragisch-komische Parodien der Verwirrung. Die anderen „berühmten" Fälle, die hier diskutiert werden – Libyen und Simbabwe – zeigen dieselbe Art der Dialektik zwischen „Hilfe" und „Solidarität" wie der Fall Palästina. Es sollte klar sein, dass die Frage von „Hilfe" und „Solidarität" eine sehr komplexe Angelegenheit ist. Es ist eine Sache, über die „Solidarität" der Linken in Europa und Afrika zu sprechen; aber es ist eine ernsthafte Herausforderung, einen Konsens über konkrete Konflikte vor Ort zu finden, und das aus einer Vielzahl von Gründen – inklusive innenpolitischer Fragen Europas, ideologischer Verwirrungen, Fehlinformationen sowie aus schlicht und einfach kulturellen und historischen Vorurteilen.

Bedeutet dies, dass wegen der oben genannten Hindernisse keine Bemühungen unternommen werden sollten, Brücken zwischen den fortschrittlichen Kräften in Europa und in Afrika zu bauen? Überhaupt nicht; im Gegenteil, die Anerkennung eben jener beschriebenen Schwierigkeiten ist gerade ein Grund dafür, diese Herausforderungen anzunehmen, und dazu komme ich jetzt.

Einige Gedanken zur künftigen Zusammenarbeit

Zunächst ist es wohl notwendig zu klären, was wir unter „linken" bzw. „fortschrittlichen Kräften" verstehen. Um eine afrikanische Sichtweise auf dieses Problem einzunehmen, würde ich sagen, dass für die afrikanischen Bevölkerungen, genauso wie für die Bevölkerung Palästinas, der Kampf um die nationale Unabhängigkeit das übergeordnete Ziel ist und bleibt. Afrika ist immer noch nicht unabhängig. In mehreren Artikeln, die ich über Libyen für Pambazuka schrieb, habe ich eine Unterscheidung zwischen Kolonie und Neokolonie vorgenommen, die weiter geht als Nkrumahs Ausgangsanalyse des Neokolonialismus, und zwar um zu zeigen, dass in unserer Zeit die Widersprüche zwischen Neokolonien und dem Imperium an Intensität gewinnen. Ich argumentierte, dass der „Arabische Frühling" in seiner Essenz nicht nur eine Herausforderung der arabischen Diktatoren ist – obwohl er das auch ist –, sondern vor allem eine Kampfansage ans Imperium selbst. Wenn in den Straßen gegen die neokolonialen Regimes Nordafrikas und der arabischen Welt revoltiert wurde, wurde eigentlich gegen die imperiale Ordnung revoltiert, welche die demokratischen Absichten erstickt. In anderen Worten ist der „Arabische Frühling" Teil einer sich ausweitenden und vertiefenden imperialistischen Krise, die andere Aspekte – wie die globale Wirtschaftskrise und die Krise der Legitimität und der moralischen Autorität – beinhaltet, (Dieser Punkt ist gut in Firoze Manjis Artikel „Afrikanische Aufbrüche – Der Mut, die Zukunft neu zu erfinden" analysiert worden).

Um genau zu sein, geht es für uns in Afrika nicht um den Kampf gegen den Kapitalismus allgemein; sondern gegen den Kapitalismus in seiner neokolonialen Ausprägung. Die meisten der europäischen Linken würden den Kampf zwischen „Kapitalisten" und „dem Proletariat" im Allgemeinen als das definierende Idiom des „progressiven" Inhalts ihrer politischen Kämpfe betrachten – nicht nur global, sondern auch in den Neokolonien wie Südafrika, Simbabwe und Libyen. Für diejenigen von uns, die aus Afrika kommen, inklusive derer, die aus einer marxistischen Tradition kommen (wie der Autor dieses Textes), definiert der Arbeiter-Kapitalisten-Widerspruch den „epochalen" Kampf, ja; doch dieser kann den „hier-und-jetzt" -Kampf für die nationale Unabhängigkeit nicht überschatten. Solange unsere Nationen unter der Kontrolle imperialistischer Länder sind und wir unsere nationalen Unabhängigkeiten nicht konsolidiert haben, definiert ihr anti-imperialistischer Charakter den progressiven Inhalt unserer Kämpfe in Afrika.

Um auf das Beispiel Palästina zurückzukommen, wäre ich so mutig zu sagen, dass die *Fatah*, speziell unter der Führung von *Abbas*, neokoloniale Kräfte repräsentiert hat, während die *Hamas* als Vertreterin der progressiven Kräfte anzusehen ist (siehe Anhang). Libyen und Simbabwe stellen die Linke in Afrika vor große Probleme. Gaddafi und Mugabe sind zumindest auf eine Art anti-imperialistisch, auch wenn sie diese Rhetorik ausgenutzt haben mögen, um viel zu lange an der Macht zu bleiben. Aber zwischen Gaddafi und dem nationalen Übergangsrat wäre Ersterer eine bessere Wahl; der nationale Übergangsrat ist zwar eine immer noch unbekannte Kraft, doch schon jetzt scheint er ein bewusster, opportunistischer, neokolonialer Agent für das Imperium zu sein. Auf der anderen Seite ist zwischen Mugabe und Morgan Tsvangirai kaum eine Wahl zu treffen, denn solange der Imperialismus Kontrolle über die Wirtschaft des Landes hat, bleibt der Kampf, sich aus den Klauen des IWF, der Weltbank und der „Geber" zu befreien – sowie von gut meinenden „solidarischen" Menschen in Europa, die Simbabwe von ihrer linken europäischen Perspektive sehen – die Hauptbeschäftigung für die progressiven Kräfte in Simbabwe.

Was sind die Implikationen dieser Analyse für solidarische Aktionen zwischen den progressiven Kräften Afrikas und Europas? Offensichtlich ist eine ausführlichere und transparente Diskussion der konzeptionellen und der strategischen Aspekte darüber, was „links" und was „progressiv" in afrikanischen und in europäischen Kontexten ist und wie diese zusammenarbeiten könnten, notwendig. Möglicherweise gibt es keine allzu großen Unterschiede zwischen den Kämpfen der Bevölkerung Griechenlands (und anderer peripherer Länder Europas) und denen in Simbabwe und Libyen (und dem Rest Afrikas). Die Geschichte und die Zukunft sind voller Überraschungen, und *es ist möglich, dass Griechenland und die peripheren europäischen Länder kurz davor sind, „neokoloniale" Staaten des Imperiums zu werden*. Wenn das stimmt, dann sollten zwischen den progressiven Kräften dieser peripheren europäischen Staaten Verbindungen gegen die Dominanz der globalen finanziellen Kleptokratie geschaffen werden, welche den *IWF*, die *Weltbank*, die *Europäische Zentralbank* und globale Finanzgesellschaften wie *Goldman Sachs, JPMorgan Chase, Citigroup, Bank of America, Morgan Stanley, Deutsche Bank, Dresdner Bank, Banque Paribas* und *Société Générale* kontrolliert. (Ich definiere kleptokratischen Kapitalismus als ein System der wirtschaftlichen Produktion und des Austausches, das auf der Schaffung fiktiven Wohlstands basiert, ohne den Weg der Produktion von realem Wohlstand zu gehen; und politische Governance, die von „Plünderern und Räubern" kontrolliert wird. Es ist das Streben der reichen Nationen nach unfairen und illegalen Profiten aufgrund ihrer strukturellen Machtposition und innerhalb jeder Nation das Streben einer reichen und ökonomischen Machtelite. Das schafft am anderen Ende die Enteignung und die Entmachtung der Massen) (vgl. Tandon, Y. „Kleptokratischer Kapitalismus und Herausforderungen der Grünen Wirtschaft für ein nachhaltiges Afrika, Pambazuka, #537).

Der zweite Punkt, der in diesem Zusammenhang zu klären wäre, hat mit den Prozessen und Strukturen zu tun, die man benötigt, um eine Diskussion zwischen den verschiedenen progressiven Kräften zu ermöglichen. Dies ist eine komplexe Frage, die mehr Reflexion und Diskussion verlangt und den Rahmen dieses Artikels sprengen würde. Ich möchte daher lediglich einen Punkt betonen, den ich oben schon kurz angeschnitten habe, als es um die beachtliche Bekundung imperialer Solidarität in der Folge des „Arabischen Frühlings" im Vergleich zum Mangel an Solidarität unter linken Kräften ging. „Solidarität" ist nicht etwas, das vom Himmel fällt. Sie ist harte Arbeit. Sie braucht Führung, eine Ideologie, die verschiedene Akteure miteinander verbindet, um gemeinsame Ziele zu verfolgen, ausdauernden Kampf, kluges Wissen über die Dialektik des Kampfes, die das Blatt in eine andere als die intendierte Richtung wenden könnte, und eine große Entschlossenheit, den Kurs zu halten. Mehr werde ich an dieser Stelle zum Thema nicht sagen.

An Stelle eines Fazits

Dieser Beitrag hat uns weiter geführt, als ich oder die Organisatoren des Meetings hier in Brüssel ursprünglich geplant hatten. Ich wurde gebeten, die Diskussion über das Thema „Von Entwicklungshilfe und Humanitarismus zu Solidarität und Kooperation" einzuleiten. Aber während des Schreibens wurde mir klar, dass es unvermeidbar ist, in diesem Zusammenhang auch diese größeren und komplexeren Themen anzusprechen.

Ich möchte nun zum Thema Hilfe und Solidarität zurückkehren. Ich habe dieses Essay mit der These begonnen, dass Hilfe und Solidarität sich gegenseitig ausschließen. Ich hoffe, dieser Text hat dabei geholfen, zu klären, warum dies so ist, insbesondere im Kapitel „Theorie und Praxis von Entwicklungshilfe". Die Aufgabe, eine Solidarität des Handelns in Bezug auf die Frage der „Entwicklungshilfe" zwischen progressiven Kräften in Europa und Afrika aufzubauen, könnte hier und jetzt in Brüssel und auf diesem Treffen initiiert werden. Und die erste Veranstaltung, um sie zu testen, wäre dann auf dem vierten „High Level Forum on Aid Effectiveness" in Busan in Korea im November/Dezember 2011. Vielleicht möchte die Organisatorin dieses Treffens – die Rosa-Luxemburg-Stiftung – darüber nachdenken, diese Herausforderung anzunehmen.

Anhang: Der Israel-Palästina-Konflikt

1. Nach der ersten Intifada 1987 sprang der Westen mit massiver Hilfe zugunsten der Fatah ein, um diese gegen ihren Rivalen, die Hamas, zu stärken. Das Ziel der Friedensabschlüsse von 1993 in Oslo war im Wesentlichen, Palästina zu teilen, die Hamas zu marginalisieren und den Weg für die PLO zu ebnen, die dann von Tunis nach Palästina kommen sollte. Die Hamas kritisierte das Friedensabkommen, da es wichtige Themen wie eine unabhängige Wirtschaft, Demokratie, den Stopp des israelischen Siedlungsbaus, das Rückkehrrecht von Flüchtlingen und das Jerusalem-Problem nicht anging.

2. In den darauf folgenden 15 Jahren arbeitete die Hamas weiter mit palästinensischen Flüchtlingen und konzentrierte sich dabei mit den bescheidenen Ressourcen, die sie von einigen arabischen und iranischen Quellen bekam, auf Wohlfahrtsaufgaben. Im Januar 2006 gewann die Hamas die Wahlen in Palästina, was sie selbst überraschte. Der Effekt war erdrutschartig. Israel veranlasste sofortige Sanktionen gegen die Palästinensischen Autoritäten (PA), indem es sich weigerte, 60 Millionen Dollar zu übergeben, die für die PA eingetrieben worden waren. Die USA froren Hilfsgelder in Höhe von 368 Millionen Dollar ein. Also wurde Geld das erste Mittel der „Geber", Druck auf die Hamas und die palästinensische Führung auszuüben. Der Führer der Hamas, Khaled Meshaal, sagte, es sei im Interesse des Westens, die palästinensische Bevölkerung zu unterstützen, aber wenn er es nicht täte, wäre es auch egal, denn „wir werden unser Ziel mit oder ohne euch erreichen".

3. Zwischenzeitlich unterstützte der Westen weiter die Fatah, und die Hamas kri-

tisierte, dass westliche Hilfen die Fatah zu einem Sicherheits-Subunternehmer Israels gemacht hätten. Das amerikanische Magazin Vanity Fair berichtete, es habe vertrauliche Informationen erhalten, dass die USA einen Somalia-ähnlichen Bürgerkrieg und Chaos in Palästina initiieren wollten, um die demokratisch gewählte Hamas-Regierung zu stürzen. (David Rose, „Gaza Bombshell", Vanity Fair, April 2008). Die Geschichte wurde von der US-Regierung nicht dementiert.

4. 2006 nahmen die Angriffe auf Gaza und Grenzschließungen durch Israel dramatisch zu. Die Hamas griff darauf zurück, Tunnel zu graben, um sich zu schützen und notwendige Lieferungen nach Gaza zu ermöglichen. Am 8. Februar 2007 vermittelte Saudi-Arabien eine Machtteilungs-Vereinbarung zwischen Hamas und Fatah, und eine neue Regierung der Nationalen Einheit wurde vereidigt. Auf die „Einheitsdividende" hoffend, forderte Abbas eine Wiederaufnahme der westlichen Hilfen. Norwegen kündigte an, dass es seine Sanktionen aufheben würde. und Großbritannien, dass es Kontakte zu „nicht-Hamas-Ministern" (!) knüpfen würde. Aber die Regierung der Nationalen Einheit konnte nicht mit ihrer Arbeit beginnen. Die Hamas sagte, die Mecca-Vereinbarung fordere zu viel von ihr und nicht genug von der Fatah.

5. Im April 2007 intensivierte sich der Kampf um die Kontrolle über Gaza. Die Fatah sicherte sich Geld und Waffen vom Westen und die Hamas von Iran, Syrien und der Hisbollah. Während des Gaza-Krieges im Mai und Juni 2007 schlugen die Kräfte der Hamas die der Fatah trotz deren numerischer Überlegenheit (70.000 gegenüber nur 16.000 KämpferInnen der Hamas). Die Kämpfer der Hamas waren disziplinierter und motivierter als die der Fatah. Die Soldaten der Fatah flohen schlicht aus der Kampfzone, und die meisten der vom Westen gesponserten Waffen fielen in die Hände der Hamas. Abbas rief panisch in Washington an, hatte aber schon verloren. Innerhalb von vier Tagen hatte die Hamas den Gazastreifen übernommen. Abbas beschuldigte sie daraufhin, in Gaza geputscht zu haben, und verbot die Hamas-Milizen. Er beschuldigte die „Sunnitischen Moslems in der Hamas", „schiitische Puppen Teherans" zu sein (und ignorierte dabei die Tatsache, dass er selbst Bittsteller westlicher Hilfe war). Abbas löste die Regierung der Nationalen Einheit auf und vereidigte eine Notstandsregierung. Israel und der Westen signalisierten, dass sie mit einer neuen palästinensischen Regierung, welche die Hamas ausschloss, zusammenarbeiten würden – eine unhaltbare Situation, wie die späteren Ereignisse zeigen sollten.

6. Im März 2008 stürmte Israel Gaza und griff das Flüchtlingslager Jabalia der Hamas an, wobei die israelische Armee mehr als 60 Palästinenser tötete. Dann startete Israel eine Überraschungsoffensive mit dem Namen „Operation Caste Land" am 27. Dezember 2008. Israels erklärtes Ziel war es, den Raketenbeschuss auf Israel und den Waffenimport nach Gaza zu stoppen. Drei Wochen lang nahm Israel Polizeistationen und andere Regierungsgebäude der Hamas unter Dauerbeschuss und griff dabei die dicht bevölkerten Städte Gaza, Khan Younis und Rafah an. Als der Krieg am

18. Januar 2009 vorbei war, waren komplette Bezirke in Gaza dem Erdboden gleichgemacht; 90 Prozent der Tunnel waren zerstört, und zwischen 1.166 und 1.417 Palästinenser und 13 Israelis (vier durch eigene Truppen) waren getötet worden. Im September 2009 erschien der Bericht einer UN-Sondermission, deren Vorsitz der Richter Richard Goldstone hatte und der sowohl die palästinensischen Kräfte als auch die israelischen Verteidigungstruppen der Kriegsverbrechen und der möglichen Verbrechen gegen die Menschlichkeit beschuldigte und empfahl, die Verantwortlichen vor Gericht zu bringen. Nach heftiger Kritik Israels an dem Bericht schrieb Goldstone am 1. April 2011, dass er nicht länger glaube, dass Israel mit Absicht Zivilisten in Gaza beschossen habe. Die übrigen Autoren des Berichtes – Hina Jilani, Christine Chinkin und Desmond Travers – lehnten die Kehrtwende Goldstones ab.

7. Israel hatte gehofft, dass eine dreiwöchige Dauerbombardierung die Hamas-Führung (die es beschuldigte, sich hinter den Zivilisten zu verschanzen) eliminieren würde und den Willen des Volkes und seine Loyalität der Hamas gegenüber brechen würde. Als aber diese Ziele scheiterten, kam es zu einem Rechtsruck in der politische Meinung in Israel, und die Likud-Partei war in der Lage, eine Regierung unter Netanjahu zu bilden.

8. Zwischenzeitlich und als Folge des "Arabischen Frühlings", insbesondere auf Grund des „Regimewechsels“ in Ägypten, vermittelte Kairo eine Übereinkunft zwischen der Hamas und der Fatah am 27. April 2011 und ebnete damit den Weg für eine politische Partnerschaft, eine Reform der PLO, allgemeine Wahlen und im September 2011 den Antrag auf Mitgliedschaft und Anerkennung bei den Vereinten Nationen. Des Weiteren setzten solidarische Gruppen von BürgerInnen im Westen (dabei vor allem aus der Türkei, eines NATO-Mitglieds) ihre Unterstützungskampagne zugunsten der palästinensischen Sache fort, inklusive des Widerstands gegen die Belagerung Gazas durch Israel.

9. Die USA haben damit gedroht, ein Veto gegen die UN-Mitgliedschaft Palästinas einzulegen, und Europa ist seinem NATO-Anführer schnell zur Seite gesprungen. Netanjahu, der weiß, dass Präsident Obama ihn aus innenpolitischen Gründen nicht unter Druck setzen kann, setzte die illegale Siedlungspolitik auf palästinensischem Land fort. Zum Redaktionsschluss dieses Artikels pfeift das Quartett im Dunkeln und versucht, Israel und Palästina an einen Verhandlungstisch zu bringen.

Aus dem Englischen übersetzt von Alexandra Künzel, Eva Kuhn & Sabine Bretz

Vortrag auf der Konferenz der Rosa-Luxemburg-Stiftung (RLS) für linke AktivistInnen und Intellektuelle aus Afrika und Europa vom 13. – 15. Oktober 2011 in Brüssel

Entwicklungshilfe ist keine Solidarität

Interview mit Asume Osuoka

Seit mehr als einem Jahrzehnt setzt Asume Osuoka sich für Communities im Nigerdelta ein, die unter den negativen Folgen des Öl- und Gasabbaus in der Region leiden. Er arbeitet für *Social Action*, ein Projekt zur Bildung, Mobilisierung und Solidarisierung von Menschen und Gemeinschaften, die sich für Umweltschutz und Demokratie in Nigeria engagieren.

Im Rahmen der von AfricAvenir organisierten Fachtagung *„Soziale Bewegungen und Afrikanische Renaissance“* am 18. und 19. Oktober2011 in Berlin hielt Asume die Eröffnungsrede, in der er Zusammenhänge zwischen Ressourceninteressen, extraktiven Industrien, Entwicklungshilfe und Militärinterventionen beleuchtete.

AfricAvenir (AfA): Können Sie bitte Ihre Organisation kurz vorstellen?

Asume Osuoka (AO): Meine Organisation heißt *Social Action*, und wir arbeiten von Port Harcourt im Nigerdelta in Nigeria aus. Die Organisation wurde gegründet, um Gemeinschaften und AktivistInnen Solidarität und Unterstützung anzubieten, die sich für soziale Veränderungen, ökologische Gerechtigkeit, Demokratie und eine verantwortlichere Regierungsführung insbesondere im Ölförderungssektor einsetzen. Wir arbeiten beispielsweise mit Gemeinschaften, deren Lebensgrundlage durch den Ölsektor bedroht ist. Wir unterstützen sie dabei, ihre Interessen zu vertreten. Außerdem kontrollieren wir den Einsatz der Regierungsbudgets, denn der größte Teil der Einnahmen aus dem Rohstoffsektor kommt nicht der Bevölkerung zugute. Wir arbeiten mit den Menschen zusammen, um dem entgegen zu treten.

AfA: Ihr Ziel ist also, soziale Bewegungen zu initiieren?

AO: Das ist Teil des Prozesses. Wir verstehen uns nicht als konventionelle NGO, sondern als Teil der sozialen Bewegungen. Als Organisation tun wir unser Möglichstes, um Unterstützung anzubieten und sozialen Bewegungen Gehör zu verschaffen. Wir haben zusammen mit anderen Organisationen im Land ein politisches Bildungsprogramm entwickelt. Die Idee ist, Alternativen zum in Nigeria herrschenden Neoliberalismus und Diktat aufzuzeigen. Die Zahl der Menschen, die verstehen, dass dieses ausbeuterische und zerstörerische System vom Volk selbst geändert werden kann und muss, steigt stetig.

AfA: Welche alternativen Entwicklungswege für Afrika sehen Sie? Was ist notwendig, um einen Wandel herbeizuführen?

AO: Unsere wichtigste Aufgabe und gleichzeitig unser grundlegendes Ziel sind die Schaffung und Stärkung sozialer Plattformen und Bewegungen, die sich für Veränderung einsetzen. Wir glauben nicht, dass Wandel importiert werden kann, dass externe Akteure kommen und Gesellschaft und Staat verändern können. Der Wandel kann nur vom Volk selbst herbeigeführt werden, wenn alle zusammenarbeiten. Die Herausforderung für die Intellektuellen besteht darin, konkrete Alternativen zu formulieren, die den Bedürfnissen Nigerias entsprechen. Wir arbeiten mit verschiedenen Intellektuellen im ganzen Land zusammen, denn wir wollen diese Alternativen voran treiben.

AfA: Was sind die wichtigsten Forderungen in Nigeria?

AO: Wir haben keine Regierung, die das Volk repräsentiert, obwohl wir 1999 einen Übergang von einer Militär- zu einer Zivilregierung hatten und seitdem alle vier Jahre Wahlen abgehalten wurden. Diese Wahlen sind nicht angemessen organisiert worden, um eine wirklich repräsentative Regierung hervorbringen zu können. Die große Herausforderung besteht also darin, die Menschen zu mobilisieren, die jahrelang Opfer der schlechten Regierungsführung waren. Wir wollen, dass der Wahlprozess von Grund auf korrigiert wird, damit diejenigen, die echte VolksvertreterInnen sein können, an die Regierung kommen. Ich möchte nicht sagen, dass es in der Demokratie nur auf Wahlen ankommt. Für eine echte Demokratie brauchen wir auch mehr Bürgerbeteiligung in Bezug auf die Kontrolle der Staatsgeschäfte. Die Menschen sollten beispielsweise Entscheidungen in Bezug auf grundlegende Entwicklungsfragen mitbestimmen können. Das ist es, was wir für Nigeria erreichen möchten. Nigeria ist einer Welle des Neoliberalismus ausgesetzt. Der freie Markt bestimmt alles, zahlreiche Privatisierungen werden vorgenommen. Die Bevölkerung hat davon nichts. Vor kurzem hat die Regierung angekündigt, Benzinsubventionen zu streichen. Die Auswirkungen einer solchen Maßnahme werden schwerwiegend sein, denn in diesem Land sind Energie und Elektrizität nicht garantiert. Es gibt oft keinen Strom. Die Menschen müssen Generatoren kaufen, die mit Benzin oder Diesel betrieben werden. Sogar kleine Friseurläden sind davon abhängig. Es gibt auch kein effizientes Transportsystem. Für jede Bewegung von Menschen und Gütern wird Benzin gebraucht, für Taxis, Autos und kleine Busse. Wenn man den Preis für Benzin erhöht, um die Staatskassen zu füllen, dann hat das dramatische Auswirkungen auf die lokale Wirtschaft. Viele Menschen verlieren ihre Lebensgrundlage, und das verbleibende Einkommen reicht nicht mehr, um mit der Inflation mitzuhalten. Deswegen entstehen immer mehr soziale Bewegungen, um dieser Politik etwas entgegen zu setzen. Unsere Organisation versucht, solche Plattformen soweit wie möglich zu unterstützen, damit die Stimme und die Bedürfnisse der Bevölkerung in Nigeria gehört werden können.

AfA: Welche Rolle spielt in diesem Zusammenhang regionale und internationale Solidarität?

AO: Solidarität ist wichtig, denn freie Menschen sollten nicht von Hilfe abhängig sein. Es sollte selbstverständlich sein, dass die Rechte aller Menschen und Gemeinschaften geschützt werden. Die Rechte einer Gemeinschaft oder eines Individuums zu schützen sollte nicht als Hilfe verstanden werden, denn die Förderung der Rechte einer einzelnen Person ist gleichbedeutend mit der Förderung der Rechte für alle. In Ländern wie Nigeria, die kulturell sehr vielfältig sind, ist es besonders wichtig, Solidarität zwischen einzelnen Gruppen und Wirtschaftssektoren zu fördern – besonders, da wir nicht nur mit lokalen Mächten konfrontiert werden. Wir werden auch mit globaler Politik und globalen Regimes konfrontiert, der so genannten Internationalen Gemeinschaft. Die G8-Staaten haben Institutionen wie die Weltbank und den IWF benutzt, um eine neoliberale Agenda durchzusetzen, die letztendlich die Bedingungen geschaffen hat, um die Rohstoffe im Süden immer weiter ausbeuten zu können. Diese Regimes schaden den Menschen in Nigeria, Ghana, Kamerun, Benin etc. gleichermaßen. Daher besteht die dringende Notwendigkeit, Solidarität zu fördern, ebenso wie das Verständnis, die Kooperation und den Zusammenhalt zwischen den Völkern dieser verschiedenen Länder. Die gleichen Mächte greifen auch Lateinamerika und Asien an. Und seit kurzem ist nun sogar die Europäische Union betroffen. Daher besteht mehr denn je die Notwendigkeit, solidarisch zu handeln, sowohl zwischen Nord und Süd als auch zwischen Süd und Süd. Denn wir haben die historische Verantwortung, die

Agenten der Profitgier und der Zerstörung zu konfrontieren und zu besiegen.

AfA: Würden Sie sagen, dass Entwicklungshilfe und Solidarität sich gegenseitig ausschließen?

AO: Das Konzept der „Entwicklungshilfe" ist ein grundlegend anderes als das der „Solidarität". Man muss sich die Geschichte der Entwicklungshilfe vergegenwärtigen und wie diese entstanden ist. Letztlich geht es doch darum, dass bestimmte Länder anderen Ländern Ressourcen bereitstellen. Die Hilfe ist immer an Konditionen wie Öffnung der Märkte, Liberalisierung etc. geknüpft. Geber und Empfänger agieren nicht unter gleichen Bedingungen. Es besteht ein extremes Machtgefälle – letztendlich sprechen wir über Kolonialherren und Kolonisierte. Dieses Verhältnis ist keine Solidarität.

AfA: Welche Art der Solidarität wünschen Sie sich von Europa und der Internationalen Gemeinschaft?

AO: Die Solidarität, die wir brauchen und fordern, ist die Solidarität der Menschen in Europa, die gegen das System ankämpfen. Dieselben Mächte, die versucht haben, Afrika zu unterdrücken, sind nun ebenfalls nach Europa zurückgekehrt und versuchen, im Namen privater Profite das Unmögliche: ihre eigenen BürgerInnen dauerhaft zu unterdrücken. Die EuropäerInnen selbst werden jetzt zu Opfern. Die Ausbeutung von Menschen und Ressourcen in Europa durch europäische Unternehmen ist zwar nicht ganz neu, doch die Form der Profitgier, die wir zurzeit in Europa beobachten und die von Staaten und Institutionen verteidigt wird, ist eine besonders destruktive und abscheuliche. Es ist die Pflicht der BürgerInnen dieser Länder, dem zu widerstehen und die Gesellschaft zu schützen. Wenn die Menschen in Europa auf die Straße gehen und protestieren und die Menschen im Süden, wie in Nigeria, denselben Kampf führen, dann sind das die Einheit und der Austausch im Kampf, die wir Solidarität nennen können. Denn wenn man selbst nicht kämpft, kann man auch nicht solidarisch mit jemandem sein, der kämpft; man kann nur Mitleid haben. Doch niemand sucht im Augenblick das Mitleid der anderen, wir wollen Solidarität.

AfA: Was bedeutet „Afrikanische Renaissance" für Sie? Sehen Sie Indikatoren für einen echten Wandel?

AO: Ich möchte nicht im Detail darauf eingehen, wie der Begriff „Afrikanische Renaissance" in Diskursen be- und ausgenutzt wurde. Der Begriff bedeutet verschiedene Dinge für verschiedene Menschen. Was ich jedoch sagen möchte ist

Folgendes: Wir kommen einem Wendepunkt in Afrika immer näher. Das lange Schlummern wird bald vorüber sein, und wir können schon jetzt ein allgemeines Erwachen auf dem Kontinent beobachten. Es ist noch nicht voraus zu sagen, was dieses Erwachen konkret bringen wird, doch wir können sicher sein, dass sich Afrika aus der Sackgasse befreien wird. Denn die AfrikanerInnen beginnen, ihre eigene Geschichte neu zu schreiben, sie organisieren sich auf verschiedenen Ebenen. All diese Menschen auf dem afrikanischen Kontinent, die gegen jede Form von Ungerechtigkeit kämpfen, sprechen nicht von „Afrikanischer Renaissance". Sie brauchen keine Modewörter. Doch sie sind alle engagiert in ein und demselben Emanzipationskampf. Immer mehr populäre Plattformen gründen sich, und wir werden diesen Kampf aufnehmen und ihn auf eine höhere Ebene tragen.

AfA: In Nordafrika haben starke soziale Bewegungen den Umsturz der Regime herbeigeführt. Denken Sie, dass diese Ereignisse einen direkten Einfluss darauf haben, welche Möglichkeiten die Menschen in sozialen Bewegungen sehen?

AO: Wie alle anderen finde ich die Ereignisse in Nordafrika und den so genannten Arabischen Frühling sehr aufregend. Niemand wusste, dass dort diese Samen existierten, und dann sprossen sie plötzlich. Wir sollten daraus lernen, dass man die Menschen nicht ewig unterdrücken kann. Selbst wenn die Machthaber denken, sie hätten alles unter Kontrolle, werden sich die Menschen irgendwann wehren. Die Art und Weise wird sich von Ort zu Ort unterscheiden, und das Timing hängt von lokalen Gegebenheiten ab, aber die Menschen werden immer aufstehen.

Das Interview führte Friederike Claussen

Aus dem Englischen übersetzt von Friederike Claussen

Appell an die europäische und nordamerikanische Intelligenzija während des konzertierten Angriffs ihrer Regierungen auf die afrikanischen Völker im Jahr 2011

Vortrag von Prinz Kum'a Ndumbe III

Prinz und Throninhaber Kum'a Ndumbe III. aus dem Königshaus der Bele Bele/Bell schreibt seit 40 Jahren Theaterstücke, Gedichte, Erzählungen, Romane, Essays, wissenschaftliche Analysen und Streitschriften, vornehmlich auf Deutsch und Französisch, aber auch auf Englisch und Duala.

Geboren 1946 in Kamerun, wuchs er in der afrikanischen Kultur auf, besuchte in München das Gymnasium und studierte in Frankreich. Er promovierte an der Universität von Lyon in Geschichte sowie in Etudes Germaniques. 1989 habilitierte er sich an der Freien Universität Berlin.

Prof. Kum' a Ndumbe III. lehrte als Historiker, Germanist und Politologe in Deutschland, Frankreich und Kamerun und ist seit 2012 emeritiert.

Liebe KollegInnen der Wissenschaft, des kritischen Denkens und Schreibens,

„Et ceterum censeo, Carthaginem esse delendam !"
(Im Übrigen bin ich der Meinung, dass Karthago zerstört werden muss!)

Mit diesen Worten beendete Cato Censorius jede seiner Reden vor dem Senat in Rom, selbst dann, wenn diese die Beziehungen zu Afrika gar nicht thematisierten. Der Krieg wurde im Jahr 150 v. Chr. ausgelöst und Karthago, das heutige Tunis, wurde zerstört.

In diesen tragischen Monaten des seit 2010 von den europäischen und nordamerikanischen Regierungen einvernehmlich beschlossenen Angriffs auf die afrikanischen Völker und der intensiven Bombardierung unserer Städte, die wir im

Schweiße unseres Angesichts mühsam wieder aufbauen mussten, nachdem der Jahrhunderte andauernde Sklavenhandel und die darauf folgende Kolonisierung uns ruiniert hatten, in dieser Zeit des vom Westen geführten Medienkriegs, der die Weltbevölkerung bezüglich der von den so genannten „zivilisierten" und „demokratischen" Staaten auf afrikanischem Boden verübten barbarischen Akte bewusst fehlinformiert, in diesen schrecklichen Momenten der mittels hoch entwickelter Waffen des Westens verübten massiven Tötungen unserer Brüder und Schwestern unter der Mittäterschaft der in die fünfte Kolonne der Nordmächte integrierten Unsrigen, ja, in diesen Zeiten, in denen die europäische und nordamerikanische Intelligenzija sich dazu benutzen lässt, das Unaussprechliche zu legitimieren, nämlich den ethischen und moralischen Verfall, ist es dringend notwendig, an Sie zu appellieren, damit angesichts der Geschichte der Völker der Welt und angesichts Gottes jeder einzelne seine Verantwortung wahrnehmen möge.

Der konzertierte Angriff auf die afrikanischen Völker Anfang des 21. Jahrhunderts: Lehren aus der Geschichte

Auf diesem deutschen Boden, in Ihrer Hauptstadt Berlin, hat die NATO (Organisation des Nordatlantikvertrags), bestehend aus 28 Ländern mit einer Gesamtbevölkerung von 893 Millionen EinwohnerInnen, am 14. April 2011 beschlossen, das nur 6,17 Millionen Seelen zählende libysche Volk in einer gemeinsamen Militäraktion anzugreifen und mit hoch entwickelten Bomben dem Erdboden gleich zu machen. Weder die Regierung noch das Volk Libyens haben jemals einem europäischen oder nordamerikanischen Land einen Krieg erklärt, der einen solchen Blitzkrieg als Antwort hätte rechtfertigen können. Weder die Regierung noch das Volk der Elfenbeinküste haben jemals einem europäischen oder nordamerikanischen Land einen Krieg erklärt, der dieses kollektive Massaker an Frauen und Männern, die lediglich die Souveränität über ihr eigenes Land anstrebten, hätte rechtfertigen können. In diesen Monaten hat die US-amerikanisch-europäische Allianz den Kampf um die Förderung eines gemeinsamen Schicksals der Menschheit verloren, der Westen hat sich entblößt, indem er eine extreme Gewalt gegen Ethik, Moral und Wahrheit walten ließ. Geld, Profit und Aggression durch das internationale Verbrechertum werden als übergeordnete Werte mit universeller Geltung errichtet; die Intelligenzija und die einflussreichen Medien verpacken diese neuen Werte in Umschläge, in die die Begriffe „Demokratie", „Freiheit" und „Entwicklung" geprägt sind.

Ich, Prinz Bele Bele, Universitätsprofessor von hohem Rang und Schriftsteller, der den Dialog suchte, indem er in Ihren europäischen Sprachen zu Ihnen sprach, ich sage Ihnen Folgendes: Was zu viel ist, ist zu viel! Sämtliche Grenzen wurden überschritten. Der Westen hat uns seit dem Angriff auf den Irak täglich demonstriert, dass er sich weder für das gemeinsame Schicksal der Menschheit noch für den Dialog zwischen den Völkern interessiert. Ans Licht kam, dass sein einziges Anliegen die absolute Herrschaft über die Welt ist, eine militärische, finanzielle, kulturelle und intellektuelle Herrschaft. Wir, die wir uns in Afrika Tag und Nacht dafür eingesetzt haben, unsere Völker von dem doch so notwendigen Dialog mit dem Westen und von der Dringlichkeit eines gemeinsamen Engagements für das Schicksal der Menschheit zu überzeugen, wir haben jegliche Glaubwürdigkeit verloren; wir wurden nachhaltig durch die von Ihnen beschlossenen Angriffe geschwächt, die nur darauf abzielen, die anderen Völker ihres Eigentums zu berauben, das ihnen auf ihrem eigenen Boden über Generationen vermacht wurde. Offenbar soll alles auf dieser Erde nur dem europäisch-nordamerikanischen Westen gehören, einem Westen, der folglich auch darüber bestimmen wird, welche Brotkrumen den anderen Völkern überlassen werden.

1884-2011: Die Bombenangriffe auf die Elfenbeinküste, Libyen und vielleicht auch bald auf Kamerun verweisen uns zurück auf die Berliner Konferenz, die vom deutschen Reichskanzler Otto von Bismarck einberufen und vom 15. November 1884 bis zum 26. Februar 1885 gehalten wurde. In Abwesenheit von Afrikanern verabschieden die Europäer Regelungen für den Schiffsverkehr auf dem Kongo-Fluss, von denen vor allem die europäische Wirtschaft profitiert – diese befindet sich gerade inmitten der industriellen Revolution mit ihrem enormen Bedarf an Rohstoffen und neuen Märkten außerhalb Europas. Die Europäer kommen überein, angesichts des afrikanischen Reichtums keinen Krieg untereinander zu führen. Statt dessen einigen sie sich an einem Konferenztisch in Berlin, legen die jeweiligen Einflusszonen auf afrikanischem Boden fest und tauchen gemeinsam auf dem Kontinent auf, um im gleichen Moment die afrikanischen Regierungen und Völker anzugreifen, die nichts von einem solchen Angriffspakt ahnen. Die europäische Intelligenzija deckt diese barbarischen Taten, indem sie wiederum die AfrikanerInnen als „barbarische Völker" bezeichnet, als „Völker, die am Rande der Geschichte gelebt haben" wie Hegel vorgab, als „ungebildete Völker", „heidnische Völker", „Völker, die auf die Zivilisation warten", „Völker, die des Lichtes des Evangeliums Jesus Christus bedürfen", wobei Jesus ein Sohn des Orients ist, der umgetauft und in Afrika als „*Weißer* Jesus Christus des Okzidents" importiert wurde. Die Kolonisierung wird also von den europäischen Medien, in Schul- und Universitätsbüchern, religiösen Werken, Romanen und Theaterstücken europäischer DenkerInnen und SchriftstellerInnen gerechtfertigt. Äußerst selten hört man Stimmen europäischer Intellektueller, die gegen diesen betrügerischen Massenvernichtungskrieg an den afrikanischen Völkern, der im 19. und 20. Jahrhundert in „Befriedung" umgetauft wurde, aufbegehren.

Ignoranz, Betrug und Meinungsmanipulation

„Afrika ist kein geschichtlicher Weltteil, er hat keine Bewegung und Entwicklung aufzuweisen [...] Was wir eigentlich unter Afrika verstehen, das ist das Geschichtslose, Unentwickelte, das noch ganz im natürlichen Geiste befangene, und das hier als nur mehr an der Schwelle der Weltgeschichte dargestellt werden muss."[1]

Damit hatte der deutsche Philosoph Friedrich Hegel (1770-1831) die wesentlichen Orientierungspunkte festgelegt. Am 26. Juli 2007, 176 Jahre nach seinem Tod, wird Nicolas Sarkozy, damals Präsident der Französischen Republik, Hegel in seiner die afrikanischen Völker verhöhnenden Rede an der *Cheikh Anta Diop*-Universität in Dakar zitieren:

> „Das Drama Afrikas besteht darin, dass der afrikanische Mensch noch nicht genügend in die Geschichte eingetreten ist. Der afrikanische Bauer, der seit Jahrtausenden mit den Jahreszeiten lebt, dessen Ideal das Leben in Harmonie mit der Natur ist, kennt bloß die ewige Wiederkehr der Zeit im Rhythmus der endlosen Wiederholung derselben Handgriffe und Worte.
>
> In dieser Vorstellungswelt, in der alles immer wieder von vorne beginnt, gibt es weder Platz für das menschliche Abenteuer noch für den Gedanken des Fortschritts.
>
> In diesem Universum, in dem die Natur alles bestimmt, entgeht der Mensch zwar der Angst vor der Geschichte, die den modernen Menschen quält, aber er bleibt unbeweglich und unbewegt inmitten einer unabänderlichen Ordnung, in der alles von Beginn an vorbestimmt scheint.
>
> Niemals schwingt der Mensch sich in Richtung Zukunft auf. Niemals kommt er auf die Idee, die Wiederholung aufzugeben, um sein Schicksal selbst zu bestimmen."[2]

Dies ist also die Überzeugung eines französischen Präsidenten in den Zeiten der Bombardierungen der Elfenbeinküste und Libyens. Wir in Afrika bestehen weiterhin auf den Respekt des Universums, von dem wir nur kleine Bestandteile sind, und auf dem Respekt der Natur, die uns trägt und uns zu leben erlaubt. Jeder menschliche Fortschritt hängt von diesem Respekt ab, im Gegensatz zu dem Verständnis von Fortschritt im kapitalistischen, kriegerischen Liberalismus, der die Menschheit in eine fanatische Hilfslosigkeit stürzt, dabei der Mehrheit das Notwendige entreißt und eine winzige Minderheit mästet.

Der französische Schriftsteller Victor Hugo, der zur Pflichtlektüre in den Schulen

---

1 Friedrich Hegel, Cours sur la philosophie de l'histoire, zitiert in: Kum'a Ndumbe III, Jean Yves Loude, Dialogue en noir et blanc, Présence Africaine, Paris, 1989, p. 27

2 Rede von Nicolas Sarkozy an der Universität Cheikh Anta Diop, Dakar, 26. Juli 2007 http://www.lepost.fr/article/2009/04/07/1486509_video-le-discours-de-dakar-de-sarkozy.html
Unter der Leitung von Adame Ba Konaré: «Petit précis de remise à niveau sur l'histoire africaine à l'usage du Président Sarkozy», Vorwort von Elikia M'bokolo und Nachwort von Catherine Clément, Hrsg.: La Découverte, Paris, 2008.

des frankophonen Afrikas gehört, formulierte bereits am 18. Mai 1879 den Sinn eines solchen Vorgehens:

> „Dieses wilde Afrika hat nur zwei Aspekte: Bevölkert ist es die Barbarei, unbewohnt ist es die Wildnis, aber es wird sich dem nicht mehr entziehen.
>
> Im 19. Jahrhundert hat der *Weiße* aus dem *Schwarzen* einen Menschen gemacht; im 20. Jahrhundert wird Europa aus Afrika eine Welt machen.
>
> Ein neues Afrika erschaffen, das alte Afrika für die Zivilisation handlhabbar machen, das ist das Problem. Europa wird es lösen. Vorwärts, Völker! Bringt diese Erde in eure Gewalt. Nehmt sie. Von wem? Von niemandem. Nehmt diese Erde von Gott. Gott gibt diese Erde den Menschen. Gott gibt Europa Afrika. Nehmt es!“[3]

Unglaublich, nicht wahr? Aus dem Mund eines brillanten europäischen Intellektuellen, der es doch eigentlich besser wissen müsste. Aber das ist die geistige Struktur, die den Intellekt und das Unterbewusstsein der Mehrheit der Intellektuellen und PolitikerInnen Europas leitet, wenn sie an Afrika denken, und sie haben es sogar geschafft, dieses Virus in die Seelen einiger ihrer afrikanischen SchülerInnen und AnhängerInnen einzupflanzen.

Gott hat Afrika also an Europa gegeben, Afrika ist sein Eigentum – von Gott so bestimmt und gewollt. Die Berliner Konferenz 1884/1885 bringt erstmals einen konzertierten Angriff Europas auf Afrika hervor, entsprechend der Vision von Friedrich Hegel, Victor Hugo und anderen europäischen Intellektuellen. Im Jahr 1957 fordert die NATO Frankreich und Großbritannien auf, zunächst sicherzustellen, dass ganz Afrika unter exklusivem NATO-Einfluss bliebe, bevor sie den Unabhängigkeitsbestrebungen afrikanischer Länder nachgäben. Nun investierte Oberst Gaddafi, Präsident der libyschen Dschamahirija, eindrucksvolle Summen in die Einigung Afrikas, indem er die Afrikanische Union entscheidend unterstützte. Beispielsweise finanzierte Gaddafi im Jahr 2006 den ersten afrikanischen Satelliten RASCOM mit 300 der insgesamt 400 Millionen benötigten US-Dollar. Die Afrikanische Entwicklungsbank übernahm weitere 50 und die Westafrikanische Entwicklungsbank 27 Millionen US-Dollar. Dadurch ist Afrika seit 2007 von den 500 Millionen US-Dollar befreit, die der Kontinent bis dahin jährlich für die Nutzung europäischer Kommunikationssatelliten zahlen musste – sogar für Telefonate innerhalb des Kontinents und für die Übertragung auf europäische Satelliten wie Intelsat.

Und Gaddafi unterstützte weitere Vorhaben: So sollten 30 Milliarden US-Dollar, die Libyen gehören und inzwischen von den USA konfisziert worden sind, dazu beitragen, eine neue afrikanische Finanzarchitektur zu gestalten. Diese sollte aus drei

---

3 Zum 31. Jahrestag der Abschaffung der Sklaverei. Gedenkrede vom 18. Mai 1879 in Paris unter der Präsidentschaft von Victor Hugo. Bericht von Gaston Gerville-Réache, Brière, Paris, 1879, S. 17.

Institutionen bestehen: Aus der Afrikanischen Investitionsbank im libyischen Syrte, aus der Weiterentwicklung des seit 2011 geplanten Afrikanischen Währungsfonds mit Sitz in Yaundé/Kamerun mit einem Gesamtkapital von 42 Milliarden US-Dollar und aus der Afrikanischen Zentralbank, niedergelassen in Abuja/Nigeria, die eine eigene afrikanische Währung auflegen sollte. Die NATO musste diesem Emanzipationsstreben der afrikanischen Völker um jeden Preis ein Ende setzen.

„Et ceterum censeo, Carthaginem esse delendam!" würde Cato der Ältere wieder schreien.

Daher fand am 14. April 2011 eine weitere Berlin-Konferenz statt, um unter der Ägide der Nato einen weiteren konzertierten Angriff mit hoch entwickelten Waffen gegen die Regierung und das Volk Libyens zu starten. Trotz des Medienkrieges des Westens in den afrikanischen Wohnzimmern haben die AfrikanerInnen die Lage durchschaut und lassen sich nicht länger täuschen. In Gaddafis Libyen sind Wohnungen, medizinische Versorgung, Bildung und Grundnahrungsmittel kostenlos. Wo in Europa, in Amerika oder sogar in Afrika haben Sie so etwas schon einmal gesehen? Der Westen zieht jedoch keine Samthandschuhe mehr an, die Scham ist verflogen. Es gibt keine Moral mehr. Nur noch Vergiftung, Lüge und rohe Gewalt sollen künftig die Beziehungen zwischen Europa und Afrika bestimmen.

Europa und Nordamerika müssen sich sicher sein können, dass ihnen die afrikanischen Führungskräfte die volle Handlungsfreiheit bei der systematischen Plünderung der afrikanischen Reichtümer lassen. Diejenigen, die sich dem widersetzen, werden gestürzt, ins Exil verbannt, getötet oder vor den Internationalen Gerichtshof, der speziell für diese Angelegenheit geschaffen wurde, geschleift. Selbst der Begriff Justiz wurde – innerhalb dieser internationalen Beziehungen ganz spezieller Natur – seines etymologischen Sinnes entleert. Frankreich war das erste Land der NATO-Koalition, das Libyen am 19. März bombardierte, und beansprucht nun im September 2011 einen Anteil von 35 Prozent am libyschen Öl. Hieß es in den westlichen Medien nicht, dass es sich um eine Jagd auf Diktatoren handle und darum, die Demokratie in afrikanische Länder zu importieren? Wie kommt es nun aber bei diesem Elan, Afrika zu zivilisieren und zu demokratisieren, zu einer solchen Beteiligung am Ölvorkommen, Herr Sarkozy?

So gestalten sich also die Beziehungen zwischen Europa, Nordamerika und dem afrikanischen Kontinent im Jahr 2011. Was die wissenschaftlichen Beziehungen, die Verbreitung von Forschungsergebnissen, die Weitergabe von Wissen, die kulturellen Beziehungen angeht, so ordnet sich alles den wirtschaftspolitischen Interessen unter, die aktuell zu einem militärischen Schlachtfeld geworden sind. Unsere heutige Konferenz in Frankfurt/Deutschland zum (Post-) Kolonialismus zwischen Kamerun und Deutschland findet im Kielwasser dieser brutalen Gewaltanwendung statt, mit der den AfrikanerInnen zu verstehen gegeben werden soll, dass sie den von ihren euro-amerikanischen Partnern vorgegebenen Wegen zu folgen haben. Die Diplomatie musste angesichts der Schlagkraft des Geldes und der militärischen

Bombardierungen auf weiter Strecke klein beigeben.

Von der Finanzierung der Wissenschaft und dem unterstellten Wissenschaftsdialog

Wenn Sie mich und uns, die über die Kontinente hinweg für einen Dialog in der Wissenschaft, in der Kultur, im Denken arbeiten, fragen, was wir in Zukunft tun werden, dann frage ich zurück: Ist ein armes, hoch verschuldetes Land in der Lage, Wissenschaft zu finanzieren und einen internationalen Wissenschaftsdialog auf die Beine zu stellen? Die 46 subsaharischen Staaten haben einen gemeinsamen Schuldenberg von 400 Milliarden US-Dollar angehäuft. Was dabei vergessen wird, ist, dass Frankreich, Großbritannien und Italien jeweils Schulden in Höhe von 2.000 Milliarden US-Dollar haben, und dass der Tabellenführer der verschuldeten Staaten, die USA, 14.000 Milliarden US-Dollar Schulden haben. Die euro-amerikanischen Medien wiederholen ohne Unterlass, dass die afrikanische Kornkammer arm sei, doch man hört gleichzeitig nicht auf, sich mit Hilfe dieser Kornkammer zu versorgen. Im Jahr 2011 hat es ein Großteil der afrikanischen Länder nicht geschafft, die Ausbeutung und Nutzung ihrer Ressourcen zu handhaben, und noch weniger, eine gerechte Verteilung umzusetzen. Und so leidet auch die wissenschaftliche Forschung darunter, nicht mit adäquaten Mitteln finanziert zu werden.

In seinen Beziehungen zu Deutschland finanziert Kamerun Deutschunterricht in höheren Bildungseinrichtungen und stellt Fördergelder für die Forschung zur Verfügung. Die Geschichtsinstitute bieten außerdem Kurse zum Thema kamerunisch-deutsche Beziehungen an. Gleichzeitig fehlt es jedoch an kamerunischen Forschungsinstituten, die sich auf Geschichte, Politik, Wirtschaft oder Kultur zwischen den beiden Ländern spezialisieren. Kamerun hat keine einzige Institution in Deutschland, in Europa oder sonstwo in der Welt, um solche Arbeiten zu realisieren. Deutschland dagegen – dank seiner universitären und forschungstechnischen Strukturen – hat Orte der zielgerichteten Recherche zu Afrika errichtet, wie in Bayreuth, Leipzig, Berlin, Hamburg, Frankfurt etc. Institutionen wie der *DAAD*, die *Humboldt-Stiftung*, das *Goethe-Institut* sowie politische Stiftungen wie die *Friedrich-Ebert-*, die *Konrad-Adenauer-*, die *Heinrich-Böll-*, die *Hans-Seidel-* und die *Friedrich-Naumann-Stiftung* sind sehr aktiv in Deutschland und auch teilweise präsent in Kamerun. An der Universität von Yaundé I ist 2009 das Informationszentrum des DAAD entstanden, welches in die gesamte Region ausstrahlt. Das *Centre pour la Coopération Scientifique entre l'Afrique et l'Allemagne* (CCSAA) wird noch vor Ende des Jahres 2011 eröffnet. Beide Zentren werden von Deutschland finanziert. Während auf der einen Seite Deutschland Institutionen errichtet hat, die die Forschung über und mit Kamerun ermöglichen sollen, hat Kamerun auf der anderen Seite Schwierigkeiten, äquivalente Strukturen aufzubauen. Innerhalb dieses Ungleichgewichtes ist es verständlich, dass die Schwerpunkte und die Forschungsfelder innerhalb des (Post-) Kolonialismus, die Debatte zwischen beiden Parteien, die Verbreitung von Forschungsresultaten, von Initiativen, Strukturen und die Finanzierung zu einem essentiellen Teil von Deutschland abhängen. Dieses Ungleichgewicht bestimmt die Grenzen der Gestaltung, Umsetzung und die Ergebnisse der Forschung über unsere bilateralen Beziehungen.

Ich würde dieses Ungleichgewicht gerne an einem Beispiel veranschaulichen: Als ich in den 1980er Jahren die Leitung des Germanistik-Institutes der geisteswissenschaftlichen Fakultät an der Universität von Yaundé inne hatte, bemerkte ich, dass es in der Forschung über die deutsche Kolonialzeit schon in den verwendeten Quellen ein Ungleichgewicht gab. In den Archiven in Kamerun und Deutschland fand man im Grunde nur Dokumente, die von der deutschen Verwaltung, religiösen oder zivilen Institutionen verfasst worden waren, und nur selten Dokumente, die aus der Feder von KamerunerInnen stammten. Das Ungleichgewicht fand sich also schon im Verfassen der archivierten Dokumente selbst wieder. Es handelt sich doch aber um bilaterale Beziehungen! Ich gründete also 1982 eine pluridisziplinäre Forschungsgruppe mit dem Namen *„Erinnerungen an die deutsche Kolonialzeit in Kamerun“* und eine zweite Gruppe, *„Übersetzung grundlegender Texte der deutschen Kolonialzeit“*, da zu dieser Zeit die Mehrheit der kamerunischen WissenschaftlerInnen kein Deutsch konnte.

Wir sind durch ganz Kamerun gereist und konnten schließlich sehr alte kamerunische Menschen finden, die selbst oder deren Verwandte die deutsche Kolonialzeit noch erlebt hatten. So konnten 120 kamerunische ZeitzeugInnen einen sehr detaillierten, pluridiziplären Fragebogen beantworten. Unsere GesprächspartnerInnen machten die Interviews in ihren kamerunischen Sprachen, auf Französisch oder Englisch. Diese akustischen Archive existieren bis heute auf Tonbändern, die nun aber schon 30 Jahre alt sind und langsam verfallen. Heute würde die wissenschaftliche Arbeit darin bestehen, diese zu retten und sie auf andere Träger zu transferieren, sie zu transkribieren, zu übersetzen und zu veröffentlichen – sowohl in den Originalsprachen als auch in Französisch oder Englisch.

Innerhalb dieses Forschungsprojektes war die Mehrzahl der Partner jedoch ausschließlich an der Überspielung der Interviews auf andere Tonträger interessiert, was ihnen den Zugang zu diesen Dokumenten ermöglicht hätte. Ein amerikanischer Partner sagte, es handele sich in der Tat um eine Frage der „Ownership“ an diesem Quellenmaterial. Zugleich unterstrich er sehr deutlich, dass wir, um finanziert zu werden, von unserer „Ownership“ zu seinen Gunsten sowie zu Gunsten derer, die er bestimmen würde, zurücktreten müssten. Die für uns interessanten Partner wären jedoch diejenigen, die sich für das gesamte Projekt interessieren, von der Digitalisierung der Interviews über die Übersetzung bis hin zur Veröffentlichung, da die Ergebnisse ja die Forschung zu den internationalen und bilateralen Beziehungen insgesamt voranbringen würde und allen beteiligten Partnern zu Gute käme.

Auf der Suche nach kamerunischen ZeitzeugInnen der deutschen Epoche konnten wir im Laufe der Jahre handschriftliche Dokumente in kamerunischen Sprachen, verfasst von den interviewten ZeitzeugInnen oder ihren Verwandten, zusammentragen. Die traditionellen Würdenträger, die Familien von Schuldirektoren oder kamerunischen Geistlichen während des deutschen Kolonialismus besitzen noch immer Dokumente, die dringend bewahrt werden müssten. Wir machen diese Arbeit des Sammelns und Archivierens im Sitz der *Stiftung AfricAvenir International* in Douala im Rahmen unserer Möglichkeiten, aber immerhin mit unserem eigenen Geld. Erst kürzlich haben wir das Dokument „*Bila ba Baku* (Dahomey), 1892" erhalten, einen von einem Augenzeugen verfassten Bericht in der Sprache Duala über die Revolte von Söldnersklaven aus Dahomey in Douala im Jahr 1892. Dieses Dokument würde die Arbeit von Adjai Paulin Oloukpona Yinnon zum gleichen Thema auf wunderbare Weise ergänzen. Im Laufe der Zeit hat sich unser Projekt fortentwickelt und umfasst heute die Archive von Familien und traditionellen Würdenträgern, die uns in die Gesellschaftsstrukturen Kameruns vor und während der deutschen Kolonialzeit einführen. Das Projekt trägt den Titel: „*Erhaltung und Weitergabe des kollektiven Gedächtnisses Kameruns, Beitrag zur Bewahrung des Erbes kamerunischer Zeitzeugen während der Geburt des modernen Kamerun von 1884-1916 und 1920-1930*".

Hier also stehen wir heute, und das Hauptziel unserer Anstrengungen ist es, den KamerunerInnen die ausgelöschte Erinnerung wiederzugeben, die sie von den deutschen, französischen und britischen Kolonisationen geerbt haben, und unseren Partnern zu ermöglichen, ihre eigene Entwicklung sowie unsere wechselseitigen Beziehungen in einem neuen Licht zu sehen.

Im Jahr 2011 haben wir jedoch die Grenze dessen erreicht, was im Verhalten europäischer und nordamerikanischer Partner akzeptabel und tolerierbar ist auf dem Boden eines Afrikas, das für seine Souveränität und für den Eigengebrauch seiner vielfältigen Reichtümer kämpft. Das heutige Afrika diversifiziert seine Außenbeziehungen, indem es auch aufstrebenden Ländern wie Brasilien, Indien, China oder den beiden koreanischen Staaten einen prominenten Platz einräumt. Europa und die USA sollten daran keinen Anstoß nehmen, da sie doch selbst engste Verbindungen zu diesen neuen Mächten unterhalten. Es ist dringend geboten, dass wir all unseren Partnern zu verstehen geben, dass Afrika nicht gewillt ist, ein reicher Kontinent mit einer armen Bevölkerung zu bleiben, während sich andere an dieser Situation bereichern. Ein entwickeltes Afrika mit BewohnerInnen, die ihre finanzielle Unabhängigkeit jeden Tag unter Beweis stellen, wäre doch tatsächlich auch ein viel interessanterer Partner für andere Länder und Kontinente, da die Kaufkraft von mehr als einer Milliarde AfrikanerInnen einen wesentlich intensiveren und lukrativeren Austausch erlauben würde.

Wir afrikanischen Intellektuellen läuten die Alarmglocke, wir fordern die europäische und nordamerikanische Intelligenzija auf, die Blindheit einiger ihrer politischen FührerInnen zu erhellen, die sich an den Hebeln der Macht zu Kriegsherren entwickelt haben und deren einzige Sprache gegenüber Afrika brutale Gewalt bleibt. Doch auch wenn diese weiterhin handeln, als wären sie im 19. Jahrhundert, so sind die AfrikanerInnen des Jahres 2011 entschlossen, Souverän ihres eigenen Bodens zu werden und ihre Reichtümer zuallererst für ihre eigenen Bevölkerungen zu nutzen. Wenn es sein muss, sind wir bereit, dafür zu sterben und die Fackel des Kampfes an unsere Kinder und Enkel weiterzureichen. Dialog und Weisheit sind dem in jedem Fall vorzuziehen; die Voraussetzung ist jedoch, dass auf der anderen Seite ein Wille zur Verständigung und zu einem Handeln im Sinne der internationalen Kooperation, die das gemeinsame Schicksal der Menschheit zum Kernziel hat, sichtbar ist. Daher ist es genauso ehrlich wie unerlässlich, dem Engagement und der unermüdlichen Arbeit aller Sektionen von *AfricAvenir International* in Europa und allen anderen Initiativen in Europa und Nordamerika großen Respekt zu zollen, die ihren jeweiligen PolitikerInnen entgegenhalten: „Ihr könnt dies alles nicht mehr in unserem Namen, im Namen des Volkes, tun. Nein, jetzt reicht es! Hier in Europa, hier in den USA, treten wir für ein gemeinsames Schicksal der Menschheit ein! Das ist unsere Verpflichtung!“

Es ist genau dieses Engagement, das eine wirkliche Versöhnung über die Kontinente hinweg ermöglichen wird.

Aus dem Französischen übersetzt von Eva Kuhn, Annika Missal & Hanna Prenzel

Vortrag unter dem Titel „Appel à l'intelligentsia européenne et nord-américaine pendant l'agression concertée de leurs gouvernements contre les peuples africains en 2011“ auf der Konferenz „(Post-) Colonialism between Cameroon and Germany – Knowledge, Science and Justice“, 19.-20. September 2011, Goethe-Universität Frankfurt/M.

Online unter http://www.africavenir.org/news-archive/newsdetails/datum/2011/10/22/prince-kuma-ndumbe-iii-appel-a-lintelligentsia-europeenne-et-nord-americaine-pendant-lagression.html

Das Scheitern und der Affront

Mali ist den Maliern zurückzugeben

Erklärung von Aminata D. Traoré, 3. Mai 2013

Aminata Traoré ist Essayistin und Menschenrechtsaktivistin. Die ehemalige Kultur- und Tourismusministerin von Mali ist aktiv im *FORAM* (Forum für ein anderes Mali), welches auf dem afrikanischen Sozialforum in Bamako entstanden ist. Sie ist außerdem unter anderem die Leiterin des *Centre Amadou Hampâté Ba*, eines Begegnungs- und Forschungszentrums für lokale Initiativen in Mali. Aminata Traoré ist eine der schärfsten Kritikerinnen westlicher Wirtschaftspolitik.

> *„Jede imperialistische Gesellschaft sieht im Anderen die Negation des Ideals, das zu erreichen sie selbst sich bemüht. Sie versucht, ihn sich untertan zu machen, indem sie ihn in den Anwendungsbereich ihres Ideals hineinlockt und dort auf dem niedrigsten Rang platziert."*
>
> Wolfgang Sachs[1]

Was ist aus uns in Mali geworden?

„Wem werden wir die Schlüssel zurückgeben?" lautet bezüglich Malis die Frage, die Pierre Lellouche, Abgeordneter der UMP [französische Partei, die die Staatspräsidenten Chirac und Sarkozy stellte, A.d.Ü.] und Präsident der *Sahelgruppe der Kommission für Auswärtige Angelegenheiten der Französischen Nationalversammlung*, am 22. April 2013 während der Parlamentsdebatte, die der Abstimmung über die Verlängerung der *„Operation Serval"* vorausging, stellte. Wie um ihm zu antworten, sagt Hervé Morin, ehemaliger Verteidigungsminister (UMP): „Aber es gibt niemanden, an den wir die Verantwortung übergeben können". Der Verlängerungsantrag

1 Wolfgang Sachs und Gustavo Esteva: Des ruines du développement, Montreal 1996

ging reibungslos über die Bühne und wurde einstimmig beschlossen. Und was die Präsidentschaftswahlen im Juli 2013 betrifft, ist das offizielle Frankreich sich nicht nur einig, sondern sogar kompromisslos.

„Ich werde unerbittlich sein", warnte Staatspräsident François Hollande. Diese Worte sind hier in unser aller Köpfe und haben uns sehr verletzt. Der französische Verteidigungsminister Jean-Yves Le Drian meint zu diesem Thema, dass „die Dinge deutlich gesagt werden müssen" (RFI, Radio France Internationale). Die MalierInnen, die den Staatspräsidenten François Hollande als Befreier willkommen hießen, hatten die Vorstellung, dass die „Operation Serval" ihr Land schnell von der *AQMI* (Al-Qaïda au Maghreb islamique) und den mit ihnen verbündeten Gruppierungen *Ansar Dine* und der *Bewegung für Einheit und Dschihad in Westafrika, MUJAO* (Mouvement pour l'unicité et le djihad en Afrique de l'Ouest), befreien und das Leben wieder wie vorher sein würde. Die militärische Intervention hat die Bedrohung durch die Dschihadisten mit Sicherheit verringert, indem Hunderte von ihnen getötet und enorme Waffenarsenale und Treibstoffvorräte zerstört worden sind,. Die Städte Gao und Timbuktu sind befreit – und sind es doch nicht ganz, denn dort operieren laut offizieller Darstellung „versprengte" Einheiten und verüben Anschläge. Noch Besorgnis erregender ist die Tatsache, dass Kidal sich in den Händen der Nationalen Bewegung für die Befreiung von Azawad, *MNLA* (Mouvement National de Libération de l'Azawad) befindet, die der malischen Armee den Zugang verbietet.

Aus Angst, nicht weiter zu kommen, verringert Frankreich seine Truppenstärke, ohne sich jedoch zurückzuziehen. Seine Zusammenarbeit mit der westafrikanischen Wirtschaftsgemeinschaft *CEDEAO* (Communauté Economique des Etats de l'Afrique de l'Ouest) bei der Mobilisierung afrikanischer Truppen der Internationalen Unterstützungsmission für Mali *MISMA* (Mission Internationale de Soutien au Mali) ist dabei alles andere als befriedigend. Die UN-Blauhelmmission „Multidimensionale Integrierte Stabilisierungsmission der Vereinten Nationen in Mali", *MINUSMA* (Mission multidimensionnelle intégrée des Nations Unies pour la stabilisation au Mali) wird im Juli in Aktion treten.

Frankreich wird sich rechtzeitig aus der Affäre ziehen. In was für ein Abenteuer jedoch hat es unser Land, das doch gar nicht darauf vorbereitet war, gestürzt? Und was für ein Mali werden wir den nachfolgenden Generationen hinterlassen? Ein Mali, in dem der Abzug des letzten französischen Soldaten einer der Höhepunkte seiner Dekolonisierung war, und das heute den Rest seiner Souveränität einbüßt?

Zuversichtlich in seiner Rolle als Befreier, versprach Staatspräsident Hollande uns während seines Aufenthalts in Bamako eine neue Unabhängigkeit, „nicht in Bezug auf den Kolonialismus, sondern in Bezug auf den Terrorismus". So, als stünde es Frankreich zu, uns aus einer Gefahr zu retten, an deren Entstehung es in Hinblick auf seine Intervention in Libyen selbst beteiligt war.

Ist der malische Mensch ausreichend in die Geschichte eingetreten?[2] Ist er soweit Subjekt seiner eigenen Zukunft, von seinem Recht Gebrauch zu machen, „nein" zu sagen zu den Entscheidungen, die sein Schicksal bestimmen?

Die Militarisierung als Antwort auf das Scheitern des neoliberalen Modells in meinem Land ist die Entscheidung, gegen die ich protestiere. Während mir der Aufenthalt in den Ländern des Schengenraums untersagt ist, sehe ich mit Bewunderung und Respekt auf die Mobilisierung und Entschlossenheit der Völker Europas im Kampf gegen dasselbe System, das uns hier in Afrika in aller Seelenruhe zermalmt.

Der Zusammenbruch des „siegreichen" malischen Kapitalismus

Mali leidet nicht unter einer humanitären und Sicherheitskrise wegen der Rebellion und des radikalen Islam im Norden, und nicht unter einer politischen und institutionellen Krise aufgrund des Staatsstreichs vom 22. März 2012 im Süden. Dieser reduzierte Ansatz ist das Haupt- und gleichzeitig das wahre Hemmnis für Frieden und nationalen Wiederaufbau. Wir sind vor allem Zeugen des Zusammenbruchs eines angeblich siegreichen malischen Kapitalismus mit sehr hohen sozialen und humanen Kosten.

Seit den 1980er Jahren sind Strukturanpassung, Massenarbeitslosigkeit, Armut oder extreme Armut unser Los. Frankreich und die anderen europäischen Länder treffen diese nur 30 Jahre später als Mali und seine afrikanischen Leidensgenossen, die seit drei Jahrzehnten der Rosskur des *Internationalen Währungsfonds* (IWF) und der *Weltbank* unterworfen werden.

Der Konferenz der Vereinten Nationen für Handel und Entwicklung (Bericht 2001) zu Folge ist Afrika der Kontinent, in dem Strukturanpassungsmaßnahmen am massivsten, gründlichsten und zerstörerischsten durchgeführt wurden, und zwar in den 1980er und 1990er Jahren, als die internationalen Finanzinstitutionen sich um nichts anderes als um die Korrektur makroökonomischer Ungleichgewichte und Marktverzerrungen sorgten und gleichzeitig Strategien zur Armutsminderung von den betroffenen Staaten verlangten.

Margaret Thatchers Credo *„There is no alternative"* (TINA) funktioniert bei uns am besten. In wirtschaftlicher Hinsicht bedeutet es "Liberalisiert eure Wirtschaft um jeden Preis", in politischer Hinsicht „Demokratisiert gemäß unseren Normen und Kriterien", und im Falle Malis „Geht im Juli wählen". Zu dieser an sich schon gefährlichen Agenda gesellt sich momentan die den militärischen Aspekt betreffende Vorgabe „Sichert euer Land gemäß unseren Methoden und Interessen".

Zum einen auf dem Altar des so genannten freien und konkurrierenden Handels geopfert, der tatsächlich jedoch absolut unfair ist, wie es der Baumwoll- und

2 **A.d.Ü: Anspielung auf die von Frankreichs damaligem Staatspräsidenten Sarkozy im Juli 2007 in Dakar/Senegal gehaltene Rede, nach der das Drama Afrikas darin besteht, dass der afrikanische Mensch noch nicht ausreichend in die Geschichte eingetreten sei**

der Goldsektor veranschaulichen, und zum anderen auf dem Altar der formellen Demokratie, ist Mali nun dabei, auch noch auf dem Altar der Terrorismusbekämpfung zu landen.

Die Rebellion der MNLA, der Staatsstreich und die Rekrutierung der jungen Arbeitslosen und der Hungernden im Norden wie im Süden des Landes durch die AQMI, Ansar Dine und MUJAO vollziehen sich in einem explosiven nationalen Umfeld. Dieses äußerste sich Ende 2011 und Anfang 2012 in Protestmärschen gegen die hohen Lebenshaltungskosten, Arbeitslosigkeit, Ungewissheit, das Verfassungsreferendum, das umstrittene Landrecht, Korruption und Straflosigkeit.

Die kleine Minderheit der Neureichen einmal außen vor gelassen, ist es das malische Volk, das bei der erzwungenen Öffnung der malischen Wirtschaft der große Verlierer ist. Abgelenkt wird es durch das verlogene und einschläfernde Mantra von der Beispielhaftigkeit unserer Demokratie und unserer wirtschaftlichen Leistungen, die, wie es scheint, die besten der Westafrikanischen Wirtschafts- und Währungsunion gewesen sind. Abweichende Stimmen werden verfemt.

Verweigerung von Demokratie

Innerhalb seiner eigenen Grenzen demokratisch, wenn man sich den Inhalt und die Lebhaftigkeit der Debatte in der französischen Nationalversammlung und auf den Straßen etwa über die Heirat für alle ansieht, zeigt Frankreich sich in seinen Beziehungen zu Mali unnachgiebig. Es sieht rein gar nichts Schlechtes an seiner Rückkehr zur Gewalt. Man hat keine Absichten oder tut jedenfalls so. Man singt und tanzt zu seiner Ehre, wenn man in Gunst stehen, politisch existieren und sich in Europa frei bewegen möchte. Sich dem zu verweigern, würde bedeuten, nicht für Frankreich, also gegen Frankreich, zu sein. Man glaubt sich fast in den USA am Tag nach dem Anschlag auf das World Trade Center im Jahr 2001, als US-Präsident George W. Bush erklärte: „Man ist entweder für uns oder für die Terroristen". In meinem Fall sind es meine linken Positionen gegenüber den verheerenden Auswirkungen der neoliberalen Globalisierung in Afrika, die mich zur Staatsfeindin machten. 2010 hatten dieselben Positionen mir hingegen noch eine Einladung von der Sozialistischen Partei auf ihre Sommer-Universität in la Rochelle eingebracht.

Um den Sinngehalt meines Diskurses und meines Kampfes zu vernebeln, wurde ich zunächst als Befürworterin des Putsches und Gegnerin der CEDEAO hingestellt, bevor ich nun, in dieser neuen Etappe, unter Hausarrest gestellt wurde. Karamoko Bamba von der *N´KO*-Bewegung verdanke ich den afrikanischen Gedanken, wonach „derjenige, der das Gewehr hat, sich dessen nicht bedient, um die Macht zu übernehmen. Und der, der die Macht hat, übt sie im Interesse des Volkes und unter dessen Kontrolle aus".

Warum sollte ich die gesamte Verantwortung für den Zusammenbruch des Staates den vernachlässigten Mitgliedern einer Armee zuschreiben, die genau wie alle anderen Institutionen der Republik durch Korruption, Vetternwirtschaft und

Straflosigkeit verdorben ist?

Es kann nicht den Soldaten vorgeworfen werden, ein Land nicht verteidigen zu können, dessen politische und wirtschaftliche Eliten es nicht nur unter den schlimmsten Bedingungen für den Markt öffnen, sondern sich dabei auch noch bereichern. Das Scheitern ist in erster Linie ihnen zuzuschreiben, weil sie ein Wirtschaftsmodell gefordert haben, das gleichbedeutend ist mit Rückzug und Zerfall des Staates, Verelendung der Bauern, Verwahrlosung der Truppen und Massenarbeitslosigkeit. Wenn sie in den 1980er Jahren nicht im Stande waren, die Verwüstungen durch dieses System zu erkennen, können unsere politischen Führer sie angesichts der Sackgasse, in die eben dieses System Griechenland, Spanien, Portugal, Zypern und ihr Referenzmodell Frankreich geführt hat, nun nicht mehr übersehen.

Von der Ächtung zur Kriminalisierung

Es ist der 12. April 2013, und ich bin dabei, mich anlässlich einer Einladung der Partei *„Die Linke"* nach Berlin sowie einer Einladung der *„Nouveau Parti Anticapitaliste"* nach Paris zu begeben, als ich erfahre, dass ich in Europa auf das Betreiben Frankreichs hin zu einer Persona non grata geworden bin. Das Gleiche gilt für Oumar Mariko, den Generalsekretär der Partei *SADI* (Solidarité Africaine pour la Démocratie et l´Indépendance). Die deutsche Botschaft hat mir ein Visum erteilt, das es mir gestattet, anstatt über Amsterdam, wie ursprünglich vorgesehen, über Istanbul nach Berlin einzureisen. Und was die Etappe in Paris anbelangt, ist diese schlicht und einfach abgesagt worden.

Erfahren habe ich von meinem Status als Persona non grata durch die folgende Nachricht, die mir die Rosa-Luxemburg-Stiftung zukommen ließ:

> „Die deutsche Botschaft in Bamako hat uns heute Morgen darüber informiert, dass Ihr Visum für Deutschland unter der Auflage erteilt wird, dass Sie nicht durch einen Schengen-Staat einreisen. Deshalb haben wir ein neues Flugticket gekauft (die Flüge gehen nun über Istanbul), das Sie anliegend finden. Es tut mir leid, dass Sie daher nicht die Möglichkeit haben, drei Tage in Paris zu verbringen. Aber die deutsche Botschaft hat uns darüber informiert, dass Frankreich verhindert hat, dass Sie ein Visum für den Schengenraum bekommen.[3] Wir holen Sie am Montag am Flughafen in Berlin ab."

Die Organisation *„AfricAvenir"* hat daraufhin als Mitorganisatorin einer der Veranstaltungen in Berlin protestiert, und ihre wichtigsten Partner haben ihrerseits ebenfalls reagiert. Allen, die sich mit mir solidarisch gezeigt haben, möchte ich danken und gleichzeitig diejenigen an den Sinn meines Kampfes erinnern, die meinen,

---

3 **AdÜ: Die Rosa-Luxemburg-Stiftung weist darauf hin, dass diese E-Mail den Informationsstand vom 12. April 2013 wiedergibt.**

dass Frankreich das Recht habe, meine Bewegungsfreiheit einzuschränken, weil ich mit Paris nicht einer Meinung bin, wenn es eine reine Interessenpolitik verfolgt.

Wer kann mir das vorwerfen, was die Verfasser des Informationsberichts des französischen Senats so klar wie folgt ausdrücken: „Frankreich kann sein Interesse für Afrika nicht aufgeben, das seit Jahrzehnten seine strategische Stärke ausmacht, morgen eine größere Bevölkerung als Indien und China haben wird (im Jahr 2050 werden 1,8 Milliarden Menschen in Afrika leben, im Vergleich zu 250 Millionen im Jahre 1950), den Großteil sich aktuell verknappender Bodenschätze birgt und einen zwar ungleichmäßigen, aber noch nie dagewesenen Wirtschaftsaufschwung erlebt, der nicht mehr nur vom Höhenflug der Rohstoffpreise, sondern auch vom Entstehen einer echten Mittelklasse getragen wird“[4].

Sollten die Aussagen zu den demographischen und wirtschaftlichen Aspekten begründet sein, ist der „Wirtschaftsaufschwung“, den dieser Bericht anspricht, ungewisser Natur und Ursache von Konflikten, da er nicht allen zugute kommt, sondern zunächst nur ausländische Unternehmen und ein Teil der politischen und der wirtschaftlichen Elite von ihm profitieren.

Bei der gegenwärtigen militärischen Intervention geht es um Wirtschaftsinteressen (Uran, also Kernkraft und Energieunabhängigkeit), Sicherheit (die Gefahr terroristischer Anschläge gegen die Interessen multinationaler Unternehmen, namentlich *AREVA*, Geiselnahmen und Bandenkriminalität, insbesondere Drogen- und Waffenschmuggel), Geopolitik (insbesondere die chinesische Konkurrenz) und Migration.

Auf was für einen Frieden, was für eine Versöhnung und was für einen Wiederaufbau können wir hoffen, wenn diese Interessen sorgsam vor dem Volk verborgen werden?

Die Instrumentalisierung der Frauen

Die Ablehnung eines Visums für den Schengenraum zielt zwar nicht auf mich als Frau ab, zeigt aber, wie diejenigen Frauen, die sich weigern, für die vorherrschenden Interessen instrumentalisiert zu werden, bekämpft werden können. Auf nationaler Ebene mache ich diese schmerzhafte Erfahrung schon seit langem, aber von Frankreich, dem Land der Menschenrechte, fallen gelassen zu werden, und das ausgerechnet zu einer Zeit, in der mein Land sich im Krieg befindet, hatte ich nicht erwartet. Darin liegt ein Verstoß gegen die UN-Resolution 1325, die die Einbeziehung von Frauen in die Entscheidungsfindung auf allen Ebenen – von der Konfliktprävention über die Konfliktlösung bis zum Wiederaufbau – betrifft.

Muss ich daran erinnern, dass Staatspräsident François Hollande am 8. März 2013, dem Internationalen Frauentag, seinem Amtsvorgänger Nicolas Sarkozy, der

---

4 **Jean-Pierre Chevènement und Gérard Lacher: „Mali: comment gagner la paix?“, Rapport d´information numéro 513 vom 17.4.2013, angefertigt im Auftrag der commission des affaires étrangères, de la défense et des forces armées**

sich Fragen über die Präsenz der französischen Armee in Mali stellte, antwortete, dass sie dort hingegangen sei, „weil dort Frauen Opfer von Unterdrückung und Barbarei wurden! Frauen, denen man vorschrieb, einen Schleier zu tragen! Frauen, die sich nicht mehr trauten, das Haus zu verlassen. Frauen, die geschlagen wurden!“.

Was den Schleier anbelangt, bin ich eine der malischen und sahelischen Frauen, die dem Analphabetismus entkommen sind und versuchen, den gefährlichen Schleier des wirtschaftlichen Analphabetentum zu zerreißen, der die AfrikanerInnen in vollständiger Unwissenheit über neoliberale Politik hält und sie zum Stimmvieh degradiert. Würde Staatspräsident Hollande sich bezüglich des Datums für die Präsidentschaftswahlen in Mali ebenso unerbittlich zeigen, wenn er eine malische Wählerschaft vor sich hätte, die wirtschaftliche, monetäre, politische und militärische Souveränität in den Mittelpunkt der politischen Debatte stellt?

Was die Frauen, die „es nicht mehr wagten, das Haus zu verlassen“, betrifft, so verließ ich mein Land bis jetzt, wann ich es wollte, und reiste ebenso frei in Europa und der Welt. Wie auch immer die Situation, in der ich mich im Moment befinde, ausgeht, auf andere Malierinnen und Afrikanerinnen, die die Welt ganzheitlich verstehen und darum kämpfen möchten, nicht alles passiv über sich ergehen lassen zu müssen, sondern aufgeklärte und aktive Bürgerinnen zu sein, kann sie nur abschreckend wirken.

Hilfe zur Entwicklung oder zur Militarisierung

Das Problem des bewaffneten Dschihadismus bedarf, so scheint es, einer bewaffneten Lösung. In einem Land wie dem unseren ist folglich der Weg für den Kauf von Waffen gebahnt, anstatt den religiösen Fanatismus zu analysieren und zu heilen, der überall dort gedeiht, wo der Staat, beschnitten und privatisiert, notwendigerweise versagt oder ganz einfach nicht vorhanden ist.

Sich blind und taub stellen, um nicht leer auszugehen, ist in diesem Kontext generalisierter Armut das vorherrschende Verhalten sowohl bei den Staaten als auch bei manchen nichtstaatlichen Organisationen. Und der Krieg – Gipfel des Grauens – ist auch eine Gelegenheit, frisches Geld in unsere ausgeblutete Wirtschaft zu injizieren.

Enttäuscht vom Zaudern und der Umständlichkeit Europas, dessen Solidarität sich bisher durch die Schulung der malischen Armee und einige bilaterale Unterstützungsleistungen ausgedrückt hat, fordert Frankreich die Europäer dazu auf, die finanzielle Anstrengung für die Verteidigung ihrer strategischen Interessen in Westafrika gemeinsam zu bewältigen. Weitere Geldgeber werden ebenfalls beteiligt werden.

Am 15. Mai 2013 werden sie in Brüssel den Plan für die dringlichsten Sofortmaßnahmen (für 2013 und 2014) überprüfen. Werden die Mittel, die man mobilisieren (oder ankündigen) wird, dem verzweifelten malischen Volk zu Gute kommen, oder werden sie in dieselben Wirtschaftskreisläufe fließen und mit denselben Praktiken verwendet werden, welche für die Verschärfung der Armut und die Ungleichheit verantwortlich sind?

Im Rahmen der Wiederaufnahme der Zusammenarbeit kündigt der dem französischen Außenministerium beigeordnete Minister, der für den Bereich Entwicklung zuständig ist, 240 Millionen Euro an, die für Landwirtschaft, Basisleistungen – darunter die Versorgung der Regionen im Norden mit Wasser und Strom – und die Rückkehr der Bevölkerung verwendet werden sollen.

An dieser Stelle sei daran erinnert, dass in der libyschen Hauptstadt Tripolis am 29. und 30. November 2010 der dritte Afrika-EU-Gipfel abgehalten wurde, zu dem der libysche Staatschef Muammar al-Gaddafi mit großem Pomp die Staatschefs 80 afrikanischer und europäischer Länder empfing.

Die Schaffung von Arbeitsplätzen, Investitionen und Wirtschaftswachstum, Frieden, Stabilität, Migration und Klimawandel standen auf der Tagesordnung dieses Gipfels. Die TeilnehmerInnen hatten sich auf einen „Aktionsplan" für eine afrikanisch-europäische Partnerschaft für den Zeitraum von 2011 bis 2013 geeinigt.

Die EU bekräftigte bei dieser Gelegenheit erneut ihre Zusage, bis 2015 0,7 Prozent ihres Bruttosozialprodukts für Entwicklungshilfe bereitzustellen sowie 50 Milliarden Euro für die Hauptziele der für die Jahre 2011 bis 2013 anvisierten Partnerschaft. Wir sind jetzt in 2013, und von den Millenniumszielen und den Wegen und Möglichkeiten, sie bis 2020 zu erreichen, sind wir weit entfernt. Denn es ist der Wurm drin.

Frieden, Versöhnung und Wiederaufbau Malis haben, wenn sie auf politische Abmachungen gegründet sein müssen, die „Hilfe von außen" einbringen sollen, keinerlei Aussicht auf Erfolg.

Der Staat oder das, was von ihm übrig ist, kämpft und verhandelt ebenso wie die Rebellen innerhalb des gleichen Paradigmas, das die Arbeitslosigkeit, die Armut und die Spannungen verschlimmert hat. Differenzen werden über Investitionen in die Infrastruktur beigelegt, dem Ort für schnelles Reichwerden und Korruption par Excellence. Die Liste schlecht oder überhaupt nicht ausgeführter Infrastrukturaufträge ist lang. Sie erklärt zu einem Teil die Unzufriedenheit der Bevölkerung des Nordens, die leidet, während mittels der Unterschlagung öffentlicher Mittel und mit Hilfe von Geldern aus dem Drogenhandel vor aller Augen Einfamilienhäuser aus dem Boden schießen.

Wagen wir eine andere Wirtschaftsform

Nichts wird mehr sein wie zuvor. Das, was schwierig war, läuft Gefahr, mit der Militarisierung noch schwieriger zu werden, denn sie absorbiert Mittel, die wir dringend für Maßnahmen in den Bereichen Landwirtschaft, Wasserversorgung, Gesundheit, Wohnen, Umweltschutz und Beschäftigung brauchen..

„Operation Serval", die „Internationale Mission zu Unterstützung Malis" (MISMA) und die UN-Mission MINUSMA hin oder her, die Verteidigung unseres Landes ist vor einer militärischen zunächst eine intellektuelle, moralische und politische Herausforderung.

Als der Präsidentschaftskandidat François Hollande erklärte: „[...] es ist Zeit, einen anderen Weg zu wählen. Es ist Zeit, eine andere Politik zu wählen", fand ich mich in seinen Worten wieder. Diese Zeit ist gewiss gekommen, sowohl für Frankreich als auch für seine ehemaligen afrikanischen Kolonien. Es ist die der wirtschaftlichen, sozialen, politischen, ökologischen und gesellschaftlichen Übergänge, die mit der Strategie der „internationalen Gemeinschaft" nichts gemein haben. Sie verweisen auf einen Paradigmenwechsel.

Auf dass die afrikanischen Staatschefs, die die Lüge von der Unvermeidlichkeit dieses Krieges zur Beseitigung der Gefahr des Dschihadismus verinnerlicht haben, sich nicht täuschen: die Gefahr der Ansteckung, die sie fürchten, hat weniger mit der Mobilität der Dschihadisten zu tun als mit der Gleichartigkeit der vom neoliberalen Wirtschaftsmodell verursachten ökonomischen, sozialen und politischen Realitäten.

Wenn die dschihadistischen Anführer auch von außen kommen, sind die Kämpfer in der Mehrheit junge Malier ohne Arbeit, ohne Vertrauenspersonen und ohne Zukunftsperspektive. Die organisierten Drogenhändler schöpfen bei der Gewinnung von Drogenkurieren und -dealern aus demselben Reservoir einer hilflosen jungen Generation.

Das moralische und materielle Elend der jungen AkademikerInnen, LandwirtInnen, ViehzüchterInnen und anderer verwundbarer Gruppen sind der wahre Nährboden für Revolten und Rebellionen, die, wenn sie falsch interpretiert werden, von innen heraus zahlreiche kriminelle Netzwerke nähren. Die Bekämpfung des Terrorismus und des organisierten Verbrechens ohne Blutvergießen funktioniert in Mali und Westafrika über eine ehrliche und genaue Analyse der Bilanz der drei letzten Jahrzehnte des ungezähmten Liberalismus und der Zerstörung der wirtschaftlichen und sozialen Netze und Ökosysteme. Nichts hindert die Hunderttausenden junger MalierInnen, NigrerInnen, TschaderInnen, SenegalesInnen, MauretanierInnen und andere, die jedes Jahr die Zahl der Arbeitsuchenden und der VisumskandidatInnen vergrößern, daran, sich bei den Dschihadisten einzureihen, wenn die Staaten, die Finanzinstitutionen und sonstigen Organisationen, mit denen sie zusammenarbeiten, nicht imstande sind, das neoliberale Wirtschaftsmodell in Frage zu stellen.

Die unerlässliche Zusammenführung der Kämpfe

Ich plädiere für einen Geist der Solidarität, der uns das genaue Gegenteil von der Militarisierung tun lässt, uns unsere Würde zurückgibt und das Leben und die Ökosysteme schützt.

Alles würde in die richtige Richtung gehen, wenn diese 15.000 Soldaten Lehrer, Ärzte und Ingenieure wären, und wenn die Milliarden Euro, die ausgegeben werden, für diejenigen bestimmt wären, die sie am dringendsten brauchen. Unsere Kinder müssten sich dann nicht als schlecht bezahlte Soldaten, Drogendealer oder religiöse Fanatiker umbringen lassen.

Wir sind es uns schuldig, uns selbst an die fundamentale Aufgabe zu machen, unser tiefes, unsicheres Ich und unser verwundetes Land zu transformieren. Der große Vorteil eines systemischen Vorgehens bestünde in der Enttribalisierung der Konflikte zu Gunsten eines politischen Bewusstseins, das diejenigen, die die globalisierte Wirtschaft zermalmt, versöhnt und zusammenbringt. Die Touareg, Fulbe, Araber, Bamanan, Songhaï, Bellah und Senufo würden aufhören, einander gegenseitig die Schuld zuzuschieben, und stattdessen gemeinsam und auf eine andere Weise kämpfen.

Dieses globalisierungskritische Vorgehen gibt uns unsere Würde zurück in einem Kontext, in dem wir dazu neigen, uns selber schuldig zu fühlen und uns – an Händen und Füßen gefesselt – einer „internationalen Gemeinschaft" zu überlassen, die Angeklagter und Richter zugleich ist.

Es plädiert für ein Zusammenführen der Kämpfe, die innerhalb der Grenzen zwischen den verschiedenen Teilen der Gesellschaft stattfinden, welche sich gegen die Barbarei des kapitalistischen Systems auflehnen und weder aufgeben noch sich unterwerfen wollen. Sie müssen gemeinsam nach Alternativen zum Krieg suchen.

Lasst uns den Kampf aufnehmen. Doch anders als die „freiheitlichen" Staaten, die den Krieg vorgezogen und in Waffen zur Zerstörung von Menschenleben, sozialen Bindungen und Ökosystemen investiert haben, lasst uns den Kampf der Ideen aufnehmen, und berufen wir einen Bürgergipfel für eine andere Entwicklung Malis ein, um den Schraubstock der kapitalistischen Globalisierung zu lösen. Es geht darum, die Debatte über die Beziehung zwischen neoliberaler Politik und allen Aspekten der Krise zu führen: Massenarbeitslosigkeit der jungen Menschen, Rebellionen, Meuterei, Staatsstreiche, Gewalt gegen Frauen, religiöser Fanatismus.

Dank einer innovativen und intensiven Informations- und Bildungskampagne in den Landessprachen wird es den MalierInnen möglich sein, endlich miteinander über ihr Land und seine Zukunft zu sprechen.

Da alle Menschen frei und gleich an Rechten geboren werden, fordern wir lediglich unser Recht auf:

- eine andere Wirtschaftsform, in der wir selbst über die Reichtümer unseres Landes verfügen und frei eine Politik wählen können, die uns vor Arbeitslosigkeit, Armut, Flucht und Krieg schützt;

- ein wirklich demokratisches politisches System, da es für alle MalierInnen verständlich ist, in den Landessprachen verfasst und debattiert wird und sich auf kulturelle und gesellschaftliche Werte gründet, die weithin geteilt werden;

- Meinungs-/Redefreiheit und Freizügigkeit.

Gebt uns die Schlüssel für unser Land zurück!

Das offizielle Frankreich, das urbi et orbi verkündet, dass wir „keinen Staat hätten, der dieser Bezeichnung würdig wäre" und ebenso wenig „eine Armee, die diese Bezeichnung verdient", findet sicherlich, dass wir auch als Volk nicht existieren, wenn es so weit geht, sich zu fragen, „wem die Schlüssel zurückzugeben sind", und die Abhaltung unserer Wahlen im Juli 2013 zu verlangen. Damit, dass eine nationale Verständigung – die es uns ermöglicht hätte, gemeinsam als MalierInnen den Puls unseres Landes zu erfühlen – nicht stattgefunden hat, kann Frankreich gut leben. Mit dem verhängten Ausnahmezustand, der ein erstes Mal und dann, um den Übergang „abzusichern", ein zweites Mal verlängert wurde, ebenso.

Ich habe nicht das Gefühl, dass „der Krieg gegen den Terrorismus" im Irak, in Afghanistan und in Libyen Frieden gebracht hätte, und dass die Blauhelme es vermocht hätten, der Bevölkerung der Demokratischen Republik Kongo und Haitis die Sicherheit zu garantieren, die den Menschen zusteht.

Aber ich bin davon überzeugt, dass in jeder Malierin und in jedem Malier ein(e) Soldat(in) und Patriot(in) steckt, die/der sich an der Verteidigung ihrer/seiner Interessen und der Interessen Malis beteiligen dürfen muss, ausgehend von einer guten Kenntnis seines wahren Zustandes in einem globalisierten Wirtschaftssystem.

Die Antwort auf die unerträgliche Frage von Claude Lellouche ist klar: Mali ist den MalierInnen zurückzugeben. Wir können uns sehr gut um unser Land kümmern, denn wir, die Sahelvölker, wissen – und Bouna Boukary Dioura hat daran erinnert –, dass Liebe und Beharrlichkeit letztendlich Felsen zum Blühen bringen.

Gebt Malis Schlüssel dem malischen Volk zurück!

Aus dem Französischen übersetzt von Martina Mielke

Erstmals veröffentlicht unter dem Titel: „Le Mali est à rendre aux Maliens" auf Afrik.com, 05.05.2013

Online unter unter http://www.afrik.com/le-mali-est-a-rendre-aux-maliens

AFRICOM, Hände weg von Afrika! Raus aus Deutschland! Weder hier, noch in Afrika, noch sonstwo!

Erklärung von GRILA anlässlich des 50. Jahrestages der Afrikanischen Einheit

***GRILA (Group for Research and Initiative for the Liberation of Africa[1])* wurde 1984 gegründet. Sie ist eine unabhängige und gemeinnützige Struktur und lebt von den materiellen und intellektuellen Beiträgen seiner Mitglieder und SympathisantInnen. In ihrer Vision von einer geeinten Welt möchte GRILA zur autozentrischen Entwicklung Afrikas und zur internationalen Solidarität, die diese benötigt, beitragen.**

> **Konkret besteht diese Arbeit in der aktiven Unterstützung demokratischer und fortschrittlicher Bewegungen, die sich gegen alle Formen von Rassismus, Imperialismus und Neokolonialismus und für die gesellschaftlichen Rechte – insbesondere der Frauen –, Ernährungssouveränität, zivilgesellschaftliche Teilhabe und Demokratie einsetzen.**

„Wir, die afrikanischen Staats- und Regierungschefs, die wir uns in Addis Abbeba, Äthiopien, versammelt haben;

> In der Überzeugung, dass die Völker das unveräußerliche Recht haben, ihr eigenes Schicksal zu bestimmen;

Im Bewusstsein, dass Freiheit, Gleichheit, Gerechtigkeit und Würde unabdingbar für die Verwirklichung der legitimen Ziele der afrikanischen Völker sind;

1 Forschungsgruppe und Initiative zur Befreiung Afrikas

Im Wissen um unsere Verpflichtung, die natürlichen und menschlichen Ressourcen unseres Kontinents in den Dienst des umfassenden Fortschritts unserer Völker in allen Bereichen menschlicher Existenz zu stellen;..." [2]

Was bleibt von dieser Charta, verfasst von Modibo Keita und Sylvanus Olympio (den ersten Präsidenten von Mali und Togo) und angenommen von 33 jungen afrikanischen Staaten am 25. Mai 1963? Sie ist das Gründungsdokument der OUA (Organisation für Afrikanische Einheit), die den Kontinent vereinigen sollte. Leider konnte sie ihr Ziel nicht erreichen. Heute, fünfzig Jahre später, hat längst die AU (Afrikanische Union) die Nachfolge der OUA angetreten, und doch kämpft Afrika noch immer um seine volle Souveränität. Der Kontinent bleibt verfangen im System einer ungerechten internationalen Arbeitsteilung, das von einer imperialistischen Ordnung aufrecht erhalten wird, die darauf aus ist, den Panafrikanismus zu bekämpfen; so erklärt ein aktueller Bericht des französischen Verteidigungsministeriums den Panafrikanismus für eine Bedrohung westlicher Interessen.[3]

Anlässlich des 50. Jahrestages der Unterzeichnung dieser Charta fordern wir, afrikanische und deutsche Bürgerinnen und Bürger, Internationalistinnen und Internationalisten, das unwiderrufliche Ende aller Formen des Imperialismus, einschließlich der Rekolonisierung, wie sie bald nach der Unabhängigkeit eingesetzt hat.

Im Jahr 1885 wurde auf der Berliner Afrika-Konferenz die weltweit erste „Freihandelszone" geschaffen – ein „Türöffner" für den Wettlauf um Afrikas Reichtümer, der in weiterer Folge zur Aufteilung des gesamten Kontinents unter den Kolonialmächten führte. Heute, im Jahr 2013, will sich AFRICOM von Stuttgart aus in Afrika breitmachen; zugleich ist der Kontinent von einer nie da gewesenen Vielzahl geopolitischer, wirtschaftlicher und geostrategischer Konflikte zerrüttet. Deutschland mit seiner kriegerischen Vergangenheit ist Heimat vieler Menschen, die dies anklagen und unsere antimilitaristischen Bemühungen unterstützen.

Gemeinsam streben wir nach Frieden, Souveränität und Solidarität.

Das US-amerikanische Regionalkommando für Afrika, AFRICOM, wurde von George W. Bush in der Tradition einer aggressiven und expansionistischen westlichen Politik gegenüber Afrika ins Leben gerufen. Als Vorwand dienen die nationalen Sicherheitsinteressen der USA, die durch die Stärkung der Verteidigungskapazität der afrikanischen Staaten gegen transnationale Bedrohungen

2 http://www.au.int/en/sites/default/files/OAU_Charter_1963.pdf

3 http://www.defense.gouv.fr/base-de-medias/documents-telechargeables/das/documents-prospective-de-defense/horizons-strategiques-2012/horizons-strategiques-approches-regionales

geschützt und dadurch die Bedingungen für eine „harmonische" Entwicklung in Afrika gefördert werden sollen.[4]

> Seit 2008 befindet sich das Hauptquartier von AFRICOM in Stuttgart. Der ehemalige Bundesaußenminister Walter Steinmeier (2005-2009) und Günther Oettinger, Ministerpräsident Baden-Württembergs zwischen 2005 und 2010, haben den Beschluss der Einrichtung des Hauptquartiers in Deutschland seinerzeit unhinterfragt abgesegnet. Stuttgart beherbergt außerdem die für Militäreinsätze und Manöver auf dem afrikanischen Kontinent verantwortliche U.S. Marine Forces Africa, (MARFORAF).

Das Grundgesetz aber verbietet in Artikel 26 jede von deutschem Boden ausgehende Vorbereitung eines Angriffskriegs und sämtliche Handlungen, die geeignet sind, das friedliche Zusammenleben der Völker zu stören. Über Artikel 25 ist das Völkerrecht Bestandteil des Grundgesetzes und steht über allen anderen Gesetzen, wodurch jede völkerrechtswidrige Aktivität auch grundgesetzwidrig ist. Seit 2002 verfügt Deutschland über ein Völkerstrafgesetzbuch, welches das deutsche Recht an die Regeln des Völkerstrafrechts insbesondere in den Bereichen Völkermord, Verbrechen gegen die Menschlichkeit und Kriegsverbrechen, anpasst. Die Strafbarkeit nach deutschem Recht besteht unabhängig davon, wo, von wem und gegen wen die Straftaten begangen werden. Grundlage für die Stationierung des Kommandos in Deutschland sei der „Vertrag über den Aufenthalt ausländischer Streitkräfte in der Bundesrepublik Deutschland" vom 23. Oktober 1954, der auch nach dem Abschluss der 2+4-Verträge weiterhin gilt.

> AFRICOM strebt an, seinen Hauptsitz nach Afrika zu verlegen. Die Aussicht, AFRICOM auf dem eigenen Kontinent zu beherbergen, lehnt die Mehrzahl der afrikanischen Staaten ab, und sie hat bisher nur sehr wenige Regierungen verlocken können. Im Zuge der Strategie der Indoktrination, Einkreisung und Erweiterung des Einflussbereichs und mittels entsprechend geförderter oder aufrecht erhaltener Spannungsherde wird Druck aufgebaut, und es besteht die Gefahr, dass Regierungen in die Enge getrieben werden, um dann bereits gefällte Entscheidungen aufgezwungen zu bekommen. In der Tat dienen AFRICOM, NATO und unilaterale Initiativen einiger NATO-Staaten, wie zum Beispiel Frankreich, ausschließlich dem Interesse der dominierenden Länder und ihrer lokalen Handlanger (Kompradoren). Die Etablierung von AFRICOM in Afrika hat allein zum Ziel, die Rohstoffe und den strategischen Raum Afrikas auf Dauer nicht nur gegen die aufstrebenden Mächte der BRIC-Staaten (Brasilien, Russland, Indien und China), sondern auch gegen Afrikas eigene Bestrebungen nach Einheit und wirklicher Selbstbestimmung abzusichern.

4 http://www.africom.mil/Content/CustomPages/ResearchPage/pdfFiles/2013%20AFRICOM%20Posture%20Statment.pdf

Kein einziges dieser NATO-Länder benötigt zur Befriedigung eigener Sicherheitsinteressen eine derartig große Militärbasis in Afrika. Zum einen verfügen sie bereits über mehrere Militärbasen und -einrichtungen, zum anderen können sie sich schon jetzt dank bilateraler Abkommen und anderer damit verbundener Bestimmungen frei auf dem afrikanischen Kontinent bewegen. Die meisten Armeen afrikanischer Staaten wurden bereits von westlichen Streitkräften und ihren Privatmilizen und Sicherheitsdiensten kooptiert. Diese zusätzlichen Kräfte alimentieren direkt oder indirekt den Terrorismus, der im Milieu der Unterentwicklung gedeiht. Andernfalls bemühen sie sich nach Kräften, die demokratischen Fortschritte wie in Nordafrika zu bremsen, indem sie bestimmte Länder schwächen oder mittels alliierter Länder des Nahen Ostens fortschrittsfeindliche Regimes unterstützen.

> Die Vormundschaft über die Länder Afrikas ist sehr weit fortgeschritten: seit drei Jahrzehnten werden sie durch Strukturanpassung und Rückzug des Staates, rein technokratische Regierungsarbeit, Scheindemokratie und Entpolitisierung ihrer Bevölkerungen geschwächt. Im militärischen Bereich sind die afrikanischen Länder zersplittert, geschwächt und uneins über fundamentale Fragen zu ausländischen Besetzungen, wie etwa im Kongo, in der Elfenbeinküste, in Libyen oder in Mali. Weitere Destabilisierungen drohen auch dem Sudan, Ägypten, Nigeria, Tunesien, der Zentralafrikanischen Republik und Algerien. Auf den Kriegsschauplätzen wird die UNO instrumentalisiert und ebnet den NATO-Einsatzkräften den Weg. Die scheinbare Einheit bestimmter afrikanischer Staaten in diesen „friedensstiftenden" Missionen findet nur im Sinne imperialistischer Interessen statt.

36 Länder des Kontinents entsandten im März 2013 die „nächste Generation von Führungskräften im Sicherheitssektor" nach Washington, um dort an einem Kurs teilzunehmen, der von dem *African Center for Strategic Studies* (ACSS) durchgeführt wurde. Diese hochrangigen Militärs reihen sich ein in das westliche Konzept des militärischen Aufbaus von Kapazitäten im Rahmen von AFRICOMs *Theater Security Cooperation Program* (TSCP). Das *Africa Contingency Operations Training and Assistance* (ACOTA) -Programm vervollständigt diese Truppenbildungsprogramme und schleicht sich sogar in die multilaterale Ausbildung der UNO-Friedenstruppen ein. In der letzten Dekade nahmen immer mehr afrikanische Streitkräfte an verschiedenen Manövern teil, wie zum Beispiel *FLINTLOCK* in Nord- und Westafrika, einem jährlich durchgeführten Anti-Terror-Manöver; *AFRICA ENDEAVOR*, einem Manöver auf dem Gebiet der Geheimdienst- und Fernmeldeaufklärung; *CUTLASS EXPRESS*, einer Serie von Manövern im Indischen Ozean und an der Küste Ostafrikas, die die Kontrolle des Verkehrs jeglicher Art in dieser Region zum Ziel hat.

Die Sicherheitslage auf dem Kontinent ist tatsächlich ungewöhnlich besorgniserregend und wird missbraucht, um solche aggressiven Maßnahmen mit dem Schein einer Rechtfertigung zu versehen. Es gibt immer mehr terroristische Zellen und politische Abenteurer mit den verschiedensten Absichten, die der „Weltordnung" und den afrikanischen Ländern gleichermaßen schaden. Dies sind jedoch nur Begleiterscheinungen. In den meisten Fällen liegen die Wurzeln der Konflikte, die die imperialistischen Mächte unter Kontrolle zu bringen behaupten, in einer gescheiterten Entwicklungspolitik und in der Armut, in den Auswirkungen ihrer eigenen Politik, in Verbrechen und illegalem Handel im Zusammenhang mit bestehenden Konflikten und in der Instrumentalisierung der Interessenkonflikte (nicht selten) zwischen ihren „Juniorpartnern". Diese Juniorpartner sind multinationale Firmen, die sich auf die Wünsche der Rebellen oder der Terroristen einlassen, um Zugang zu Rohstoffen zu erhalten. Die Verbindungen mit den ausländischen Kräften, die anschließend kommen, um die umkämpften Gebiete zu „befrieden", gehören zur Sicherheitsstrategie, die die Militarisierung legitimieren soll. Etliche politische Regimes Afrikas partizipieren an dieser Wegelagerei oder sind den erpresserischen Bedingungen der Liberalisierung und des Rohstoffabbaus unterworfen.

Die Unterordnung und Kontrolle unserer nationalen Streitkräfte – oder was von ihnen übrig geblieben ist – unter imperialen Einfluss und die Aussicht der Verlegung des AFRICOM-Hauptquartiers nach Afrika wirken genauso wie die Zunahme französischer und anderer Militärinterventionen als Hindernis für jegliche wirkliche afrikanische Integration. Afrika wird stattdessen zunehmend in eine Abhängigkeit unter dem Schirm der NATO gezwungen. AFRICOM und NATO arbeiten eng zusammen und werden zunehmend miteinander verflochten. Anfang Mai 2013 erhielt der NATO-Generalsekretär Rasmussen die Auszeichnung für herausragende Führerschaft (*Distinguished Leadership Award*) durch den Atlantik-Rat (*Atlantic Council*). Wie AFRICOM kontrolliert auch die NATO den afrikanischen Kontinent, immer raffinierter eine Politik betreibend, deren Wurzeln weit zurück liegen. Die Behinderung der Unabhängigkeiten und der Sturz fortschrittlicher Regimes, die gescheiterte Eindämmung des Kampfes gegen die Apartheid, die Irrungen und Wirrungen der US-Politik in Somalia und im Sudan sowie ihre Machenschaften mit *Al-Qaida* – schon vor den Ereignissen um den 11. September – sowie der darauf folgende so genannte *„Krieg gegen den Terror"* sind einige historische Eckpunkte der US-Afrikapolitik.

2002 war es die antiterroristische Pan-Sahel Initiative (PSI), die vier Staaten der Sahelzone einbezog. Drei Jahre später wurde sie zur Transsahara-Initiative gegen den Terror (*Trans-Sahara Counter-Terrorist Initiative* – TSCTI) mit fünf weiteren Mitgliedsstaaten. In Ostafrika schloss sich die EACTI (*East African Counterterrorism Initiative*) mit sechs weiteren Ländern an. Im gleichen Jahr (2005) schaltete sich die NATO in die Operationen der Afrikanischen Union in Darfur ein. Zwei Jahre später gestaltete die NATO eine Studie, die die Grundlage für die Afrikanische Eingreiftruppe (*African Standby Force* – ASF) wurde, die den „kontinentalen Frieden" erhalten und voraussichtlich 2015 einsatzbereit sein soll. De facto benötigen NATO und AFRICOM keine höhere militärische „Autorität" in entscheidenden Fragen als den leitenden Kontaktoffizier (*Senior Military Liaison Officer* – SMLO), der als Kontaktpunkt für die Aktionen mit der Afrikanischen Union agiert.

Wir haben die Pflicht, eine internationalistische, panafrikanistische Bewegung anzuschieben, damit die afrikanischen Eliten und Völker begreifen, dass die Militarisierung Afrikas eine Sackgasse ist. Diese Militarisierung erzeugt und befeuert vielmehr Konflikte. Die Souveränität Afrikas muss über den Abbau aller ausländischen Militärbasen und die Einsetzung einer kontinentalen afrikanischen Armee erfolgen, deren ausschließliche Aufgabe in der Verteidigung des kontinentalen Territoriums und der Aufrechterhaltung des Friedens besteht, wie in *Africa Pax* angedeutet.[5] Dies erfordert eine autozentrische Integration Afrikas, die dem sozialen Fortschritt dient und gerade der derzeitigen Einbindung und Degradierung der afrikanischen Armeen zu Hilfstruppen entgegenwirkt. Diese Hilfstruppen sollen Konflikte lösen, die oft genug durch „die Weltordnung" instrumentalisiert werden, um Zugang zu den Rohstoffen zu bekommen.

Wir müssen vordringlich auf unsere eigene, afrikanische Einheit bauen und die Interessen unserer Bevölkerung verteidigen, statt zu warten, bis die NATO oder AFRICOM es an unserer Stelle tun. Nur so können wir sicherstellen, dass Afrika seine Reichtümer kontrolliert und eine integrierte Entwicklung endlich Wirklichkeit wird.

Für die zivile und panafrikanische Repolitisierung der afrikanischen Jugend!

AFRICOM verschwinde – Afrika den Afrikanerinnen und Afrikanern!

Keine ausländischen Militärbasen mehr, weder in Deutschland noch in Afrika!

Nein zu terroristischer Militarisierung und zu ausländischen Militärbasen, von

5 Für eine weiterführende Recherche empfehlen wir den folgenden Artikel (in französischer Sprache): „Africa Pax: Une solution aux problèmes de gestion et de règlement des conflits en Afrique, applicable en zone interlacustre", GRILA, Genève, 1995, http://www.grila.org/publi.htm

Chagos bis Diego Garcia, weder in Libreville, Sao Tomé, N'djamena, Djibouti noch in Tripolis!

Nein zur ausländischen Jagd auf Afrikas Rohstoffe und Böden durch multinationale Konzerne!

Nein zu afrikanischen Herrschern, die Afrika dem Imperialismus ausliefern!

Für eine demokratische und volksnahe Transformation der Afrikanischen Union!

Es lebe die endgültige Dekolonisierung eines vereinten und unteilbaren Afrika!

Afrikanerinnen und Afrikaner, internationalistische Freundinnen und Freunde, erhebt Euch für die Verteidigung des afrikanischen Kontinents!

GRILA – Group for Research and Initiative for the Liberation of Africa

Aus dem Französischen & Englischen übersetzt von einem ÜbersetzerInnen-Kollektiv unter Mitwirkung von AfricAvenir

Online (engl.) unter http://www.grila.org/africom_declaration_2013_english.htm

Ist dies das Ende der Nigerianischen Revolution?

Blogeintrag von Emmanuel Iduma, 17. Januar 2012

Eine Kurzbiographie zu Immanuel Iduma befindet sich auf Seite 11 dieser Publikation.

Etwas stirbt in dir. Du fühlst dich entzweit von deinem Traum einer herrlichen Zukunft. Zum ersten Mal in deinem Leben hast du dich zugehörig gefühlt, umrahmt von einem größeren Ganzen. Du hast gesprochen, gesungen, gefordert. Du warst ein Zeuge, du und eine Million andere. Du warst ein Revolutionär. Jetzt sind die Dinge wieder beim Alten. Normal, weil die Autos wieder fahren, die Geschäfte wieder geöffnet sind; die Straße ist schwielig, wie zuvor, von der Bewegung und den Menschen. Und die Normalität. Du hasst es, dass die Dinge normal sind. Das ist nicht das, wovon du geträumt hast. Nicht im Geringsten.

Doch worin bestand dein Traum?

Am Horizont deines Traums stand ein besseres Leben, eine andere Form der Existenz, ein greifbarer und messbarer Unterschied. Du hast verstanden, dass die Debatte um die Streichung der Benzinpreissubventionen die Möglichkeit war, vom Wandel zu träumen, weil dies der Protest der Proteste war, weil dieser Protest einfach logisch erschien. Aber du hast vergessen, dass man beim Träumen nicht fühlt, die Nacht verstreicht so schnell, und sehr bald bist du wieder wach.

Bist du jetzt wach?

Siehst du, dass die Dinge wirklich, wirklich wieder zur Normalität zurückgekehrt sind? Diese Normalität ist deiner nigerianischen Identität geschuldet. Dein ganzes Leben blieb das Normale normal, der Missbrauch, die Unbeholfenheit und der Status Quo und die Intrigen. Die Veränderung, an die du geglaubt hast, ist abnormal. Und es verlangt viel, das Abnormale zu erreichen.

Wusstest du das nicht?

Als du am Ojota standest und im Chor gegrölt hast, was dachtest du? Es war ein Traum, ja. Aber was dachtest du? Versuche es. Erinnere dich. Was dachtest du? Als du auf Facebock über Goodluck Jonathan, Ngozi, Madueke, die große nigerianische Intrige gepostet hast, was dachtest du? Du warst betroffen, ja. Sei ehrlich, hast du den Wandel wirklich sehen können?

Was, dachtest du, würde passieren? Dachtest du, Benzin würde wieder für 65 Naira verkauft werden? Dachtest du, der Präsident würde verkünden, dass er sein Gehalt ein weiteres Mal um 25 Prozent kürzen, dass er fortan in einer Buka[1] essen würde? Oder warst du in einem Mantra gefangen, in einer kollektiven Sprache?

Vielleicht hast du nicht sehen können, dass all dies, diese ad-hoc-Revolution, einfach der Beginn eines Bewusstseinswandels war. Du solltest wissen, dass es viel abverlangt, die Sprache des Traumes in das gesprochene Wort der Realität zu übertragen. Es ist wahr, alle Träume sind übersetzbar, alle Träume sind Wahrheit. Aber in der Welt des Traumes wie auch in der Welt der Realität liegen Schatten.

Was du den Schatten sagtest, war, dass du beginnst, deine Wahrheit zurückzuerobern. Fühle dich nicht untergraben, betrogen oder normal. Normalität gibt es nicht; der Wandel lauert überall, und diese Scharlatane von der anderen Seite wissen es. Sie haben den Aufstieg der Wahrheit gesehen; sie haben gesehen, ja. Und sie wissen, dass es nur eine Frage der Zeit ist, bis sie überholt, ausgeschaltet, entmachtet werden.

Die Gefahr ist, dass du dich anpassen könntest. Weil die Bestechlichen gesehen haben, dass deine Realität in deiner Reichweite ist, führen sie Elemente der Normalität ein, sie beenden ihren Streik, sie gehen Kompromisse ein. Und sie behaupten, sie machen es in deinem Auftrag, um der Sicherheit willen. Sie mögen sich “Labour”, “Organised Labour”, “Regierung” oder was auch immer für eine andere Bezeichnung geben, die ihnen in den Sinn kommt. Lass dich nicht zum Narren halten. Du darfst dich nicht anpassen.

1 Imbiss

Deine Seele kann fliegen, während deine Füße auf dem Boden stehen. Wisse: Es gibt niemanden, der dir befehlen kann, deinen Flug zu beenden. Sie können dich von der Straße zwingen. Aber dein Körper darf nicht über deine Seele siegen, dein Körper darf sich nicht an die Rückkehr gewönnen. Der wahre Protest ist der Protest, der stattfindet, wenn du zwischen den Schatten und deiner Realität gefangen bist. Und der Protest findet an namenlosen Orten statt, wo kein Auge sehen kann, in dem Moment, in dem du entscheidest: genug ist genug.

Du hast deinen Traum geschaffen. Es ist nun an der Zeit, deine Realität aufzubauen.

Im Jahr 2015 werden sie wieder zu dir kommen und sagen: Wähle, wähle, PDP[2] oder ACN[3], CPC[4] oder welches andere Konzept ihre zerstörerische Erfindungsgabe auch immer geformt hat. Das ist der Zeitpunkt, wenn du deine wirkliche Macht ausüben kannst. Du wirst einen wirklichen Führer verlangen, einen aus deinen Reihen, einen, der nicht in den Weltraum abheben wird wie so viele vor ihm, einen, der nicht unempfänglich wird für die zwingenden irdischen Angelegenheiten.

Denn das ist nicht das Ende der Nigerianischen Revolution.

Denn eine Revolution endet nicht.

Eine Revolution kann nur beginnen.

Aus dem Englischen übersetzt von Tanja Siebert

Erstmals veröffentlicht unter dem Titel "Is this the end of the nigerian revolution?" in Blacklooks, 17.01.2012

Online unter http://www.blacklooks.org/2012/01/is-this-the-end-of-the-nigerian-revolution/

2 People's Democratic Party

3 Action Congress of Nigeria

4 Congress for Progressive Change

Literatur

AbM (2008) Statement on the xenophobic attacks in Johannesburg. http://abahlali.org/node/3582 (last accessed 6 June 2010).

AbM (2010a) http://www.Abahali.org (last accessed 5 June 2010).

AbM (2010b) Letter of solidarity from Abahlali baseMjondolo to the Middlesex Philosophy Department and all the people struggling to defend the department.

Abugre, Charles (2010): „Development Aid: Robbing the Poor to Feed the Rich". In: Pambazuka News, Nr. 485, 10. 6. 2010, http://pambazuka.org/en/category/features/65096, letzter Aufruf: 8. 11. 2011.

AfricAvenir International (Hg.) (i.E.): Soziale Bewegungen und afrikanische Renaissance. Berlin.

Alexander P (2010) Rebellion of the poor. Review of African Political Economy 37(123): 25-40.

Amin, Samir (2011): 2011: „An Arab Springtime?" In: Pambazuka News, Nr. 534, 8. 6. 2011, http://www.pambazuka.org/en/category/features/73902, letzter Aufruf: 28. 7. 2011.

Amin, Samir (2010a): „Millennium Development Goals: A Critique from the South". In: Pambazuka News, Nr. 498, 29. 9. 2010, http://pambazuka.org/en/category/features/67326, letzter Aufruf: 28. 7. 2011.

Amin, Samir (2010b): Ending the Crisis of Capitalism or Ending Capitalism, Oxford.

Ballard R (2004) Middle-class neighbourhoods or "African kroals"? The impact of informal settlements and vagrants on post-apartheid white identity. Urban Forum 15(1):48–73

Ballard R (2005) Bunkers for the Psyche: How Gated Communities Have Allowed the Privatization of Apartheid in Democratic South Africa. Dark Roast Occasional Paper Series 24, Islanda Institute, Cape Town

Biko S (1978) I Write What I Like. London: Heinemann.

Biko S (2008) Interview with Gail Gerhart, October 1972. In A Mngxitama, A Alexander and N C Gibson (eds) Biko Lives: Contesting the Legacies of Steve Biko (pp 1–42). New York: Palgrave

Bond, Patrick (2011): „Latest Fibs from World Financiers". In: Pambazuka News, Nr. 529, 11. 5. 2011, http://pambazuka.org/en/category/features/73149, letzter Aufruf: 28. 7. 2011.

Bond, Patrick (2005): „Dispossessing Africa's Wealth". In: Pambazuka News, Nr. 227, 27. 10. 2005, http://www.pambazuka.org/en/category/features/30074, letzter Aufruf: 28. 7. 2011.

Bryant J (2008) Toward delivery and dignity. Journal of Asian and African Studies 43(1):41–62

Christensen, John (2006): „Tax Justice for Africa: A New Development Struggle". In: Pambazuka News, Nr. 241, 9. 2. 2006, http://www.pambazuka.org/en/category/comment/31903, letzter Aufruf: 28. 7. 2011.

COHRE (2008) Business as Usual? Housing Rights and Shim Eradication in Durban, South Africa. Geneva: COHRE

Comaroff J (1993) "The diseased heart of Africa": Medicine, colonialism, and the black body. In S Lindenbaum and M Lock (eds) Knowledge, Power, and Practice: The Anthropology of Medicine and Everyday Life (pp 305–329). Berkeley: University of California Press Depelchin J (2005) Silences in African History. Dar es Salaam: Mkuki na Nyota Publishers

Dembele, Demba Moussa (2005): „Aid Dependence and the MDGs". In: Pambazuka News, Nr. 220, 8. 9. 2005, http://www.pambazuka.org/en/category/features/29376, letzter Aufruf: 28. 7. 2011.

Dingani M (2008) Revenge of the Subalterns. http://www.indymedia.org.uk/en/2008/07/402465.html

Dunayevskaya R ([1957] 2000) Marxism and Freedom: from 1776 to today. Amherst, NY: Humanity Books

Dunayevskaya R (2002) Hegel, Marx, Lenin, Fanon and the dialectics of revolution today. In K A Anderson and P Hudis (eds) The Power of Negativity (pp 191–211). Lexington Books: Lanham

Fanon F (1967a) Black Skin White Masks. New York: Grove Press

Fanon F (1967b) Toward the African Revolution. New York: Grove Press

Fanon F (1968) The Wretched of the Earth. Translated by C. Farrington. New York: Grove Press

Fanon F (2004) The Wretched of the Earth. Translated by R. Philcox. New York: Grove Press

Fanon F (1961 [1981]) Die Verdammten dieser Erde. Übersetzt von Traugott König. Frankfurt am Main: Suhrkamp

Farred G (2004) The black intellectual's work is never done. Postcolonial Studies 7(1):113–123

Figlan L, Mavuso Rev, Ngema B, Nsibande Z, Sibisi S and Zikode S (2009) Living Learning. Church Land Program: Pietermaritzburg

Friedman S (1987) Building Tomorrow Today. Johannesburg: Ravan Press

Gibson N C (2006) Calling everything into question: Broken promises, social movements and emergent intellectual currents in post-apartheid South Africa. In N.C. Gibson (ed) Challenging Hegemony: Social Movements and the Quest for a New Humanism in Post-Apartheid South Africa (pp 1–53). Trenton, NJ: Africa World Press

Gibson N C (2007) Zabalaza, unfinished struggles against apartheid: The shack dwellers' movement in Durban. Socialism and Democracy 21(3):60–96

Gibson N and Patel R (2009) Democracy's everyday death: South Africa's quiet coup. Pambazuka News 451. http://www.pambazuka.org/en/category/features/59322 (last accessed 5 June 2010)

Habitat (2010): State of the World's Cities, Nairobi.

Hallinan, Conn (2011): „The New Scramble for Africa". In: Pambazuka News, Nr. 550, 29. 9. 2011, http://pambazuka.org/en/category/features/76730, letzter Aufruf: 8. 11. 2011.

Hallward P (2002) Absolutely Postcolonial: Writing Between the Singular and the Specific. Manchester: Manchester University Press

Hallward P (2005) The politics of prescription. The South Atlantic Quarterly 104(4):769–789

Hallward P (2006) Damming the Flood: Haiti, Aristide, and the Politics of Containment. London: Verso

Hart G (2008) The provocations of neoliberalism: Contesting the nation and liberation after apartheid. Antipode 40(4):678–705

Hearn J (2007) African NGOs: The new compradors? Development and Change 38(6): 1095-1110

Hochschild, Adam (2011): King Leopold's Ghost. London.

Hossein-Zadeh, Ismael (2011): „Why Regime Change in Libya?" In: Pambazuka News, Nr. 536, 23. 6. 2011, http://www.pambazuka.org/en/category/features/74278, letzter Aufruf: 28. 7. 2011.

Huchzermeyer M (2004) Unlawful Occupation: Informal Settlement and Urban Policy in South Africa and Brazil. Trenton, NJ: Africa World Press

Huchzermeyer M (2008) Slums law based on flawed interpretation of UN goals. Business Day 18 May

Huchzermeyer M and Karam A (2007) Informal Settlements: A Perpetual Challenge? Cape Town: Juta Publishers Human Sciences Research Council (2008) Citizenship, violence and xenophobia: Perceptions from South Africa. http://www.hsrc.ac.za/Research_Publication-20862.phtml (last a acessed 5 June 2010)

IRIN: United Nations Office for the Coordination of Humanitarian Affairs New Service (2008) Burning the welcome mat. http://www.irinnews.org/report.aspx?ReportId=77671 (last accessed 5 June 2010)

Joubert P (2008) NAFCOC [National African Federated Chamber of Commerce and Industry] calls for Somali Purge. Mail and Guardian 5 September

Kennedy Road Development Committee, Abahlali baseMjondolo and the Poor People's Alliance (2009) Our movement is under attack, 6 October. http://www.abahlali.org/node/5860 (last accessed 5 June 2010)

Kipfer S (2007) Space and Fanon: Colonization, urbanization and liberation from the colonial to the global city. Environment and Planning D: Society and Space 25(4):701–726

Kovel J (2007) The Enemy of Nature. London: Zed Books

Lefebvre H (2003) The Urban Revolution. Minneapolis: University of Minnesota Press

Lefebvre H (2006) Key Writings. New York: Continuum

Manji, Firoze (1998): „The Depoliticisation of Poverty". In: Eade, Deborah (Hg.): Development and Rights, Oxford.

Manji, Firoze, & Sokari Ekine (Hg.) (2011): African Awakening: The Emerging Revolutions. Oxford u.a.

Manji, Firoze; Alex Free & Cassandra Mark, C. (2011): „New Media in Africa: Tools for Liberation or Means of Subjugation". In New Media, Alternative Politics, Working Paper, Nr. 2, Cambridge.

Manji, Firoze, & Carl O'Coill (2002): „The Missionary Position: NGOs and Development in Africa". In: International Affairs, Bd. 78, Nr. 3, S. 567-583.

Mngxitama A (2008) We are not all like that: The monster bares its fangs. http://www.blacklooks.org/2008/06/we_are_not_all_like_that_the_monster_bares_its_fangs (last accessed 5 June 2010)

Nash A (1999) The moment of Western Marxism in South Africa. Comparative Studies of South Asia, Africa and the Middle East XIX (1):66–81

Nash A (2009) The Dialectical Tradition in South Africa. New York: Routledge

Neocosmos M (2008) Politics of fear and the fear of politics: Reflection on xenophobic violence in South Africa. Journal of Asian and African Studies 43(6):586–594

Neocosmos M (2009) South Africa: Attacks on shack dwellers—a failure of citizenship? Pambazuka http://pambazuka.org/en/category/features/60925 (last accessed 5 June 2010)

Neocosmos M (2010) From "Foreign Natives" to "Native Foreigners": Explaining Xenophobia in Post-Apartheid South Africa, Citizenship and Nationalism, Identity and Politics. Dakar: Codesria

New York Times (2011), http://www.nytimes.com/2011/03/31/world/africa/31intel.html, letzter Aufruf: 25. 10. 2011.
Oakland Institute (2011): Why Did the Oakland Institute Publish its Findings on Land Grabs in Africa? http://media.oaklandinstitute.org/why-did-oakland-institute-publish-its-findings-land-grabs-africa, letzter Aufruf: 28. 7. 2011.

Patel R (2008) A short course in politics at the University of Abahlali baseMjondolo. Journal of Asian and African Studies 43(1):95–112

Patel R (2010) Value of Nothing. New York: Picador

Patnaik, Prabhat (2011): „Notes on Imperialism: Phases of Imperialism". In: Pambazuka News, Nr. 512, 13. 1. 2011, http://www.pambazuka.org/en/category/features/70060, letzter Aufruf: 28. 7. 2011.

Pilger J (2008) The struggle against apartheid has begun again in South Africa. Z-Net 12, April, http://www.2mag.org/2space/commentaries/3459

Pithouse R (2003) "Independent intervenshan": Fanon and the dialectic of solidarity. Radical Philosophy Review 4(1):173–192

Pithouse R (2006) Struggle is a school: The rise of a shack dwellers' movement in Durban, South Africa. Monthly Review 57(9):30–51

Pithouse R (2008a) Business as Usual? Housing Rights and Slum Eradication in Durban, South Africa. Geneva: Cohre

Pithouse R (2008b) Politics of the poor: Shack dwellers' struggles in Durban. Journal of Asian and African Studies 43(1):63–94

Pithouse R (2009) A progressive policy without a progressive politics: Lessons from the failure to implement Breaking New Ground. Town Planning Journal 54:1–14

Pressly D (2009) South Africa has widest gap between rich and poor: Study finds SA now falls below Brazil. Business Report 28 September

Robinson W (1996) Promoting Polyarchy: Globalization, US Intervention, and Hegemony. Cambridge: Cambridge University Press

SA Goodnews (2008) Number of SA millionaires increases. 30 June http://www.sagoodnews.co.za/economy/number_of_sa_millionaires_increases_5.html (last accessed 5 June 2010)

Sankara, Thomas (1985): „Daring to Invent the Future: Interview with Jean-Phillippe Rapp". In: ders.: Thomas Sankara Speaks: The Burkina Faso Revolution 1983–1987, New York, NY & London.

Sekyi-Otu, A (1996) Fanon's Dialectic of Experience. Cambridge: Harvard University Press

Sharp J (2008) "Fortress SA": Xenophobic violence in South Africa. Anthropology Today 24(1):1–3

Sichone O (2008) Xenophobia and xenophilia in South Africa: African migrants in Cape Town. In P Werbner (ed) Anthropology and the New Cosmopolitanism: Rooted, Feminist and Vernacular Perspectives (pp 309–324). Oxford: Berg

Souza M L de (2006) Together with the state, despite the state, against the state: Social movements as "critical urban planning agents". City 10(3):327–342

Tandon, Yash (2011): „Kleptocratic Capitalism: Challenges of the Green Economy for Sustainable Africa". In: Pambazuka News, Nr. 537, 30. 6. 2011, http://www.pambazuka.org/en/category/features/74507, letzter Aufruf: 28. 7. 2011.

Terreblanche S (2002) A History of Inequality in South Africa. Pietermaritzburg: UKZN Press

Tolsi N (2009) Kennedy olive branch a shame. Mail & Guardian 11 October

Trewhela P (2009) The professor and the police minister. http://www.politicsweb.co.za/politicsweb/view/politicsweb/en/page71619?oid=148248&sn=Detail (last accessed 5 June 2010)

Turner R (1971) The relevance of contemporary radical thought. In R Randall (ed) Directions of Change in South African Politics (pp 72–85). Johannesburg: Spro-cas

Turner R (1978) The Eye of the Needle: Toward Participatory Democracy in South Africa. Maryknoll, NY: Orbis Books

UNDP (2009) The Human Development Index: Going beyond income. http://hdrstats.undp.org/en/countries/country_fact_sheets/cty_fs_ZAF.html (last accessed 3 June 2010)

UNDP – United Nations Development Programme (2011): Illicit Financial Flows from the Least Developed Countries (LDCs) 1990–2008. Discussion Paper, http://content.undp.org/go/cms-service/download/publication/?version=live&id=3273649, letzter Aufruf: 14. 8. 2011.

Wilderson F (2008) Incognegro. Boston: South End

Zikode S (2006a) We are the third force. Journal of Asian and African Studies 41(1/2):185–189

Zikode S (2006b) We are the restless majority. The Mercury 4 July http://www.themercury.co.za/index.php?fArticleId=3322172 (last accessed 5 June 2010)
Zikode S (2007) University of Abahlali baseMjondolo, seminar, 22 September. http://abahlali.org/node/2459 (last accessed 5 June 2010)

Zikode S (2008) "Land and housing". Speech at the Diakonia Council of Churches Economic Justice Forum. http://www.diakonia.org.za/index.php?option=com_content&task=view&id=129&Itemid=54 (last accessed 5 June 2010)

Zikode S (2009) "To resist all degradations and divisions". Interview with R. Pithouse. http://antieviction.org.za/2009/04/28/to-resist-all-degradations-divisions-aninterview-with-sbu-zikode/ (last accessed 6 June 2010)

www.ingramcontent.com/pod-product-compliance
Lightning Source LLC
Chambersburg PA
CBHW050650270326
41927CB00012B/2962
* 9 7 8 3 9 8 1 2 7 3 3 4 2 *